高等院校文化产业基础教材

WENHUA CHANYE

丛书主编 王育济
韩 英

文化学概要

王晓鹏 编著

海峡出版发行集团 THE STRAITS PUBLISHING & DISTRIBUTING GROUP | 福建人民出版社 FUJIAN PEOPLE'S PUBLISHING HOUSE

图书在版编目（CIP）数据

文化学概要/王晓鹏编著. —福州：福建人民出版社，2017.6

高等院校文化产业基础教材/王育济，韩英主编

ISBN 978-7-211-07654-3

Ⅰ.①文…　Ⅱ.①王…　Ⅲ.①文化学—高等学校—教材　Ⅳ.①G0

中国版本图书馆 CIP 数据核字（2017）第 103386 号

文化学概要

WENHUAXUE GAIYAO

编　　著：王晓鹏

责任编辑：江叔维

出版发行：海峡出版发行集团

福建人民出版社　　电　　话：0591-87533169（发行部）

网　　址：http://www.fjpph.com　　电子邮箱：fjpph7211@126.com

地　　址：福州市东水路 76 号　　邮政编码：350001

经　　销：福建新华发行（集团）有限责任公司

印　　刷：福州万达印刷有限公司

地　　址：福州市仓山区金山大道 618 号橘园洲工业园 19 号楼

开　　本：787 毫米×1092 毫米　1/16

印　　张：16.25

字　　数：266 千字

印　　数：1—3000

版　　次：2017 年 6 月第 1 版　　2017 年 6 月第 1 次印刷

书　　号：ISBN 978-7-211-07654-3

定　　价：32.00 元

序

2004年1月，教育部新设“文化产业管理”本科专业，山东大学历史文化学院成为全国首批承担这一专业的四个院系之一，并于当年实现了本科招生。次年春，山东大学文化产业管理学系成立。

任何一门学科的基础与范式，都只能建立在对研究史的总结之上，这是学科建设的第一块基石。山东大学已故史学名师郑鹤声先生有言：历史系每成立一个教研组，其首要工作必是整理学界相关著述之索引。基于这种办学传统，山东大学文化产业管理学系成立伊始，即会同历史系、档案系、考古系等，着手基础资料库的建设，并渐次启动《中国文化产业学术年鉴》1979—2008年各卷的编纂工作。《中国文化产业学术年鉴》按学术编年史的框架，通过“年度学术论著选编”“评价集成与结论”“研究总目索引”等形式，对改革开放30年来中国文化产业研究的学术历程进行了系统的梳理。《中国文化产业学术年鉴》的编纂工作历时7年，出版后获得学术界、文化界的广泛好评，被认为是“涵盖了近30年相关领域中最完整的学术信息和最丰富的理论内容，既包括文化产业的概念、定义、逻辑内涵、行业边际、学科特点等学理方面的研究，又包括中国文化产业的历史、现状、行业模式、区域布局、新兴业态、业内典范等方面的宏观理论、政策和案例研究……近700万字的各类索引，更是为文化产业的学术理论研究和文化产业的发展提供了海量资讯”（《光明日报》2010年3月31日）；产业界、政府管理层，甚至央视《新闻联播》等，也对这套历时7年而成的学术年鉴给予了特别关注。

与《中国文化产业学术年鉴》相类似，现由福建人民出版社出版的这套“高等院校文化产业基础教材”，也是山东大学文化产业管理学系成立伊始即已启动，历时多年才完成的一套大学本科基础教材。该教材所对应的都是山东大学文化产业管理专业的核心课程，从最初的备课教案、自编讲义开始，经历过2004年至2012年间的若干轮授课实践和若干轮修改。

同时，这也是目前国内唯一一套由同一个院系的一线授课教师完成的本科基础教材。因而，除了相对严谨、扎实之外，这套教材也非常适合大学本科教学。

作为一套完全由山东大学一线授课教师所完成的教材，自然还会表现出某些“山大特色”，即山东大学师生有关文化产业的某些共识性的理念。

第一，关于“文化产业”自身的发展历程，我们的共识有两点：

1. 认为“文化产品”的历史可以追溯久远，但“产业”意义上的“文化产业”则是现代“工业革命”后形成的一种产业体系。工业革命提供了强大的能源动力，如留声机、照相机、印刷机、播放器、摄影机等可以把一件文化产品按产业的需求海量复制，火车、轮船、飞机又足以把海量文化产品的营销链条无限延展。正是伴随着工业文明体系的建立，才产生了真正产业意义上的现代文化产业。

2. 认为“农业文明”关联的只是“文化产品”，“工业文明”关联的是“现代文化产业”，而数字技术关联的则是“当代文化产业”。数字技术对文化产业的最大影响，就是使文化产品彻底突破了时间与空间的限制，从而创造出巨大的利润，“文化产业”也因此而成为“朝阳产业”“黄金产业”，或“最后一块暴利蛋糕”。但是，这也同时提醒我们，不能笼统地把“文化产业”认定为“朝阳产业”，只有数字技术所催生的“当代文化产业”才是“朝阳产业”。从这一意义上说，以“三屏产品”（电视屏、网络屏、手机屏）为代表的数字文化产业，应该成为当代文化产业发展的主要方向。

第二，关于文化产业的公众认知和理论导向，我们的共识有四点：

1. 认为“文化、创意、财富”是文化产业三个最为本质的表达元素，也是“文化产业”最通俗、最平实的诠释。

2. 认为“文化”经过“创意”而产生“财富”，这之间并不存在“阿里巴巴”式的神话，存在的永远是《资本论》中所描述的从商品到货币的“惊险的跳跃”。而且，与工业、农业相比，文化产业的市场需求是“弹性”而非“刚性”的，这也就意味着这一产业更大的风险性。因而在宣传文化产业是“黄金产业”“最后一块暴利蛋糕”的同时，更应突出“文化产业的高风险性”这一往往被忽视的观点。

3. 认为文化产业的发展对“文化”始终是一把双刃剑，既有普及、提升文化的功能，又始终包含着强烈的“反文化性”。

4. 高度认同“历史文化资源的丰富是中国文化产业的最大特点和最大

的优势所在”。2002年的中国共产党第十六次全国代表大会，首次在大会报告中提出发展文化产业的战略部署。2003年1月，时任中共中央政治局委员、中国社科院院长的李铁映撰文指出：“中华民族有着五千年悠久的历史和灿烂的文化，其文化累积之丰厚、文化形态之多样和文化哲学之深刻，是世界上其他国家少有的。这是一笔怎么估价也不过分的宝贵的文化资源，是我们得天独厚的优势。对于中国新兴的文化产业来说，启动并整合、包装这些文化资源，就有可能形成具有中国特色的文化产业，并在全球市场的激烈竞争中占有可观的优势。”这些关于中国文化产业优势与特征的科学认识，至今仍然有着强烈的导向意义，当下中国文化产业最现实、最积极的发展策略就是如何将“历史文化资源大国”变为“文化产业强国”。这其中，历史文化资源与数字技术的结合，可能是最值得关注的方向。

第三，关于近30年中国文化产业理论研究的“学理架构”和当下的学科建设，我们的共识有三点：

1. 认为“文化产业”这一概念在近30年的中国出现，并不是对法兰克福学派“文化工业”概念的简单转译，它的生成，可以直接追溯到改革开放之初对知识分子地位的认定：由于当时知识分子已从“臭老九”跃升为工人阶级的一部分，于是各个“知识部门”，如教育、文化部门等，也就与“农业”“工业”一样，成为“一种生产部门，一种产业部门”。正是在这种理论思维的推动下，“第三产业”的概念在1980年前后即为中国学术界所关注。“第三产业”作为一个包含着“知识生产”在内的术语，又直接导致了“文化产业”这一概念的生成。因而早在1981年就出现了“文化的产业化”的说法，出现了“第四产业”与“精神经济学”之间的讨论，至1987年就出现了“文化产业”的概念。尽管当时尚无学者对这一概念进行定义，但是这一概念所具有的“望文生义”的优势十分明显，与中国传统思维的路数亦十分吻合——无需定义和解说，即可粗知内涵。正因如此，“文化产业”这一概念才能超越“第四产业”“精神经济学”，以及后来的“文化工业”“创意产业”“内容产业”“版权产业”等外来概念，被中国学术界和社会普遍接受。“文化产业”这一概念在中国首度出现的时间是1987年，远早于20世纪90年代末才为学界所引介的“文化工业”，因而“文化产业概念的内生性”，是近30年来中国文化产业理论最重要的“学理性起点”。

2. 认为作为国家战略层面上的文化产业发展起始于近十年，但关于文化产业的学术研究则贯彻于近30年。其中重要的节点是：1979年以来经济学界关于“精神产品”和“知识价值”的讨论；20世纪80年代学术界关于“第三产业”“第四产业”“精神经济学”“文化市场”“文化个体户与经纪人”“文化搭台与经济唱戏”“大众消费文化与精英文化”的讨论；20世纪80年代中期“文化产业”概念的首度出现，以及20世纪90年代有关“文化产业”“创意产业”“版权产业”“文化经济学”“文化管理学”的诸多讨论；2000年以来关于“文化事业与文化产业”的讨论，以及党的十六大以后国家战略层面上的文化产业研究；等等。对这些节点进行整合性梳理，可以为当下中国文化产业学科奠定坚实的基石，也是创立有中国气派、中国风格的文化产业理论体系的必由之路。

3. 认为文化产业管理专业作为教育部新设的一个十分年轻的应用型专业，就其人才培养目标而言，可以简单表述为：既要有纵贯古今的文化视野，也要有策划经营的文化理念，以及现代产业意识和经营思路的复合型人才。但就课程的设置和教学的重心而言，文化产业管理专业显然应该与具体的工艺美术设计、图书编辑出版、游戏创意、景区规划，以及演艺产业、广告产业、体育产业、旅游产业等有所区别。所以，在文化产业的教学、科研和学科建设中，应该突出“通识意识”“学问意识”和“经典意识”，要从学术史的梳理中奠定这一应用学科的学理基础；要引导学生关注工业革命以来有关“文化工业”“文化产业”的经典文献，关注近30年来中国学术界在文化与文化产业问题上的深度思考，从而保持大学教育应有的内在思想的活力、反省能力、质疑能力和价值动力。换言之，“文化产业”这一学科所面对的问题可能非常现实、非常政治和非常经济，但大学教育和学科建设仍应该与“现实”“政治”“经济”拉开距离，要努力建立并坚持大学自身的学术话语，并依据大学应有的治学逻辑设计学科建设的路径。

以上理念和观点主要体现在《山东大学关于增设“文化产业管理”本科专业的建议报告》（2003年）、《山东大学关于建立山东省文化产业研究基地的论证报告》（2003年）、《培养文化产业管理专业的合格人才》（2004年）、《文化产业：学术阐释的原则与目的》（2006年）、《加强文化产业的基础理论研究》（2006年）、《文化·创意·财富：三论“文博会”主题词》（2006年）、《论文化、创意、财富三者之间的关系》（2006年）、《关于文化创意产业的几点认识》（2006年）、《也谈文化与文化产业的关系》（2006年）、《1987：中国文化产业的重要节点》（2009年）、《中国文化产业学术年鉴2003—2008年卷出版说明》（2009年）、《中国文化产业学术年鉴1979—2002年卷特别说明》（2009年）、《文化产业学科建设要有四大意识》（北京大学第七届文化产业新年论坛主题发言）（2010年）、《济南历史文化资源与文化产业》（济南市政策研究室委托课题结项报告；文化部基层文化干部培训班讲义）（2012年）、《数字技术与当代文化产业》（济南市第三届青年科学家论坛主题发言）（2012年）等相关文献和著述中。山东大学的各位同仁在教学和研究中对这些方面的问题思考和讨论也较多，所形成的共识也都以这样或那样的方式渗透、沉淀在这套教材的相关章节之中。这也使得这套教材有了一些区别于其他著述的显著特色。

这套“高等院校文化产业基础教材”的出版，得益于福建人民出版社的全力支持和赖炳伟先生的促成，从选题调研、审定编写提纲、编稿到今天的付梓，时间已过去了一年多，这期间，赖炳伟先生以及责任编辑们的工作热忱和辛劳，感动了我们每一位作者。可以说，没有他们的努力，这套教材可能还会以内部讲稿的形式存在若干年。

《中国文化产业学术年鉴》1979—2008年各卷的编纂和这套教材的出版，大致夯实了山东大学文化产业学科建设的基础，但能否在这一基础上更筑层楼，显然还有待更多的努力。

是为序。

王育济

2012年8月23日

目　录

第一章　文化学的形成、发展与学科建设

第一节　文化学的形成与发展

一、文化学形成的来源和路径

文化学隶属于人文社会科学，是一门在全世界范围内新兴起的综合性基础学科。从“文化学”术语的产生到早期文化学学科观点的提出，再到现当代文化学构建思路的兴起，文化学的形成历经一百多年漫长而曲折的过程，坎坷起伏，发展并不平稳，而其形成的来源和路径也较为复杂。由于早期的文化学是从其他学科孕育而出的，所以曾一直受制于其他学科，而未能成为一门真正独立的学科。尽管如此，在当今时代，文化学发展为一门独立的学科已是必然趋势，它的产生和发展对于文化研究和人文社会科学具有重大意义。

“文化学”概念是19世纪提出的。1838年德国学者列维·皮格亨首次提出“文化科学”一词，1843年C.E.克莱姆又提出“文化学”一词，传出了西方文化研究者希望建立专门的文化科学的强烈呼声。

而较早将文化的研究与其学科构建思想结合起来并付诸实施的重要途径是文化人类学，也就是说，早期文化学形成的重要来源是文化人类学。

文化人类学是人类学的主要分支学科。人类学，译自英语anthropology，由希腊文anthropos（意思是“人”）和logia（意思是“系统的研究”或“科学”）构成，是一门研究从史前时代到当代人类的体质和社会文化发展状况的学问。这种通过生物特征和文化特征来研究人类的学科，后来发展出了体质人类学、考古人类学或史前学、文化人类学、民族志及应用人类学。文化人类学是美国的习惯称谓，在英国称为社会文化人类学，在

欧洲大陆一些国家则称为民族学，[①] 而我们通称为文化人类学。文化人类学的兴起，标志着人们对文化现象的认识有了新的突破。[②]

19 世纪 70 年代，欧洲文化人类学的一个重要学派——古典进化论学派，为早期文化学观点的产生做出了巨大贡献。特别是该学派的代表、英国著名文化人类学家爱德华·泰勒初步提出、探讨了文化学问题，成为早期文化学的奠基人。1871 年，爱德华·泰勒在其名著《原始文化》中将“文化科学”这一概念从德语引入英语，并给“文化”下了一个经典的定义，产生了广泛的影响。因此，《原始文化》被公认为是近代科学意义上第一部研究人类文化的学术专著，同时也被视为文化学的奠基之作。

19 世纪末至 20 世纪中叶是文化人类学蓬勃发展的时期，几十年里先后出现了众多学派——如传播论学派、功能学派、结构主义学派、美国历史文化人类学派、文化心理学派和新进化论学派等，均以文化研究为己任。作为人类学的分支学科，文化人类学主要对人类的各种民族或群体的社会与文化体系进行研究，通过考察、比较各种社群或部落的文化，探寻其文化的特性与通则性。文化人类学家特别注重人类各群体之间的差异性，强调人类的种族和文化特点，对千百种社会群体或聚落进行了实地考察与描述，这些宝贵的调查成为文化学研究的重要资源。文化人类学家进行的种种理论与方法探讨，成为文化学理论的基础之一，是文化学构建的一个重要来源。正因为如此，当代西方的一些学者一直认为，文化学与文化人类学本质上是一致的，只是名称不同而已。[③] 甚至有许多学者一直把文化学看成是文化人类学中的一个分支。

但事实上，从当代的学科体系来看，文化学与文化人类学不仅名称上有差异，研究范畴和研究目标等方面也同样存在着差异。文化人类学“是从文化的角度研究人的学科”，[④] 其研究对象是“文化与人”，即通过探究人所创造的各种文化现象去揭示人类各民族或各群体的社会特色和文化特色。而文化学则是研究文化原理的学科，即通过考察文化现象来探讨文化的起源、演变、传播、结构、功能、特征，研究文化的共性与个性、一般规律与特殊规律等原理问题；文化学还探究人们对文化问题的认识与研究水平，探究文化研究的发展脉络，解决文化研究的元理论问题。除了与文

---

① 陈华文：《文化学概论》，16—17 页，上海，上海文艺出版社，2001。

② 林坚：《文化学研究的状况和构架》，《人文杂志》，2007（3），88 页。

③ 陈华文：《文化学概论》，29 页，上海，上海文艺出版社，2001。

④ 林坚：《文化学研究的状况和构架》，《人文杂志》，2007（3），88 页。

化人类学在研究范畴和目标上不同之外，从形成路径看，文化学得以逐渐形成的重要基础不限于文化人类学，还有其他一些学科。

东、西方探讨文化问题的历史悠久，但近现代学术意义上的文化研究始于18世纪。1725年意大利哲学家维柯的《新科学》出版，开创了近现代意义上的文化研究。此后法国启蒙运动领袖伏尔泰和孔多赛等人从历史学和历史哲学角度探讨文化问题。而在德国，19世纪晚期出现的新康德主义哲学十分注重文化科学与自然科学的关系与分界问题，代表人物有狄尔泰、文德尔班、李凯尔德、卡西尔等。其中李凯尔德在《文化科学和自然科学》一书中，强调价值凌驾于一切存在之上，认为文化与自然的主要区别就在于文化是永远具有价值的，自然则与价值毫不相干。他认为文化科学是以历史为基础、以价值观为导向的科学——虽然这种"文化科学"与我们现在所说的"文化学"是不同的概念，但两者联系十分密切，"文化科学"思想的提出对于后来构建文化学理论具有积极的作用。德国学术界的另一个倾向是以哲学家赫尔德和文化史学家克莱姆、布克哈特等为代表，对于文化的启蒙作用给予了热情的关注，并着力解决民族和传统、社会和生产与文化关系的问题。

与此同时，科学界的大师们如德国生理学家、物理学家 H. 赫尔姆霍茨和德国化学家、思想家、诺贝尔奖获得者 F. W. 奥斯特瓦尔德等，也热情关注着"文化科学"或"人文科学"的界定问题，对"文化"的范畴进行了一些研究。F. W. 奥斯特瓦尔德明确提出建立一门独立的"文化学"。他在1909年发表了《文化学之能学的基础》（又译《文化科学的唯能论基础》），提出："把人类种系与全部其他动物物种区别开来的这些独特的人种特性，都被包括在'文化'一词之中。因此，对这门关于人类特殊活动的科学可能最适于称作文化学。"1915年奥斯特瓦尔德还在《科学的体系》一文中把科学分为阶（逻辑或数学）的科学、能的科学、生物科学，主张将文化学与社会学区分开。[①]

19世纪欧洲文学批评理论兴起，直面社会和文化问题。英国文学批评家马修·阿诺德是文化批判的先驱，其理论传统发展为后来的利维斯主义文化批判和英国文化研究，直至20世纪英国的伯明翰文化研究学派。此外，19世纪末至20世纪兴起的欧美现代文艺理论和现代派思潮从根本上

① 王玉德：《文化学》，27页，昆明，云南大学出版社，2006。

冲击了传统文化艺术，触及文化发展观念的实质问题。这一时期，人文社会科学的各学科也迅猛发展，大多涉及文化研究。至20世纪中叶，西方已涌现出许多文化思想者，他们从文化人类学、哲学、历史学、社会学、符号学、心理学、美学、经济学等多学科、多角度对文化研究做出了贡献。他们的理论和思想无疑成为文化学构建的重要基础。

总体来看，早期文化学的产生主要源于文化人类学、历史哲学和史学。同时，哲学、社会学、文学和文艺批评理论、美学、符号学、心理学等学科在文化研究方面的成就，对于文化学的形成也起到至关重要的推进作用。但是，从早期文化学的形成路径可以看到：由于在理论来源上深受其他学科影响，特别是深受文化人类学的影响，所以当时人们努力构建的所谓文化学，实际上在理论思路和研究方法方面都一直未能超越文化人类学等学科的范畴，因而也就一直未能成为一个真正独立的学科。

二、20世纪50年代以来文化学的再度兴起

真正现代意义上的文化学兴起于20世纪40、50年代。1949年，美国文化人类学家莱斯利·怀特在《文化的科学》一书里又重新提出了建立一门独立的"文化科学"的构想。在该书的最后一章他写道："随着科学领域的拓展，从心理与社会现象中划分出另一类现象。它被那些发现和分离出它的人们命名为'文化'。对于事件的这个独特类别的分析说明，被称为文化的科学。""文化的科学若不是文化学，又能是什么呢?"[①] 怀特虽然把文化学（culturology）定义为文化人类学的分支，但是通过分析其著作内容，我们可以看到，他所倡导的文化学在研究对象和研究方法上已经超出文化人类学的范畴。在《文化的科学》中，怀特梳理了以往主要的文化学说，探讨人类创造文化的共性和普遍规则。他认为，文化是人类社会的一种客观存在的现象，是一个有其自身生命和自身规律的自成一格的体系，这一体系包括技术工艺、社会和意识形态三个分体系。通过阐述人类文化整体的体系机制，他试图揭示文化的普遍进化过程，即人类社会为满足其多种功能需求而产生多种行为规范的进化过程。怀特还阐明了将文化作为专门研究对象的学理根据，从科学发展史和科学方法论角度论证了创立一门独立的文化科学的必要性，他说："文化学是科学的最新尝试。

---

① ［美］L. A. 怀特著，沈原、黄克克、黄玲伊译：《文化的科学——人类与文明研究》，393页，济南，山东人民出版社，1988。

……对文化的说明是而且必须是文化学的解释。"[①] 怀特初步提出了他的文化学原理和研究方法，从而为现代文化学的兴起提供了理论条件。此后，文化学作为一门独立的新兴学科逐渐跻身于现代人文社会学科之林。由于怀特对创立文化学有特殊贡献，因此文化学界称他为"文化学之父"。

同一时期，美国文化学家A. L. 克罗伯也着力构建现代文化学的理论体系，成为现代西方文化学的创建者之一。他认为文化是一种构架，包括外显的和内隐的行为模式，文化的核心是价值观念，因此，他相信有必要建立一门独立的学科——文化学，来研究人类的这种独特的现象。他提出了关于文化学的一些基本原则，并提倡将文化学置于科学体系的金字塔顶端。克罗伯还认为，一切文化都是由其原型文化所决定的，人类的创造性行为无不受给定文化系统的制约，这就是他提出的"文化决定论"。他主张文化是"超机体"的，反对把文明史上的伟大发明或发现解释为天才个人的产物。他注重"文化模式"的研究，认为文化应包括行为的模式与指导行为的模式。他还把文化模式分为两种范畴：一种是基本模式，可绵延数千年并起重要作用；另一种是次级模式，稳定性差而易变。基本模式面对现实，次级模式面对价值。他注重从语言研究文化，把语言作为文化的一部分。克罗伯还十分注重文化史研究，出版了《文化成长的形貌》《文化发展的结构》《文明和文化》等著作。这些专著论及古代至现代各个主要阶段的文化形貌和结构，对人类的各种文明的特点做了比较分析。[②]

1952年，克罗伯与克拉克洪合著了《文化：概念和定义的批评考察》一书，被称为关于文化的"大型的历史编纂学汇集"。克罗伯与克拉克洪对文化学的核心概念"文化"的定义进行了充分的、详尽的梳理，在此基础上，提出了较有影响的"文化"定义。

克罗伯是博厄斯的学生，原本是一位文化人类学家和社会学家，但是他在文化研究上不拘泥于学科和流派，而是超越文化人类学和社会学的范畴，总结分析了以往的文化理论，探讨了自泰勒以来文化概念的发展，对文化问题进行了元理论性研究，具有相对独立的文化学研究范式，从而有别于过去文化人类学等学科中的文化研究。因此，他的文化研究属于真正现代意义的文化学范畴。

① [美] L. A. 怀特著，沈原、黄克克、黄玲伊译：《文化的科学——人类与文明研究》，375页，济南，山东人民出版社，1988。

② 王玉德：《文化学》，27页，昆明，云南大学出版社，2006。

在莱斯利·怀特和克罗伯等人的倡导下，欧美学术界再次兴起文化学研究的热潮。随后，文化学在研究对象上发生了转变：一是从以往研究历史文化形态、注重考古发现和对具体民族或原始部落的调查研究，逐渐转变为对现代社会文化的普遍现象的研究；二是开始将人们对文化的认识和文化理论问题作为研究对象，形成了梳理文化概念和综合分析各种文化理论成果的学术取向。

在欧美文化学再度兴起之后，苏联的文化学研究也有较大进展。20世纪60年代至80年代，苏联社会科学界把文化理论问题（包括人的学说、价值学说和社会主义文化理论模式、文化发展规律及文化学系统方法等）作为"迫切问题"加以研究，他们从西方引进"文化学"术语，并形成了相对独立的文化学学科。苏联解体后，俄罗斯进一步推进文化学研究，产生了一系列理论研究新成果。

构建现当代文化学，需要探索文化的基本原理，而梳理和总结各种文化理论和文化研究成果则是必不可少的。多学科、多学派的文化研究成果汇入文化学研究领域，文化学以其元理论的综合视野，分析、总结这些成果。纵观20世纪，西方文化研究呈多元化之势，众多学科和学派纷纷卷入其中，如结构主义、存在主义、现代派、精神分析派、法兰克福学派、伯明翰文化学派、女权主义、东方主义、解构主义、后现代主义以及跨学科的文化批判思潮等竞相登场。这些学派和思潮虽然在文化研究方面各持己见，但却不约而同地关注着当代社会的文化问题。尤其是20世纪后半叶，对于文化问题的综合研究，已成为当代哲学和人文社会科学研究的新趋势。如第17届世界哲学大会、第9届世界社会学大会、第11届国际人类学与民族学大会、第19届世界历史学大会，都以文化问题作为会议主题。[1] 可以说，关注当今世界，探究社会文化的现实意义，已成为文化研究最重要的课题。而综合归纳各学科的文化研究成果，探索文化的普遍问题和现实意义，也正是现当代文化学亟待解决的问题。

一门学科的兴盛，既是时势需要，也要条件允许。如何构建和发展文化学，一百多年来一直是文化研究者孜孜以求、不断探索的问题。但是，人类从未像今天这样感到迫切需要一门探究文化普遍问题的综合学科，也从未像今天这样有充分的条件建立起这门学科。[2] 特别是当今世界正处于

---

① 郭齐勇：《文化学概论》，18页，武汉，武汉大学出版社，2014。

② 陈建宪：《文化学教程（第二版）》，30页，武汉，华中师范大学出版社，2011。

文化软实力竞争、全球信息化和文化经济发展的时代，文化问题日益突出，文化已成为这个时代的焦点。知识、信息和人的文化创造力价值得以凸显，各种新兴的文化群体和文化现象不断涌现，使得人们对文化经济、文化实践、文化价值观以及文化社会中人的生存方式和意义进行深刻反思和研究，对人类文化的未来走向进行前所未有的探索——这就不仅要求文化学对文化的普遍问题和突出问题进行深入研究，解决文化基本原理及其构成机制与当代经济、社会实践、创新力等层面之间的关系；更需要文化学真正成长起来，从其他学科的附庸地位中摆脱出来，成为一门独立的学科。只有这样，文化学才能发挥其应有的能量，以巨大的光芒闪耀于世界科学的舞台之上。

第二节 文化学在中国

一、文化学在中国的产生和发展

文化研究已成为国际学术发展的一种新趋势，这对我国学术界也提出了挑战。中国文化源远流长，文人、学者们对文化的探究起步很早，这为建构文化学提供了良好的条件。

我国在新文化运动前后，曾掀起过东西文化论战、科学与玄学论战、全盘西化与本位文化论战，集中讨论了文化问题。20 世纪 30 年代至 40 年代有不少学者专事文化人类学、民族学、民俗学、文化哲学和文化史的研究。同时，西方构建文化学学科的思想也深深地感染了中国学者，黄文山、阎焕文、朱谦之等开始倡导建立文化学。①

中国有许多学者热心于文化，这些学者大致可以分为三类：一类是研究传统文化，如梁漱溟、林语堂等人；另一类是借用人类学的理论与方法研究文化，如吴文藻、林惠祥等人；还有一类是侧重于研究文化学理论，如黄文山、司马云杰等人。此外，还有介于其间的学者，如陈序经、费孝通等人。

中国早期的文化学研究者们，在学科思路上曾一度追随西方的步伐，大量引进、介绍西方文化学成果，并结合本土文化特征进行了一些研究。

① 郭齐勇：《文化学概论》，19 页，武汉，武汉大学出版社，2014。

但由于深受西方学术影响，其文化学研究范式未能超越文化人类学的格局，甚至此后几十年，许多学者也未能超出这一格局。另一方面，文化学学者黄文山、吴文藻、陈序经、钱穆、林惠祥、费孝通等人构成了一个学术群体，但没有像西方学者那样形成一个个学派——究其原因有四方面：一是因为中国人的学术传统不太注重创造，习惯于因袭；二是因为中国的学者都是同一国度的学者，不像西方学者因国别而形成派别；三是因为中国的文化学研究一直没有连续地开展，在 20 世纪呈现断断续续的研究样式；四是因为中国的文化学研究还处于初步的发展阶段，时下流行的文化学专著或教材，大多还处于介绍西方文化学的阶段。

在众多文化学研究者中间也有一些学者致力于开创性的工作，黄文山就是其中之一。黄文山曾跟随美国文化学家博厄斯学习，回国后在南京中央大学社会学系任教。在 1932 年发表《文化学建设》《文化学方法论》等文章，主张建立文化学。黄文山在《东西文化之差别与我国文化之出路》一文中提出应研究文化怎样起源、文化怎样变迁、封建文化怎样转变为工业文化、文化的历程怎样、未来的文化走什么方向、什么文化支配未来的社会等问题。他曾与美国的克罗伯、莱斯利·怀特等文化学者进行学术交流，于 1968 年在台湾出版了《文化学体系》一书，1983 年又出版了《文化学及其在科学体系中的位置》。

陈序经在中国早期的文化学建设方面也做出过贡献。抗日战争时期，他在西南联大首开“文化学”课，编写了教材，即《文化学概观》。该教材介绍了文化学研究的范围、各个领域的文化观、文化的基本概念、文化发展的历史。陈序经在新中国成立前还著有《东西文化观》，该书把中国人对待文化的态度分为三类：一是全盘西化，二是复返固有的文化，三是折中。他在《东西文化观》中开篇就说：“中国的问题，就是文化的问题；而所谓文化的问题的重心，恐怕要算东西文化的问题了。”

此外，钱穆的文化学著述也颇有见地。钱穆是 20 世纪的国学大师，他的著作在海峡两岸有很大的影响。在文化研究方面，他早年著有《文化与教育》和《中国文化史导论》，1952 年他在台湾又出版了《文化学大义》。他高度评价中国文化，认为中国文化核心观念如大同观、平等观、现实观等在先秦已奠定。钱穆在《中国文化史导论》中系统论述了对中国文化的看法，提出文化类型有游牧、农耕、商业；在世界，中国为唯一的大型农业国，创造了农业文化、和平文化。他在《文化学大义》中指出，西方文化的最高精神是外倾的宗教精神，中国是内倾的道德精神。[①]

二、改革开放后中国的文化学学科建设

多年来，我国高等教育界、人文社会科学界没有设置多学科交叉的综合性文化研究机构、学科和课程，使得我们在文化理论和方法研究上落后于西方。20世纪80年代我国掀起了“文化热”，形势开始好转，[②] 涌现了大量的文化研究论著、教材、辞典等，文化研究成为20世纪80、90年代中国的显学。

在全面改革和对外开放的新的历史时期，在全面建设社会主义精神文明的时代氛围里，文化问题的探讨争鸣吸引着各界学者的关注。诸如：在引进西方先进技术设备、借鉴西方文化的同时，有没有一个树立文化主体意识的问题，如何面对西方文化的冲击，科学地加以评价、选择、融会；中华民族传统文化的基本精神和价值的正确评估、批判继承、创造发展的问题；积淀在人们的文化心理结构之中、在下意识层里仍起着不同作用的传统的思维方式、行为方式、情感方式、价值取向、风俗习惯、道德观念、文化心态与经济、政治、科技、教育体制改革和现代化建设的关系问题；社会主义初级阶段的商品经济、民主政治建设和社会发展战略，即中国文化（广义的文化）现代化的道路和模式问题；被传统专制主义意识形态扭曲了的个人价值和尊严，人的生命和人生道路，人与他人、群体、社会的关系和人的全面发展问题；一面在脱贫致富、补科学与民主之课、步履维艰地走向现代，一面又要警惕西方腐朽文化的侵蚀和已经发生的由于人类主体性的胜利、工业文明的高度发展所造成的人际疏离、人生的困惑与焦虑、环境污染和生态平衡破坏的问题；由于文化转型和改革开放中出现的一些问题引起社会心理失重的问题；等等。此外，还有关于文化史学、比较文化学、文化管理学等学科的方法论问题的讨论。

这一时期的文化大讨论尽管提出了许多具有重大意义的课题，取得了丰硕成果，然而，由于缺乏明晰严谨的概念体系、深刻的理论学说和丰富的研究方法，这场讨论仍然停留在概念模糊、议论浮泛的阶段。文化研究亟待向深层发展。[③] 随之，建立文化学的任务也就被提到议事日程上来了。

近十几年来，中国传统文化得以复兴，国力不断加强，全面改革、提

---

① 王玉德：《文化学》，28—32页，昆明，云南大学出版社，2006。

② 郭齐勇：《文化学概论》，19页，武汉，武汉大学出版社，2014。

③ 郭齐勇：《文化学概论》，17—18页，武汉，武汉大学出版社，2014。

高国家文化软实力和大力发展文化产业已成国家发展的重要战略目标。因此，有必要与时俱进，深入探究文化原理、文化实践、文化经济以及文化的教育体系等问题，在已有研究成果基础上，构建中国当代的文化学学科，发展系统的文化学教学体系。

第三节　文化学的研究内容

一、文化学的研究对象

文化学是以文化现象、原理、发展规律以及人们关于文化的知识为研究对象的一门综合性学科，是关于文化现象、规律和知识体系的原理性研究。

文化学阐明文化的概念和特性，探讨文化的系统性、构成机制、要素和功能等原理，研究文化的生成与发展、文化系统的存在方式和模式，划分世界历史的文化类型，研究人类物质和精神文化的各种文献以及各种文化现象和事件，分析当代社会的文化形态并展望其趋势和前景，探究全人类和各民族文化发展的客观规律。文化学还分析、总结古今文化研究的各种理论观点，探讨文化研究的方法论问题，论证文化学在人文科学体系中的地位及其与其他学科的关系。

文化学是人文社会科学中的一门综合性的基础学科，涉及人类文化的各个方面，但并不包括各个领域的专门研究，而是着重考察体现在人类文化各个层面或子系统之间的相互联系和关系，以及文化现象和自然现象之间的相互联系和关系。从这种综合考察中，一方面可以揭示人类文化的整体结构方式、特征，揭示文化的普遍的价值功能和意义，展现各种文化现象背后的共性与普遍规律；另一方面在文化共性的前提下还注重发掘特定（具体）文化现象的特性（个性或独特性）、独特价值及其特殊意义，探寻具体文化现象或文化形态的生成条件、原因及其存在方式和机制等原理。

二、文化学的主要研究内容

作为一门探讨文化现象的人文社会学科，文化学研究的内容主要有四个方面：

（一）对文化学学科本身的研究

文化学学科本身的内容很丰富，主要包括三大块：一是文化学的流变，二是文化学的基本理论，三是文化学的方法。文化学的流变包括各个流派的形成及学术贡献。文化学的理论包括文化的定义、文化构成、文化要素、文化符号、文化系统、文化价值、文化意义、文化认知、文化动力、文化传统以及文化发展与创新等原理。文化学的方法包括社会调查法、逻辑方法等。

（二）对文化形态和文化类型、模式的研究

文化有诸多形态：以内容而言，有物质文化、精神文化、行为文化、制度文化；以地位而言，有主流文化、亚文化、反文化、子文化；以群体而言，有精英文化、大众文化、草根文化、大学生文化、老年文化、网民文化、微信朋友圈文化，以及中国作家群体文化、美国移民群体文化、爵士音乐人群体文化等；以载体而言，有书刊文化、古籍文化、戏剧文化、音乐文化、书法文化、图书馆文化、博物馆文化、影视文化、传媒文化、网络文化、新媒体文化、手机微信文化等；以地理环境的文化特色而言，有海洋文化、大陆文化、滨海文化、岛屿文化、山岳文化、河流文化、草原文化等；以时代而言，有商文化、周文化、汉代文化、唐文化、宋文化等；以考古典型遗址文化而言，有龙山文化、仰韶文化、大汶口文化、红山文化、河姆渡文化等；以地域历史文化而言，有秦文化、晋文化、楚文化、齐鲁文化、吴越文化、敦煌文化等；以世界历史地域文化而言，有华夏古文化、古埃及文化、古代两河流域文化、古印度文化、古希腊文化、古罗马文化、玛雅文化；等等。

文化有“母”“子”之别，母文化衍生子文化。中华文化可以细分为儒家文化、道教文化、龙文化、中医文化、京剧文化、书法文化、中国画文化、瓷器文化、茶文化等；自然文化可分为山文化、水文化、桃文化、鱼文化等；教育文化可分为学校文化、教师文化、课程文化、学生文化、师生礼仪文化、校园文化、学生宿舍文化等；民俗文化可分为庙会文化、节庆文化、民间故事文化、民俗饮食文化等；居舍文化可分为各历史时期的居舍文化和各民族的居舍文化，每个民族的居舍文化还可继续细分，直至一件饰物、一种观念等。

（三）对文化史的研究

文化学要对文化的过去、现在、未来进行研究，即纵向的研究。文化史涉及世界文化史、国别文化史、民族文化史，还涉及哲学史、思想观念史、学术史、科技史、社会文化史、风俗史、制度史、宗教史、教育史、艺术史、文学史、日常生活文化史，以及对文化的认知史和文化研究史等。

（四）对交叉文化的研究

文化学研究注重对文化做横向研究。不同学科交叉形成新的学科，或者把文化学与其他学科嫁接形成新的学科，如比较文化学、数字文化学、语言文化学、汉字文化学、文学文化学、历史文化学、民俗文化学、生态文化学、教育文化学、旅游文化学、建筑文化学、企业文化学、消费文化学、广告文化学、体育文化学、饮食文化学等，又如文化心理学、文化人类学、文化遗产学、文化社会学、文化地理学、文化符号学、文化传播学、文化经济学、文化产业学等。这些是两个学科交叉，还有三个、四个学科交叉的，如地缘民俗心理学、企业管理文献学、文化创意策划学、区域文化经纪法规学等。这些都是文化学需要研究的。

关于文化学的研究范围，乔治·彼德·马德克曾做过详细阐述，他列举了46项内容，指出文化学研究的范围主要体现在物质文化、行为文化、制度文化和精神文化等与人类和人类社会的生存发展有紧密联系的方方面面。正是这些方面的研究，使我们对人类和人类社会的认识达到更高的程度，并推动了社会历史的发展。①

三、文化学的分支学科

文化学的主要分支学科有：

文化学原理——对文化的特性、构成、要素、功能、体系等原理以及文化现象、本质、发生、发展、演变规律的理论进行探索与总结。

文化学说史与方法论——对各类文化研究成果和文化学的理论、方法从历史角度进行的整体研究，或从文化学原理角度对某一文化研究流派进行专项的研究。

文化志与文化史——对人类各种集群中的文化现象，从空间或时间的角度进行科学的客观记录与描述。

分支文化学——包含两种研究取向：一种是从文化现象的各个子系统（如政治、制度、宗教、民俗、语言文字、文学、艺术、经济、旅游休闲娱乐、饮食、建筑等）出发，研究该子系统与文化整体之间关系的学问，如民俗文化学、宗教文化学、艺术文化学、语言文化学、汉字文化学、影视文化学、传媒文化学、企业文化学、品牌文化学、旅游文化学、体育文

① 王玉德：《文化学》，22—23页，昆明，云南大学出版社，2006。

化学、饮食文化学、建筑文化学等。另一种是从文化学的整体规律出发，将文化学理论应用于特定的文化子系统的研究，如文化人类学、文化政治学、文化社会学、文化地理学、文化传播学、文化经济学、文化产业学等。

这些分支学科的研究内容可以概括为：对人创造的文化（物质文化、精神文化、制度文化等）的研究，对与人的发展相关的文化活动、文化实践问题的研究，对各类具象文化、文化载体——社会、群体、传统、文化生态、风俗、文化艺术产品等的研究。[①]

四、文化学研究的综合性及其学科意义

自近代以来，文化日益成为一种强大的力量，制约或推进着国家、民族的政治、经济和社会的发展。文化是多学科关注的热点，是哲学、美学、文学、艺术学、社会学、人类学、民族学、伦理学、政治学、历史学、传播学、文献学乃至经济学、法学所共同关注的对象。在当代社会，文化的作用愈加明显，文化研究的热潮正席卷着整个世界，文化研究已走到国际学术的最前沿。可以说，这种文化研究的势态正是当代社会、经济、政治和学术向文化转型的产物，是文化在当代世界社会生活中地位相对经济、政治发生了重大跃升的产物，是人文社会科学领域的研究范式的危机与变革，是需要打破传统学科界限、确定学科研究对象、厘定学科内涵与边界的产物。学科的划分起因于人认识、把握对象的需要，它是一种主体的假设，一种筹划或投射，一种框架的设定或到达对象的途径、角度的选择。文化研究在本质上是多元性的，呼唤人文社会学科的“综合治理”，应当形成由不同学科切入、遵循不同学科方法进行研究的多元话语方式。[②] 澳大利亚文化研究学者格雷姆·特纳曾指出，文化研究已经对建立在人文科学和社会科学之内的学科正统提出了根本挑战，能够对文化在社会中的功能做出更充分、更丰富和更复杂的理解。这种文化研究的新趋势，需要我们构建综合性强的、大尺度的文化学，形成独具特色的文化学研究方法。

从学科的角度来分析，随着时代的进步与变革，学科体系也必然会有相应的调整，对复杂多样的社会文化进行研究，需要有超脱于人文社会科

① 陈建宪：《文化学教程（第二版）》，30页，武汉，华中师范大学出版社，2011。
② 金元浦：《文化研究：学科大联合的事业》，《社会科学战线》，2005（1），251页。

学的各门具体学科之上而又区别于哲学的综合性学科，于是文化学应运而生。文化学与经济学、宗教学、语言学等学科不一样，其他学科研究的是具体的一个领域，而文化学研究的内容更广泛、更抽象、更综合。同时，文化学比哲学研究的领域要宽广：哲学是认识论，研究的是世界观和方法论；文化学研究的是具有普遍意义的文化现象及其本质和规律。事实上，文化学确实可以为学术研究提供广阔的视野，同时很容易与社会、与自然科学结合，开展有益于时代的研究。①

作为以文化为专门研究对象的一门综合性学科，文化学是在最一般的意义上对有关文化现象及其原理进行研究的。这一学科在研究方法上具有跨学科、交叉性、总体性、综合性的特征，其研究视域应当是综合、宽广而又深远的：文化学一方面以各学科的和跨学科的文化研究成果为其研究基础，另一方面又将这些成果融汇后进行综合和升华。也就是说，各种不同学科的研究成果在此融汇集合，由部分到整体再到部分，② 从归纳到分析再到归纳，将宏观与精微相结合并不断地提升，这样就把对于社会文化的研究引向了深层学术空间。总之，文化学自身的总体性、综合性、多元性和融合性的特征使其学科地位更加突出，对于未来人文社会学科体系的发展具有深远的意义。

五、学习文化学课程的意义

学习文化学课程，对于学习和掌握哲学、人文社会科学知识体系具有重要意义。文化学承载着探究文化普遍原理和规律的任务，文化学有助于掌握和解决哲学和人文社会科学各学科方面的基础认识问题。如学习研究儒家、道家哲学以及弄清儒、释、道哲学的关系，需对中国传统文化有深刻的认识；学习研究中国古代社会、政治、制度和学术，必须对中国古代文化有一个清晰的认识；学习研究汉语言文字，特别是古代汉语，同样要有中国古代文化的基础知识；学习研究外国语言、国际政治、外交关系等，必须兼修外国（国别的）文化等课程。而文化学这门课是掌握文化类知识体系的基础性原理的课程。

当今时代是一个崇尚文化与科学的时代。在全球化的背景下，文化要素在综合国力中的比重越来越大，越来越成为综合国力竞争的关键性因

---

① 王玉德：《论文化学研究的特征》，《华中师范大学学报（人文社会科学版）》，2003（1），74页。

② 林坚：《文化学学科体系与理论构架初探》，《中国社会科学院院报》，2007-4-24。

素。近年来，我国在加强文化建设和推动文化产业发展方面更加积极。2011 年 10 月中共十七届六中全会通过《中共中央关于深化文化体制改革推动社会主义文化大发展大繁荣若干重大问题的决定》；2016 年国家“十三五规划纲要”明确提出到 2020 年文化产业成为国民经济支柱性产业。与此同时，培养高素质的具有创新精神的智慧型文化人才，成为我国高等院校的一项重要而紧迫的任务。在这样的新形势下，学习文化学这门课程的意义与重要性更加凸显出来。

对于新兴的文化经济学、文化产业管理学来说，文化学尤为重要。文化是产业和经济发展的内容层面和认知层面，是产业和经济运行中价值得以提升、价值链得以生成的核心因素。在文化产业管理学中，文化知识体系、产业经济学、管理学构成了三大学科知识板块，其中文化是最基础、最深层和最潜在的板块，犹如处于“冰山”的底层。

总而言之，文化是一个民族的灵魂所在，学习、认识和传承优秀文化，应成为一个民族的自觉习惯。在当代中国，只有全民族的文化素质提高，才能提升国家的文化软实力，形成一个政治民主、经济发达、文化多元、社会和谐的局面，实现中华民族的伟大复兴。此外，从更广阔的视角来看，学习文化学课程，还应着眼于世界，深入探究文化和文明问题的基本原理，努力创造适应本民族、本国或本地域的健康、生态的新型文化生活方式，这是人类社会未来发展的需要。

第二章　什么是文化

文化的概念经历了漫长的演变和发展过程。随着文化及其学说的发展，文化概念的外延变得越来越广泛、丰富，中外学者从多学科、多角度阐释了文化的定义。文化学研究文化，不仅要认识文化概念来源、嬗变及其当代内涵，还要说明它的特征或属性。同时，对于文化概念内涵的认识和深层次的理解，还必须探究与其紧密相关的另一个词——文明。“文化”与“文明”曾经有所重叠，但在现当代其概念所指有了较大分歧，两者是既有联系又有区别的一对概念。

第一节　文化概念的起源与发展

一、西方文化概念的起源和演变

英语 culture 即文化一词，源于拉丁语的 cultura，该词是拉丁语中动词 colere 的派生词。动词 colere 本义为“耕种、培植”，并有引申义“崇拜、尊敬”和“居住”。其派生的 cultura 表示名词义“耕作、培植”和“崇拜、尊敬”，这种意义在文化概念的形成中起了作用。“崇拜、尊敬”的意义贯穿于文化思想的始终，它很容易与“信仰”联系在一起，有“没有信仰就没有真正的文化”之说。耕地使土地熟化，是人类和平征服空间、使其为己所用、使其改变状态的过程。“耕种、培植”的意义在确立文化概念中发挥了很大的作用。

文化概念由此而始，后经罗马政治活动家和演说家西塞罗于公元前 45 年在《图斯库卢姆谈话录》中的使用（cultura anima，意为“培育心灵”）首次获得“培育、教育”的转义。这一转义在漫长的历史岁月里得以发展和丰富。

中世纪，文化概念开始有了物质文化和精神文化的区分，但是被神学所遮蔽。中世纪晚期至文艺复兴的欧洲，文化一词逐渐指道德完美和心智或艺术成就。

在法语中，cultura 一词较早地被对译为 culture。而大约在 15 世纪，拉丁语 cultura 演化为 culture 进入了英语世界。

启蒙运动时期，法国启蒙思想家和德国古典哲学家把文化概念同人类理性的发展联系在一起，以此区别于原始民族的“不开化”和“野蛮”。这一时期所说的文化含有“启蒙、进步”的意味，与“人性”和“传统”观念相提并论。

18 世纪以后，在西方语言中，文化概念逐渐演化为个人素养、整个社会的知识和思想方面的素养、艺术或学术作品的汇集，引申为一定时代、一定地区的全部社会生活内容等等。

现代英国文化学者雷蒙·威廉斯（Raymond Williams）曾对“文化”(culture) 词义的演化进行了考证。他认为，18 世纪以前，文化一词主要指“自然成长的倾向”以及根据类比所表示的人的培养过程。而文化词义和用法发生重大的变化主要是从 18 世纪末开始的。到了 19 世纪，文化表示培养某种东西的用法已经发生了变化：它首先是用来指“心灵的某种状态或习惯”，与人类完善的思想具有密切的关系；其后又用来指“一个社会整体中知识发展的一般状态”；再后来是表示“各类艺术的总体”。到 19 世纪末，文化开始指代“一种物质上、知识上和精神上的整体生活方式”。[①] 因此，西方近现代意义上的文化概念是在 19 世纪形成的。

现当代文化研究和文化学中所谓的文化，直接秉承了 19 世纪以来西方的文化概念，并有进一步的发展。

二、中国古代的文化概念

在中国上古时代，古汉语词汇以单音词为主，绝大多数情况下一个汉字表示一个单音词。这一时期“文”“化”二字表示的是两个词，各自语义演变经历了漫长的过程。

甲骨文、金文中的“文”象人有文身，上古“文”字本义（造字所表示的基本义）即表示文身。此义见于古籍，如《礼记·王制》记载：“东方曰夷，被发文身，有不火食者矣。”《淮南子·原道训》又云：“九疑之南，陆事寡而水事众，于是民人被发文身，以像鳞虫。”高诱注曰：“文

① 韦森：《文化与制序》，9 页，上海，上海人民出版社，2003。

身，刻画其体，内默其中，为蛟龙之状。以入水，蛟龙不害也，故曰以象鳞虫也。”①

周秦、两汉时代，这一本义出现引申义，如《易·系辞下》说：“物相杂，故曰文。”《礼记·乐记》也提到：“五色成文而不乱。”《说文解字》则谓：“文，错画也，象交文。”这些都是指交错的纹理，此义后来专用“纹”字表示。“文”的另一重要引申义是表示文字。②“文”还表示文章、文物典籍、文采，修饰、修养，美、善、德行，礼乐制度、法律条文，等等。这些引申义后来在古汉语中一直是十分常用的词义。

再看“化”。甲骨文从匕从人，象匕下育人之形，以示育化、生化，与甲骨文“育”（毓）字形近、义相关，应是同源字。如《易·系辞下》谓“男女构精，万物化生”，《中庸》“赞天地之化育”，“化”均指生化、化育。

“化”后引申为“变化”，指事物形态或性质的改变。如《易·系辞上》：“知变化之道。”虞翻注：“在阳称变，在阴称化，四时变化。”“化”又引申为“教行、教化”，有教行迁善之义。《说文解字》谓：“化，教行也。”其实解释的是“化”的引申义。此后“化”的引申义“变化”和“教行、教化”成了常用义。

“文”“化”二字连起来用（连语、词组），最早见于《易·贲卦·彖传》：“观乎天文，以察时变；观乎人文，以化成天下。”孔颖达疏：“观乎人文以化成天下者，言圣人观察人文，则诗书礼乐之谓，当法此教而化成天下也。”“文”“化”，即“文治”和“教化”。这样出现了中国最早的“文化”概念和“人文化成”的思想。

“文”与“化”合成一词（复合词）直接使用，至迟始于西汉。汉代刘向《说苑》有：“凡武之兴，为不服也；文化不改，然后加诛。”晋代束皙《补亡诗·由仪》则提到：“文化内辑，武功外悠。”指的都是以文治行教化的政治策略。后来又引申为识文断字或读书的能力。但是，在中国19世纪中叶以前，表示“文治、教化”一直是“文化”一词最主要的含义，此义在汉语中频繁使用长达两千年之久。

---

① 何宁：《淮南子集释》，38页，北京，中华书局，1998。

② ［东汉］许慎《说文解字·叙》：“仓颉之初作书，盖依类象形，故谓之文。其后形声相益，即谓之字。文者，物象之本；字者，言孳乳而浸多也。”

三、19 世纪中叶以后中国文化概念的转变

19 世纪中叶以后，中国的文化一词在含义上出现了新内容。首先就是引入西方 19 世纪 culture（文化）的内涵——指涉民族、社会、生活的物质要素和精神要素的综合层面，与历史、传统、文明进步相关联，涵盖知识、道德、信仰、制度、语言、礼仪、习俗、艺术、物质产品，以及生活方式和价值观念等方方面面。

汉语中文化概念的这种新内涵属于舶来品，但其较早的引入途径并非直接译自西语，而是借自日语。本来，日语“文化”一词最早来源于古汉语，是古代日本学习、借鉴中国先进文化的产物。19 世纪 60 年代末的明治维新，使日本开始努力学习西方文化和科学技术，大规模翻译西方文献著作，将英语的 culture 译为“文化”，并在思想观念上力图革新，探索现代文明。此时的中国，也正掀起洋务运动，同时出现了西学东渐之势，当务之急是将西语著作译为汉语，有些词语直接译自西语，但也有许多词语是转借自日语中已翻译好的西语术语。汉语与日语在词语用字上多有相同之处，所以这类译词更符合中国民众的语用习惯，文化一词即属于这类情况。

然而，对于汉语文化概念中不断形成和丰富的新内涵来说，其来源不止于此。19 世纪末至 20 世纪，汉语的文化概念的“窗户”已经敞开，它面向世界，呼吸着新的空气。此后，中、西方学术思想的交流与碰撞，使文化概念的新内涵不断丰富、整合、凝聚和深化。例如，20 世纪上半叶，中国著名文化学者吴文藻、陈序经、黄文山、费孝通等，汲取欧美文化研究的优秀成果，并结合本土实际情况逐步构建起中国的文化人类学和民族学体系。其中，英国文化人类学功能学派和美国历史主义学派等对中国现代学术中的文化概念的形成和拓展有直接的重要影响。

第二节　文化的定义

自文艺复兴以来，文化逐渐成为科学研究的对象（即以近代以来的科学范畴和研究方法去探究文化）。随后，不同学科和学术派别在不同的时期给出了文化的定义。学科或学派不同、角度不同，对文化的定义也不同。为了从文化学角度解决文化的定义问题，自 20 世纪 50 年代起，梳理和探讨文化的定义问题就成了文化学研究的一个范畴，许多论著或教科书

开篇必谈文化定义的多样性。本书因具有概要性质，介绍文化学必然绕不开这一范畴。

一、近现代以来西方学者关于文化的定义

17 世纪德国历史学家、法学家萨缪尔·普芬道夫（1632—1694）较早地提出：文化是人的活动所创造的东西和有赖于人和社会生活而存在的东西的总和。

18 世纪，法国启蒙思想家伏尔泰等提出，文化是不断向前发展的、使人得到完善的社会生活的物质要素和精神要素的统一。德国启蒙思想家赫尔德在《人类历史哲学观念》中给文化的定位是：第一，文化是一种社会生活模式；第二，文化代表一个民族的精华；第三，文化有明显的边界，一个区域的文化区别于其他区域的文化。康德则认为，文化是有理性的实体为了一定的目的而进行的能力之创造①，是人类在精神和肉体两个方面由受自然力统治的“原始状态”向统治自然力的状态的逐步发展；文化是一个过程，一种转变，一种生活方式和道德规范；文化从一开始就不属于个人，而属于整个民族和人类。黑格尔指出，文化是人类劳动的结果，是人的内在本质力量的对象化；他把创造文化的活动归结为人的第二天性，第一天性是单纯的动物存在。

19 世纪中叶之后，文化人类学兴起，对文化现象的认识有了新的突破。1871 年，英国人类学家爱德华·泰勒在《原始文化》一书中以意识形态为内涵，把社会发展过程中积聚起来的关于人的东西统称为文化，认为文化是特定生活方式的整体，包括观念形态和行为方式，为人们提供道德的和理智的规范。泰勒在《人类学》中提出：“人类社会中各种不同的文化现象，只要能够用普遍适用的原理来研究，就都可成为适合于研究人类思想和活动规律的对象。一方面，在文明中有如此广泛的共同性，使得在很大程度上能够拿一些相同的原因来解释相同的现象；另一方面，文化的各种不同阶段，可以认为是发展或进化的不同阶段，而其中的每一阶段都是前一阶段的产物，并对将来的历史进程起着相当大的作用。”他还提出了“文化遗俗”的概念，指一些礼仪、习俗、观念等已从它们所属的一个文化阶段移植到另一个较晚的文化阶段，同时又是过去的见证和纪念碑。

---

① ［德］康德著，韦卓民译：《判断力批判》（下卷），95 页，北京，商务印书馆，1964。

他偏重于研究原始宗教信仰和行为，认为人类的宗教起源于“万物有灵论”。泰勒的定义具有深远影响，被公认为是从文化学学科范畴定义文化的开始。

此后，英国文化人类学家 B. K. 马林诺夫斯基在《文化论》中对文化做出界定：文化包括物质、精神、语言和社会组织四个方面，这些方面是不可分割的整体。这一界定具有重要影响，为许多文化研究者所奉行，形成了主要从物质、精神、制度层面来界定文化的一种认识，且曾经成为苏联和中国的主流认识。马林诺夫斯基是文化功能学派的代表，他从文化对于人类生活的效用和功能的角度来考察文化，认为文化是人类生活的手段。

从 19 世纪下半叶到 20 世纪中叶，众多学科和学派开始介入文化研究，倾心于探讨“文化是什么”这一问题。历史学派把文化视为社会的遗产，或者是传统的行为方式的全部集合。心理学派把文化视为个体心理在历史银幕上的总映象，或者是为满足个人心理动机而选择的行为模式，认为人类心理决定了文化的发展。发生论者认为，文化是社会互动及不同个人交互影响的产物。进化论者主张用进化论的观点观察社会和文化现象，认为文化是人类社会的产物，也是人类进化的特征。斯宾塞把文化看作是“超有机体”。皮梯利姆·索罗金的“文化进程论”认为，社会文化是一个体系，它又分为不同的社会层次，人们都处在文化体系中的不同层次地位上，社会文化体系的性质和内容决定着整个社会结构。而社会学家如埃米尔·迪尔凯姆把文化看作社会事实，就是由社会全体成员在反复感觉和思考中作为一种制度固定下来的东西。文学批评派如马修·阿诺德则认为，文化是对于完美的追求、对于精神境界的向往。

结构主义和符号学兴起之后，人们从结构、系统和功能角度去透视文化，用符号的观点来理解文化。例如，法国著名人类学家列维-斯特劳斯把结构主义方法引入社会文化研究。他认为：社会是由文化关系构成的，而文化关系则表现为各种文化活动，即人类从事的物质生产与精神思维活动；这一切活动都贯穿着一个基本的因素——信码（符号），不同的思想形式或心态是这些信码的不同的排列和组合；从行为规范和模式的角度把文化看作是“一组行为模式，在一定时期流行于一群人之中，并易于与其他人群之行为模式相区别，且显示出清楚的不连续性”。实际上列维-斯特劳斯是把社会文化现象视为一种深层结构体系的表现，他不靠社会功能来说明个别习俗或故事，而是把它们看作一种语言元素，看作一种概念体系，认为人们是通过这个体系来组织世界的。

文化又被解释为与符号体系关联的现象。例如，美国著名学者米德认为：社会互动通过个体经验和意识到的有意义的符号而发生，这些有意义的符号在相互作用的过程中逐渐规范化，其结果就是文化。这类观点被称为“符号互动论”。

莱斯利·怀特也提出文化符号论，他在《文化的科学——人类与文明研究》（1949）一书中认为：文化以符号为其特征，文化是一个由技术体系、社会体系和观念体系构成的自成一体的现象领域。他又在《文化的概念》（1959）一文中提出：“文化是依赖于符号的使用而产生的，包括物体、行为、思想及态度。”

由于符号是物理性介质与意义的有机结合体，是可体验、可分析和可计算的，因此从符号角度理解文化，有利于将文化置于更加科学系统的研究体系当中，使文化现象、文化研究对象具有了可感受、可体验、可实证的介质，使抽象、模糊、难以理解的文化有了科学分析、统计、调查验证和智能处理的操作平台，能够使文化研究落到实处。同时，符号观念与结构主义结合，有利于从系统、要素（或元素）和文化单位的层面去探究文化的构成和文化体系问题。

符号观念和结构主义的引入，是人们对文化的理解的一次重大推进。

20世纪50年代，面对众多学科和学术派别给出的多样化的文化定义，有的学者开始做总结、归纳性的工作了。最具代表性的是美国著名文化学家克罗伯和克拉克洪。1952年，在《文化：概念和定义的批评考察》一书中，克罗伯和克拉克洪对1871年至1952年间西方的文化概念进行全面回顾和评析，汇总了164种文化定义，他们把这些定义归纳为描述性的定义、历史性的定义、规范性的定义、心理性的定义、结构性的定义和遗传性的定义6种。在此基础上，克罗伯和克拉克洪提出了他们自己的文化定义：文化由外显的和内隐的行为模式构成，这种行为模式通过象征符号而获致和传递；文化代表了人类群体的显著成就，包括它们在人造器物中的体现；文化的核心部分是传统（即历史地获得和选择的）观念，以及它们所带来的价值；文化体系一方面可以看作是活动的产物，另一方面则是进一步活动的决定因素。

这个定义具有综合性的意义，它不仅强调文化的行为模式，而且强调它的符号性和传递特征；文化成就以器物形态得到体现或表达，其核心则通过传统观念加以体现并带来价值；每一种相对独立发展的文化都自成体系，并且今后的发展方向也由这一体系决定。

在英国，雷蒙·威廉斯也对众多文化定义进行了梳理和总结，并在《文化分析》一文中提出，合理的文化定义必须涵盖三个关键词："理想的"（ideal，即文化是人类一种完善的状态或过程）、"文献的"（documentary，即文化是知性和想象作品的整体）和"社会的"（social，即文化是对一种特殊生活方式的描述，这种描述不仅表现艺术和学问中的某些意义和价值，而且也表现制度和日常行为中的某些意义和价值）。他继承了17、18世纪欧洲学者关于文化与社会生活关系的观点，不同的是，他进而强调动态的开放式理念——"文化即生活方式"。他主张在具体的社会语境和文化变迁中来思考和看待文化。他的"社会-文化"研究模式在后来的《关键词：文化与社会的词汇》（1976）一书中体现得尤为明显。

威廉斯强调的"文化即生活方式"理念与以往观念有所不同，跳出了长期以来对文化的静态观察的模式。他强调大众文化的作用，提出"文化是平常的"和"文化共同"的理念，突破了将文化立于生活之上的精英文化传统，超越了精英与大众的二元对立的文化模式，将文化推进到更为广阔的社会生活层面。[①] 因此，雷蒙·威廉斯的文化定义又是一次重大突破。

二、对多视域的文化定义特性的概括

在探究文化定义时，我们应当看到，近现代以来，哲学、社会学、文化人类学、历史学、历史哲学、符号学、心理学、文化经济学、文学艺术理论等学科的学者们都曾对文化做过界定，大多反映了各自的学科立场和研究角度。因此，各学科对于文化的定义或概括是多角度、多视域的。事实上，文化概念就像文化本身一样丰富多彩、多种多样，包含着多层次、多元化、综合的特性。根据不同研究角度、不同视域可对文化定义的特性做如下概括：

第一，现象描述性定义。"人类学之父"泰勒对文化的定义就是描述性的定义，描述在世界各国学者研究文化时是最常用的方法。我国学者梁漱溟也曾经用此方法给文化下过这样的定义："所谓文化，不过是一个民族生活的种种方面。总括起来，不外乎三个方面：(1) 精神生活方面，如宗教、哲学、艺术等，文艺是偏重于感情的，哲学、科学是偏重于理智

① 刘继林：《雷蒙·威廉斯的文化理论及"关键词"研究给予中国的意义》，《武汉科技大学学报（社会科学版）》，2011（4），479页。

的；（2）社会生活方面，我们与周围的人，包括与家族、朋友、社会、国家、世界之间的生活方法，都属于社会生活，如社会组织、伦理习惯、政治制度及经济关系；（3）物质生活方面，如饮食起居种种享用、人类对于自然界求生存的各种即是。”① 这种定义的特点是，将文化内容进行罗列，因此非常具体，能够使一般人理解文化内容包括哪些方面和具体由什么组成。

第二，社会反推性定义。这种定义的最大特点是用人类的现有文明去比照历史上的存在形态，说明不同时期拥有不同的文明或文化。如《苏联大百科全书（第三版）》对文化这样定义：“文化是社会和人在历史上一定的发展水平，它表现为人们进行生活和活动的种种类型和形式，以及人们所创造的物质财富和精神财富。文化这个概念用来表明一定的历史时代、社会经济形态、具体社会、氏族和民族的物质和精神的发展水平（如古代文化、社会主义文化、玛雅文化），以及专门的活动或生活领域（劳动文化、艺术文化、生活文化）。文化这个术语从较狭义的意义来看，仅指人们的精神生活领域。”这种反推性的定义可以让人们透过不同时代的文化形态，理解文化是随着时代的发展进步而向前推进的、文化可以根据不同的标准进行分类和概括。

第三，价值认定性定义。这种定义的最大特点就是从文化的意义、功用等方面出发对文化进行界定。如英国功能学派代表人物马林诺夫斯基认为，文化是一个满足人的要求的过程，也就是说，文化之所以被创造出来，都是基于某种价值或有用性的原则。这也说明有些文化只能出现于某一区域或民族之中，因为环境或条件限制了这一文化的创造和使用。尽管完全从价值或功利目的出发不能解释所有的文化现象，但人类创造文化的目的从来都是非常明确的，这一点应该不会受到怀疑。

第四，结构分析性定义。这种定义的最大特点是，认为文化是一种具有特殊结构的体系，具体的文化内容都是这一体系中的有机组成部分。除前举列维-斯特劳斯之外，又如美国著名社会学家T. 帕森斯把文化体系本身看作是复合的、内部有所区别的体系，可以按照任何一种行为体系的四个根本职能（提供知识的象征、道德评价、表情象征和制度性象征）对它进行分析。这类文化定义建立在文化可以进行结构性分析的假设之上。学

① 转引自陈华文：《文化学概论新编（第二版）》，6页，北京，首都经济贸易大学出版社，2013。

者们相信在具体的文化或文化体系背后，存在着值得人们探讨的不同职能。结构分析性定义使我们更清楚地看到，所有文化不仅是表象，也可能存在深层的意义或价值。

第五，行为取义性定义。这类定义的特点是强调文化的行为性和动力性，即把文化视为一种具有动力特色的行为方式或生活方式。如美国的文化人类学家 S. 南达认为，文化作为理想规范、意义、期待等构成的完整体系，既对实际行为按既定方向加以引导，又对明显违背理想规范的行为进行惩罚，从而遏制了人类行为向无政府主义倾向发展。孙中山也认为：文化是人类为了适应生存要求和生活需要所产生的一切生活方式的综合及其表现。这种定义看起来仅仅关注生活层面，但实际上也是文化被创造和被传承的最深层或最根本的原因所在。文化之所以被创造，就是为了规范人类的行为；而因为规范了人类的行为，文化才得以被传承和保护。换句话说，固化或规范的行为，成为文化传承或再创造的动力，成为文化改变或发展的必备条件。

第六，历史探源性定义。这类定义的主要特点是把文化放到历史发展的层面上去认识，强调文化的群体性和群体赖以生存下去的知识。美国社会学家福尔森就认为：文化是一切人工产物的总和，包括一切由人类发明并传递给后代的器物以及生活的习惯。日本文化学家祖父江孝男也说文化就是"后天被造成的，成为群体成员之间共同具有且被保持下来的行为方式，也可以叫模式"①。这一定义所要强调的是，今天的文化是历史过程中创造的，而今后的文化是基于历史的文化才被创造的。因此，在历史或生活当中形成的习惯性的行为方式，是维护群体生活方式的必要条件，同时也是延续相同生活方式或创造新的生活文化的必要条件。文化的连续性与历史的连续性具有相同的意义。

第七，主体立意性定义。这类定义的最大特点是强调人这一主体在文化中的特殊作用和本质意义。如弗洛伊德就曾经说过："所谓文化，就是有条不紊地牺牲力比多，并把它强行转移到对社会有用的活动和表现上去。"② 关于这类定义，《苏联大百科全书（第三版）》叙述得最为典型：

---

① ［日］祖父江孝男著，季红真译：《简明文化人类学》，37 页，北京，作家出版社，1987。

② ［美］赫伯特·马尔库塞著，黄勇、薛民译：《爱欲与文明》，18 页，上海，上海译文出版社，1987。

"文化概念最初是指人对自然的有目的的影响，以及人本身的培养和训练。培养不仅包括培养人们遵守现有准则和习惯的能力，而且包括鼓励他们遵守这些准则和习惯的愿望，使他们相信文化能够满足人的全部要求和需要。任何社会的文化观都包含这两层意思。"从某种意义上说，这一定义突出的是人这一主体作为文化创造者或适应者的特殊性。我们知道，人也是动物，有其原生态的本能特征，但文化改变了这一特征，使人成为文化的动物。人创造了文化，但牺牲了动物的本能，并通过文化使这种本能最小化而归附于群体的习惯。①

三、我国当代辞典中的文化定义

现当代中国学者在给文化下定义方面大致有三种情况：一种是以借鉴外国学者观点为主，所下的定义与外国学者的大同小异；另一种是汲取以往中西研究成果，根据中国社会文化发展需要和中国学术语境的特色给出文化的定义；还有一种是直接引述中外有影响的、重要的定义。有代表性的定义往往被概括、整合、凝聚并体现到了辞典中。

例如《辞海》中"文化"的定义："广义指人类在社会实践过程中所获得的物质、精神的生产能力和创造的物质、精神财富的总和。狭义指精神生产能力和精神产品，包括一切社会意识形式：自然科学、技术科学、社会意识形态。有时又专指教育、科学、文学、艺术、卫生、体育等方面的知识与设施。作为一种历史现象，文化的发展有历史的继承性；在阶级社会中，又具有阶级性，同时也具有民族性、地域性。不同民族、不同地域的文化又形成了人类文化的多样性。作为社会意识形态的文化，是一定社会的政治和经济的反映，同时又给予一定社会的政治和经济以巨大的影响。"②《辞海》的文化定义具有广义与狭义之别，并突出了历史性、社会性、民族性与阶级性。

《社会学简明辞典》给出了与《辞海》相似的定义："从广义来说，文化是指人类在社会历史实践过程中所创造的物质财富和精神财富的总和。从狭义来说，文化是一定物质资料生产方式基础上的精神财富的总和。"

---

① 陈华文：《文化学概论新编（第二版）》，6—8页，北京，首都经济贸易大学出版社，2013。

② 夏征农、陈至立主编：《辞海（第六版缩印本）》，1975页，上海，上海辞书出版社，2010。

这一定义基本上是从哲学角度的定义中引申而来的，强调物质与精神两分的层面。

文化的定义有广义和狭义之分，广义的定义着眼于人与动物、社会与自然的本质区别，狭义的定义指与人类社会经济基础相对应的精神文化。丰富多样的文化内涵特性使得对文化的探索具有更大的吸引力，通过探索不仅可以了解到文化概念和文化本身，也可以认识我们自身，认识人与世界的关系。

四、从文化学学科角度界定文化

立足于文化学学科的层面给文化下定义，开始于爱德华·泰勒。如前所述，泰勒之后，又有 B. K. 马林诺夫斯基、列维-斯特劳斯、克罗伯和克拉克洪、莱斯利·怀特、雷蒙·威廉斯等学者，在文化定义方面代表了几次重要转折，具有里程碑式的意义。文化定义的演进表明人们对文化内涵的认识是不断深化、不断进步的，并且具有顺应特定文化时代和学术发展的倾向。

综合以往重要研究成果，我们立足于国家文化传承和文化创新，结合当今世界文化实践、社会生活和文化经济发展的势态，从文化学学科角度对文化做出如下界定：

文化是人类社会群体所创造的价值和意义体系，是人与动物、社会与自然本质区别的标志，它是表现为物质产品、精神与观念、知识与科学、组织管理与制度、宗教与信仰、习俗与行为活动规范、经济与社会生活方式等多层面现象的综合体，它是表现为符号性质的系统。文化是人们在社会历史实践过程中创造的，作为一种系统，文化在传统传承与创新的交织中存在和发展，形成各种各样的形态或模式。

从人类社会整体看，不同群体的文化之间既存在共性又有差异。不同历史阶段、不同民族或不同地域的文化各有其特色，具有多元性。特定时代、地域的社会群体或特定文化群体共享其特定的文化价值和意义体系，呈现为特定社会生活方式的整体状态。

在社会现实中，文化有具体、多样的表现——文化现象，文化的概念是对文化现象的综合和抽象。文化概念具有普遍性和共性，而文化现象则是具体的，处于一定的历史条件或地域条件下，为特定的社会群体所享有，具有特殊性或偶然性。

第三节　文化的特征

文化是人类的创造物，正是文化的出现使得人类与动物区别开来。但不管何时何地、由哪个民族创造的文化，都有一些基本的特征。文化学把文化当作对象研究时必须说明它的属性和特征。无论是作为一种生活方式，还是作为一种观念系统，文化的特征都难以简单地从某一方面加以把握。只有全面认清文化的特征，才能准确地把握住文化的内涵。

一、人为性（创造性）

文化的首要特征是人为性。它是人创造的，是人工实现的，它与社会群体及其生产活动和结果相关。在这种意义上，文化就是“人化”或“人类化”，这使得文化具有了超自然的性质。

与文化相对的是自然，大自然中的自然物不一定是文化。人类文化中一些纯粹的自然物，如风景、奇石、珊瑚、宝石等，只有在人类的精神投射其上时，才呈现出文化的意义。[①] 所以有的学者指出：“文化的本质是人化。”[②]

不过，现在未受到文化影响的自然已经很少了。随着人类科学技术水平的快速发展，随着人类思维水平的不断提高，随着人类数量的急剧膨胀，人类能源和生存所需资源日益减少，人类对自然物的影响也越来越大。在今天的地球空间中，人类的足迹与影响几乎遍及每个角落，纯粹的自然物与自然景观越来越少。文化的力量如此强大，以至于几乎将自然完全人化了。人类对自然资源改造及消耗的结果非常可怕，文化的人为性正逐渐暴露出其内在的反自然、反规律特征，由此所引发的连绵不断的生态灾难与文化癌变，正以触目惊心的方式警醒人类：文化的发展必须遵循自然的规律，否则将适得其反。[③] 文化是自然性与超自然性的统一，文化学探寻如何解决好自然性与超自然性的和谐统一的问题。[④] 人类一方面通过有目的的改造改变着自然的属性，另一方面又必须根据自然的特征谨慎地顺从自然。

---

① 陈建宪：《文化学教程（第二版）》，24 页，武汉，华中师范大学出版社，2011。
② 郭齐勇：《文化学概论》，17 页，武汉，武汉大学出版社，2014。
③ 陈建宪：《文化学教程（第二版）》，25 页，武汉，华中师范大学出版社，2011。
④ 王玉德：《文化学》，7 页，昆明，云南大学出版社，2006。

在根本上，文化的人为性其实就是人类的文化创造性。人的制作物或人工实现的物质以及人类思想产品都具有人为性，就人类整体所独有的智慧和能力来说，这是一种创造性的能力。文化是人类智能创造的，可以说创造性是文化的根本特性。康德在《判断力批判》中说道："文化是有理性的实体为了一定的目的而进行的能力之创造。"康德的说法是很深刻的。就生成方式而言，文化不是自在的，不是自然的，而是创造的，是人为的。茫茫宇宙，无限时空，在漫长的生命进化过程中，"人猿相揖别"，人类从动物世界中脱颖而出，成为一种高级的生命形态。这种高级生命形态的重要标志就是与文化创造同步，与文化成果共生。人类之前有生命，但人类之前无文化。文化从无到有，显然是人类自身为了适应自然、安顿自我、协调社会的一种"能力之创造"，是一种因时制宜、因地制宜、因己制宜的智慧的结晶。无论是作为生活方式的文化，还是作为观念系统的文化，都是人类对外界和自身的一种主动的投射、一种积极的加工、一种奋发有为的创造。由此而言，创造性是文化与生俱来的品格。

把创造性视为文化的一个属性，还可以从另外的一个角度加以说明。我们知道，现代神话学中有一个概念：文化英雄。什么是文化英雄呢？就中国的神话传说来讲，有巢氏、燧人氏、神农氏、仓颉等均属文化英雄。有巢氏构木为巢，燧人氏钻木取火，神农氏取用草药、耕植百谷，仓颉"视鸟迹之文造书契"、发明文字。之所以把他们称为文化英雄，主要的原因就在于他们在历史上有所开启，有所创造，并由此改变了人们的生活观念与生活方式。

二、群体性（社会性）

文化是在人类的群体活动中体现的，为满足群体的需要而创造，为群体所共享，并通过群体进行传播与继承。[①] 可以说，群体性或社会性是文化的最基本、最重要的特性。

文化之所以能为社会群体所共享，主要是因为社会群体的人员具有普遍的认知能力，能认识、理解和认同文化所具有的意义，从而能认同文化的价值性——对社会群体来说文化因有意义而有价值。不过，这种对文化意义的共享，总是相对于一定历史时期的社会群体范围而言的，从人类整体到各个具体的、大小不同的群体，其享用的文化意义范围也有所不同

① 林坚：《文化学研究引论》，21页，北京，中国文史出版社，2014。

——是共性与个性在不同群体范围上的交叉与差异。因此，不同社会群体的文化就会在一定的文化共性的基础上呈现出千差万别的个性意义和独特价值。

文化附着于社会，不同的社会群体有不同的文化。每个社会群体都有通用的符号系统，为其社会的每个成员所享用，成为表达、传递、交流文化意义和文化价值的必要工具。依靠符号系统，社会群体中的成员可以认识、理解、适应和享用已有的文化，还要世世代代传承之、改造之。同时，每一群体的文化对其群体中的每个人也有限制作用。一个人可以有他自身的个人特殊行为，这种行为如仅限于他自己，就只是一种个人习惯，会随着他的死亡而消失。

在文化的群体性特征方面，存在个体性与超个体性的统一问题。个体性是指文化的实行方式，超个体性则是指文化的存在方式。个体性的实行方式总是与超个体性的存在方式紧密结合在一起，这主要表现在以下两个方面：第一，个体性与超个体性密不可分。一个人有选择和享用文化形态的自由，但作为一个文化个体，其选择自由是与超个体的文化存在紧密相关的。如原始人没有马、车、船等交通工具时，只能选择步行外出；而现代人在拥有了汽车、轮船、飞机等各种交通工具后，可供选择的外出方式就大大增加了。第二，个体性受到超个体性的约束。一个人要成为社会群体一员，必须经过长期的学习和教育，经过各种训练来适应超个体存在方式。一个人不能胡作非为，随心所欲，就是因为要受群体文化存在方式的约束。人类创造了物质、精神、制度等文化形态，而这些文化形态又从本质上制约着人类个体。

文化的群体性首先体现为群体性是人类赖以产生和形成的基础，体现为人类超个体的基本生存方式。在早期人类时代，如果离开了群体，个体的生存几乎是不可能的。这不仅是因为个体首先要依靠群体才得以延续生命，而且人类从起源上讲也是群体性地从低等动物进化为人类的。人类初期的进化过程，就是在漫长的历史中以群体的方式蒙昧地能动地创造了区别于低等动物的文化，完成了最初的文化实践，如直立行走、制造工具、从自然火中获得生火的能力等都是群体性地完成的。

文化的群体性还体现为文明起源的多样性和丰富性。在讨论人类学意义上的文化起源时，有一个误解，那就是好像地球上的人类都来源于同一个种族、同一个区域、同一个历史阶段。事实上，20 世纪考古学重大发现已经证实，人类文明的起源多样、丰富，有着成百上千个起源点，而且各自有着相对独立的发展进程和种族类型。

文化的群体性也可以进一步用来说明人类文化发展到较高阶段以后的多样性和丰富性。就世界文明类型的研究成果而言，现在人类文明可以分为九大文明或者二十一种文化类型。文明类型的确定与区分，就是在文化的群体性的意义上，将不同的文化群体加以比照和审视，从而以文明起源的时间和空间、文明演进历程、文明特征等因素来划分出不同群体的文明类型。无论是九分法还是二十一分法，都充分地说明了文化的群体性创造的巨大力量、不同文化群体的巨大文化差异，以及人类多个文化群体为人类整体所提供的巨大智慧和强大的生命力。①

三、普遍性与多样性

文化的普遍性由人类社会的本质所致。尽管文化的具体表现形式有所不同，但是各种各样的文化现象、文化形态或类型都带有一些普遍性和共同性。就文化的具体存在形式而言，文化现象在不同条件下又有相当的差异和个性，呈现出丰富的多样性和差异性，如族群性、地域性、时代性，由此而形成其偶然性、独特性或唯一性。

文化的普遍性是社会文化实践中最普通的文化特征，其表现是各个不同民族具有共同的文化样式（意识和行为的规范、范例、程式）。绝大多数文化现象的出现是由社会的需求和人类的利益所致，与保持群体的不断再生产、保持社会团结和互助以及社会经验代代传递的需求有关。

文化的首要特性是人化（人为性），这一本质决定了不同类型的文化必然具有普遍性，换言之，是人的普遍性决定了文化的普遍性。可以从人类学上找到相当多的材料来证明这一认识的正确性，如人类早期的灵魂万有观念、早期的血缘婚制、早期的巫术信仰及其实践、早期的族源神话多以自然物为其图腾等。这些观念与制度，在人类学的多个完全不同的种族调查中都得到了同类材料的证实，说明了人类早期有着文化的相似性或者普遍性。然而，这一看似明确的认识，远没有被人们所广泛接受。

在20世纪30、40年代，欧洲产生了法西斯主义。法西斯主义的头号代表人物希特勒鼓吹德意志民族是人类最优等的民族，进而联合意大利、日本等国发动了席卷整个世界的反人类的法西斯战争，第二次世界大战由

① 陈建宪：《文化学教程（第二版）》，25页，武汉，华中师范大学出版社，2011。

此爆发。这次战争所带来的文化破坏，史无前例，惨绝人寰。[①]可见，否认文化的普遍性，宣扬种族的优劣等次，显然是违背规律的错误观念。

文化的普遍性在内涵上可以理解为文化观念的某种趋同性和文化现象的某种类同性。在比较文化学视野下，任何文化都具有以人为出发点来思考自然、社会和超自然现象的观念，都具有一定程度的灵魂观念，都具有一定阶段的敬畏神祇与超自然的观念，都具有对社会和生命的关爱之心等，这就是文化观念的趋同性。而发生在文化史上的物质创造、制度变革、生活习俗、文化交往等丰富多样的文化现象，在不同的文化传统和体系中，也存在着诸多相似之处，这就是文化的类同性。这既是文化观念趋同性的必然表现，也是人类物质基础的类同性所导致的必然结果。

普遍性与多样性是文化的一体两面。文化普遍性是从文化的具体、多样的现象中抽取出来的共性；而在现实社会和文化世界中，文化总是以具体（个体）、多样的形式存在的——这就是文化现象，它是历史地形成的，同时又是一定地域的社会群体所共享的意义形式，因而在一定时间与空间条件下就必然有其偶然性和独特性。文化现象由于有各自的具体表现形式和独特性，因而呈现出丰富多样性。

文化的普遍性与多样性还体现在人类整体文化与局部文化系统的关系中，体现在同一文化系统与其内部的文化子系统的关系中。同一文化系统内部在发生、发展的不同阶段和不同空间中，也表现出同一文化体系中的多样性。这种局部的文化多样性与总体的文化多样性之间并没有本质的差异，都是基于普遍性与具体性相统一的规律，从而显示出文化活力和文化惰性的统一。[②]

在文化的普遍性与多样性的关系上，应特别注意文化在民族、地域、时代等方面的具体表现、特色和特殊价值。人类文化具有普遍性，这种特性不因种族、民族、地域、阶级、时代而有所区别，文化是全人类所共同拥有的财富；文化又是由不同种群、不同民族在不同时期创造的，所以又具有鲜明的民族性、地域性和时代性。正是两者的有机结合，使文化兼具多样性和独特性。值得注意的是，普遍性更多地表现在器物文化方面，而在精神文化或制度文化上，人们更注重保有自己的个性，甚至认为自己的

① 陈建宪：《文化学教程（第二版）》，26页，武汉，华中师范大学出版社，2011。
② 陈建宪：《文化学教程（第二版）》，26页，武汉，华中师范大学出版社，2011。

价值观念超越生命或民族存在。总之，文化的普遍性与民族、地域、时代的关系的实质就是普遍性与多样性、特殊性的关系。

四、继承性（传承性）

文化一经产生，就有了相对独立的生命，在特定群体中代代相传，具有继承性。对个体来说，文化是后天习得的，也就是说，文化是继承的。然而，人类的文化又并非一成不变。随着时间、空间及其他条件的变化，文化会不断发生变迁，这就是它的变异性。

文化的继承性是由人类认识世界的经验积累方式与文化养成的惯性所决定的。人类学研究表明，人的社会实践与思维过程都是以经验积累的方式来巩固文化成果的。正是依靠这种经验积累的意识与能力，人类才得以在数百万年的漫长进化中习得了制造工具和使用工具的能力，才得以从低级、蒙昧、野蛮的形态缓慢过渡到高级、智慧、文明的形态。也就是说，经验积累是文化形成的基本方式之一，使得人类在总体上可以超越个体生命的有限性而不断地总结、借鉴、利用前人在社会实践中所获得的宝贵经验和刻骨铭心的历史教训。

同时，文化养成所具有的历史惯性，也成为文化继承性的来源之一。简单地说，文化养成的历史惯性如同一个人久而久之的习惯一样。文化习得一旦在社会实践中建立了某种观念和仪式之后，这种观念和仪式就会逐渐地沉淀下来，进入人们的文化心理之中，成为以后社会实践的某种标准或规范。这些标准或规范，有时为个人所遵守，有时则为某个特定群体以相对强制性的方式来认同，并成为具有持续约束力的法则。也可以说，人类个体浸润在家庭、社会给定的文化语境、文化场域与文化氛围之中，以自觉或不自觉的方式接受相应的文化熏陶，进而习得并且内化为自身的文化素质，形成了各自的文化个性与文化身份。在这个意义上我们可以发现，文化继承性既是一种自为性的经验积累原则，也是一种他为性的群体认同法则；前者往往呈现为经验自在的自由性，而后者多表现为礼制成规的强制性。

文化的继承性主要表现为在文化产生、形成、发展和演变的过程中逐渐模式化的特定传统，构成了特定文化系统中从个体到群体的集体文化无意识。没有继承性，文化就不可能成为一种历史，更不可能成为一种传统。因此，文化传统与文化无意识，可以视为我们认识文化的继承性的有效标志。①

五、累积性与变异性

文化的发展是累积性与变异性的统一。所谓的累积性是指文化在发展过程中从个体、一个民族、一个时代向另一个体、另一民族和另一时代的延续发展和累积叠加。所有的文化都是在继承的基础上发展的。累积继承是发展的前提，没有累积继承，发展就无从谈起。所谓的变异性是指文化在累积发展过程中不断变化的特征。文化的累积性与变异性辩证统一，没有累积就不会发展，而没有发展也就不会变异。文化就其本质而言是不断变化的。

文化因为人的经验积累和各种主客观条件的变化而变革与变异。人类在社会实践中积累的经验使得文化成果具有可继承性，然而，并非所有的经验积累都原封不动地被后来的文化所传承。也就是说，经验积累只是总体上的某种继承，具体的、微观的历史实践经验则往往发生一些变化。变化原因主要是人们在不同历史时空所依赖的内在和外在条件发生了变化，人们必然会去顺应当时的历史处境和社会信念，去调整已有经验和知识来改造、创新文化。也正是这种改造与创新，使得文化摆脱了历史惯性的束缚和压制，使得文化的成长具有更强大的生命力和更广泛的适应性。

不妨以中原男子发式的变化为例：清以前，中原男子全蓄发，他们簪发为髻，置于头上。清朝入关后，“留头不留发，留发不留头”，清廷颁发剃发令，令汉族男子依满俗剃光顶发，余发捋在脑后梳成辫子，违者立斩。但仅仅过了二百多年，旨在推翻清朝统治的辛亥革命爆发，整个社会关注曾作为大清统治象征的辫子问题。于是围绕着剪发与留辫，展开了一场激烈斗争。剪辫几乎成为保清与反清的界线。随着清王朝的灭亡，汉族男子的辫子终于退出了历史舞台，被分头、背头、平头等各式短发替代。

总的来说，文化稳定是相对的，其变异是绝对的。文化变异有其内因和外因。内因是文化内部结构的矛盾运动。文化学学者们认为新发明和新发现是文化变异的源泉，新的观念、规范和技术得到推广以后，就会形成新的文化特征，甚至成为整个时代的标志。当今所谓的信息时代，就是建

---

① 陈建宪：《文化学教程（第二版）》，27—28页，武汉，华中师范大学出版社，2011。

立在计算机技术之上的。文化变异的外因是社会革命。18世纪末的法国大革命不仅摧毁了法国的封建专制制度，促进法国资本主义的发展，还开创了人类文化史上的资产阶级文化的先河。除非在特定的条件下发生剧变，一般来说，文化变异需要通过缓慢的积累才出现。

六、功能性

任何文化现象或文化形态必有其特定的功能。失去了功能的文化，迟早会变异或消亡。

文化的功能性是由人类社会实践的目的性所决定的，人类社会实践的目的性是人与动物区别的基本特征之一。人类的目的性超越了动物本能的目的性，人在社会实践中通过智慧和生产劳动创造出丰富的社会文化方式；文化作为人类活动的一种创造，是为了满足人类认识世界、改造世界和创造世界的需要，满足人类精神和物质的生活需求。譬如科学技术可以满足人们征服自然、取用自然的物质需要，文学艺术可以满足人们的审美需要，制度设计可以满足人们对相应的社会秩序的建构需要。可以说，文化是为满足人类社会的生存和发展需要而被创造出来的，这种满足其实就实现了文化的功能性。或者说，文化的功能性是在社会实践生活中得以发挥和实现的，在文化功能发挥作用的过程中文化的意义和价值也随之呈现出来。

文化的功能性是多方面的，主要体现在以下几方面：(1) 提供人类社会生活环境，满足多种需要；(2) 对社会具有规范作用；(3) 对个体的人具有化育（涵化）功能，全面系统地培育社会人，对人的心灵具有强大持久的影响力与塑造力；(4) 维护社会结构，形成社会自我调控；(5) 文化的认知对于建构民族心理很重要，可以塑造民族性格，形成文化认同和文化价值观，起到社会凝聚的作用；(6) 不同文化群体之间接触、交流时具有涵化功能，某一文化体系内部机制对外来文化因素或现象具有整合功能。(文化功能的具体内容详见下一章。)

七、系统性与整合性

如果说功能性是文化目的性的表现，那么系统性则是文化规律性的反映，整合性是就文化系统内部机制及其构成要素的关联性而言的。

文化的系统性不仅包含文化内部要素的多样性与整体性，也包含文化内部要素的某种独立性及其间的关联性，这是由文化自身的规律所决定的。文化的系统性影响到文化现象的发生、发展和演变。依据这一规律，可以分析文化现象的成因和演变趋势，可以认识到任何文化现象的存在都是以其文化系统为前提，只要我们了解它的系统意义，就能够大致发现特定文化现象的基本内涵。

同时，文化的系统性也影响到文化交流的排斥、冲突和协调。依据这一规律，就可以较为理智地看待文化交流过程中存在的各种复杂问题，尊重不同文化系统的核心价值，充分地讨论不同文化系统之间存在的交汇、融合、协调的可能性，促使各个文化系统在文化交流中获得文化发展的新因素，并为多个文化系统在交流碰撞中创造更具生命力的新型文化提供可能性。在文化交流日益频繁的当代，文化的系统性已经呈现出某种跨系统和突破系统规范的新现象、新问题。这些新现象和新问题还因为虚拟存在的网络世界的强劲影响而显得剧烈、突兀。每一种文化系统都已失去严格意义上的系统性，或多或少地受到异文化系统的影响或冲击。当代文化的许多新现象新因素，渗透到人类的每一种文化系统之中，成为突破既有文化系统的新生力量。同时，在世界文化的转型之际，这些文化现象势必汇集而形成新的文化系统整合平台。美国学者C. 恩伯、M. 恩伯在《文化的变异——现代文化人类学通论》一书中讲到，文化是整合的，构成文化的诸要素、特质不是习俗的随机拼凑，而是在大多数情况下相互适应或和谐一致的。

八、时间性

所谓文化的时间性，是指文化发展中的持续性、绵延性或阶段性、间断性。任何文化都是由在一定时间和空间的人群所创造的。衡量任何文化系统及其特质，都不能没有时空参照系。世间没有无时间的文化。只要人类社会还在延续，文化就会生生不息，保存其时间特征。任何文化元素（如独木舟、青铜器、偶婚制等）和文化系统（如西方文化、中国文化、印度文化等）都是有时间性的。任何文化体系都有发生、发展、成熟、衰亡的过程，有的文化体系还有复兴、重构、再生的过程。

文化的时间是一个极其丰富的概念。它首先指历史时间，包括物理时间和生物时间。物理时间由诸如天文学等精密科学进行研究，可加以精确计算。生物时间由自然科学加以考察，以生物节律进行测算，这类生物节律影响着所有生物对无机界过程和现象的适应。人置身于物理和生物过程这一客观的时间结构之中，不以人的意志转移；人在创造文化存在时，构造它的时间坐标，把时间作为自己的财产。

文化的时间性主要指文化在历史长河中的纵向特性，包括：（1）文化在量上的累积和延续；（2）文化在质上的变异与区分；（3）文化特质在流变过程中的暂时性或长久性。

文化的时间性可以理解为文化的时代性。如以社会形态为依据，则有封建时代的文化、资本主义时代的文化等。如以科学技术发展水平为依据，则有石器时代、青铜时代、铁器时代、蒸汽机时代、电子计算机时代的文化等，这些表现出人类文化由低级向高级不断进步的历程。文化的时间性还可以理解为文化的传承性。任何时代的文化，都是在前代文化的基础上形成和发展起来的。正是通过世代积累，人类文化才变得日益丰富和进步。①

九、空间性

文化的空间性是指文化发展中的地区性和广延性。空间概念的形成始于对地域、环境的熟悉。地域可能是自己的或他人的，熟悉的或神秘的，友好的或敌对的。在大自然中逐渐形成了文化环境，即人建造的居处、道路、人开垦的栽培植物的田地、牧场、成群的家畜等等。文化的外部空间与自然界接壤。文化的内部空间以地球上文化的传播和有人迹区的扩大、原始的周边地区与文明的互动、文明之间的互动、历史文化区域的形成为主要特点。人总是生活在一定的空间之中，因此，没有无空间的文化。

文化的空间性包括文化与生态环境和社会人文环境的关系，包括：（1）文化在空间的发源；（2）文化在空间的传播；（3）物质文化的成果占据一定的空间（如长城、都江堰），非物质文化也有空间（如楚剧、豫剧、昆剧等都有空间分布）；（4）文化与地域的关系，如神话、语言、艺术、风俗、宗教的地域问题，如中华文化之所以与欧洲文化不同就需要从空间上考察。

我国少数民族文化大多分布在海拔较高的山区，而汉族文化主要在平原，地理的形貌与文化的特征是有密切关系的。正因为文化有时空性，因而它必然有时间的中断和地区的局限。人类历史上几乎每一个民族的文化

---

① 王玉德：《文化学》，8—9页，昆明，云南大学出版社，2006。

都有不同程度的断裂，并且文化都是限制在一定空间内发展的。[①]

在当代，文化空间问题又有新意。对于文化的外部空间来说，这是生态秩序问题；而对于内部空间来说，这是保存某个民族的历史文化环境的问题。在文化空间中，传统和创新的互动揭示了文化发展的进程，它首先表现为人在文化进步过程中实现其能力和潜力的可能性。

十、民族性

文化学注重研究文化的民族性。文化的民族性是指一定民族在历史上所形成的区别于其他民族的文化特殊性，如物质、思维方式、民族心理、制度、宗教、礼仪、行为活动、生活方式、习俗、艺术等文化现象。

人类进入民族时期之后，文化就有了民族性特征。迄今为止的人类文明社会都是按民族来区分的。民族是个历史范畴，是由共同的语言、地域、经济生活、心理素质等构成的共同体。关于文化的民族性的事例随处可见。以对色彩的文化观念为例，汉族崇尚红色，可能源于对太阳、对火的崇拜；藏族崇尚白色，则源于对冰雹和雪山山神的崇拜。以对死亡的态度而言，汉族流行土葬，有的民族流行火葬，各个民族因观念不同而采取不同的葬法。以服装而言，汉族与少数民族的服装有所不同。[②] 文化的民族性是与民族共存的。

民族文化是民族的表现形式之一，是各民族在长期历史发展过程中自己创造和发展起来的，是具有本民族特色的文化。民族文化就内涵而言是十分丰富的，就形式而言是多姿多彩的。民族文化是世界文化发展的合乎规律的组成部分和对全人类文明必不可少的贡献，是由本民族吸收并加工其他民族文化和全世界文化的结果。无论哪种民族文化都通过某种形式包含和表达着全人类的原则。民族文化是民族精神和智力的潜力，是人的创造活动的动力，是增强人民的精神活力、塑造民族的道德理想的保证。每一个民族文化都属于全人类，没有统一的民族文化模式，每一种民族文化都经过自己独特的发展道路通向全人类的价值体系。

除以上主要特征之外，文化还有其他一些特征。文化的各种特征集合于文化统一体，这使得文化一方面呈现为复杂多样的现象，另一方面在人类社会历史发展中又具有一定的规律性。

---

① 王玉德：《文化学》，9页，昆明，云南大学出版社，2006。

② 王玉德：《文化学》，10页，昆明，云南大学出版社，2006。

第四节　文化与文明

文化（culture）和文明（civilization）是文化学中的两个基本概念。长期以来，这两个概念关系密切、相互交织，不易厘清。[①] 本节从当代文化学角度对这两个概念做简要的梳理。

一、“文明”的词源义及变化

在词源义上，文化与文明是不同的。西方“文化”的词源是古拉丁语colere，意为耕种，含有培植的意思，引申为崇拜、尊敬、居住，后又经历了“心灵培育”“道德和心智的提升”“开化、启蒙、进步”等语义演变，逐渐形成了现代意义的文化概念。这些在第一节中已介绍，现在来看文明一词。

西语中，文明一词出现较早，在语源上，法文civilisation、英文civilization和德文zivilisation都源于古拉丁语civis（公民）和civitas（有组织的社会或城市）、civilis（公民）、civilitas（市民权）。其中civilis一词有两种基本意义，一是指作为一定社会成员的公民所特有的，另一种是指对公民有益的。从这一词中派生出了中世纪拉丁语的civitabilis一词，意为“获得市民权成为城市居民”。

13世纪末，该词首先进入法语，成为civil（市民的、礼仪端正的）、civilite（礼仪）。16世纪后半叶，其动词形式civiliser（文明化）开始出现。在18世纪法国大革命时期，人们把体现资产阶级大革命的新的文化气象称为civilisation，这个名词形式才最终形成。大概在1819年，该名词进一步以复数形式出现。另外该词从法语引入英语首先是动词形式civilize，随后是名词形式civilization，英语各种形式的使用时间都比法语略晚一些。

虽然civilis等词语早在公元前2世纪就已产生了，但其表示“文明”的概念却没有多长的历史。大约在18世纪中期，“文明”的概念才逐渐被学术界所青睐。

总之，从语源看文化与文明两者在古拉丁语的词源义是完全不同的：

① ［英］雷蒙·威廉斯著，刘建基译：《关键词：文化与社会的词汇》，46页，北京，三联书店，2005。

最初“文化”的词源表示“农耕”，从其包含的“培植”意思引申出“培育心灵”和“锻炼”等含义，来指代人类精神层面的形成过程；而“文明”的词源表示“城市国家、市民”，后来引申出“对市民的礼仪端正的关注”这一意义以及表示“城市化”“被锤炼”的动词义。

二、“文化”与“文明”含义在近现代的交织与区分

（一）18 世纪

尽管在西方 culture 和 civilization 二词早已出现，但是，现代意义上的、扩展了的文化和文明概念却产生于 18 世纪下半叶欧洲启蒙运动的时代，德语中的“文化”（kultur）与英语中的新造词“文明”（civilization）内涵和外延几乎相同。①

当时，culture 和 civilization 在含义上大致重叠，因此时常出现混用的情况；并且二词都经由苏格兰启蒙学派、法国的重农学派以及百科全书派等启蒙思想家之手，成为象征那个时代精神的重要的概念。此后，法国将“文明”、英国将“文化”作为自己相对重要的概念形式定型下来。对于这两个多义词，英法两国都长期保存了其“教养、高尚”的意思。

（二）19 世纪

19 世纪后，culture 的意义发生了变化，在语言的实际使用中与 civilization 有了明显区分。雷蒙·威廉斯曾指出：到了 19 世纪末，文化作为培养某种东西的用法发生了变化，开始意指包括物质、智性、精神等各个层面的整体生活方式。② 显然，culture 这种变化了的含义有别于“文明”。

然而，只有 19 世纪的德国思想家表述了文化和文明之间的明显区别。亨廷顿在《文明的冲突与世界秩序的重建》中提到，这一区分在德国的思想中保持了下来，但在其他地方并没有被接受。克罗伯与克拉克洪也曾指出，文化与文明概念逐渐区分开来、成为一种相互对照的内容，这种倾向在德语圈中的表现尤为显著。

这一时期的德国学者习惯把人类社会的物质和技术上的成就或进步称为文明，而把人类社会精神方面的成就与进步称为文化。埃利亚斯在《文明的进程》一书中对德国的文化与文明的概念做出了详细的描述：

---

① 方维规：《论近现代中国“文明”、“文化”观的嬗变》，《史林》，1999（4），73 页。

② ［英］雷蒙·威廉斯著，高晓玲译：《文化与社会 1780—1950》，4 页，长春，吉林出版集团有限责任公司，2011。

文明是指一个过程，或一个过程的结果，是始终在运动、始终在前进的东西。而德语中的文化，指的是那些已经存在的人造产品，其概念核心是指思想、道德意识、艺术、宗教，也就是我们平常所说的狭义文化、精神文化的概念，它是指反映民族自我意识、强调民族差异的宗教与哲学体系。德语中文化这一概念的主旨就是想把这类事物与政治、经济和社会现实区别开来。

文化是对自我独特性格的确认，它表现的是对自身的成就、进步的骄傲的感觉；而文明则是指那些有用的东西，即那些包括人的外表和行为的表面现象，那种不是通过成就而是通过人的存在和行为所表现出来的价值。

文明的这种德语用法正好与英、法的用法相反，英、法语言中的文明可以指成就，也可以指人的行为、举止而不论是否有成就。因此，当德国人自豪地谈论他们的文化时，英国人或法国人自豪地联想起来的是他们的文明。①

从历史上看，德语中文化与文明是两个平行发展的概念。由于18至19世纪德国的社会变革，德语中文化首先是在一个阶层与另一个阶层相对立的语境中使用的，它是体现阶层独特的自身价值、行为方式的词汇；只是在后来，随着社会矛盾的缓和与民族矛盾的加剧，知识阶层的“文化”才战胜贵族的“文明”的行为方式，从而成为德国的主流民族意识。

上述观点在康德与赫尔德那里也能得到印证。康德认为：“我们由于艺术和科学而有了高度的文化。在各式各样的社会礼貌和仪表方面，我们是文明得甚至于到了过分的地步。……因为道德这一观念也是属于文化的，但是我们使用这一观念却只限于虚荣与外表仪式方面表现得貌似德行的东西，所以它只不过是成其为文明化而已。”② 1784年，他在《从世界公民的观点撰写世界通史的想法》一文中写道：“我们通过艺术和科学达到了很高的修养，我们太文明了，以至于繁文缛节成了累赘。……道德观念属于文化范畴，……而这一思想的流行，只不过造就了那些追求名誉、追求表面的礼仪规范等所谓的德行，只不过推进了文明而已。”赫尔德认为：“文化……它意味着个人的完善，或者发展他自己的过程中取得的工

① 孙晶：《马克思恩格斯的文化与文明概念考察》，《南昌大学学报（人文社会科学版）》，2001（1），12—13页。

② ［德］康德著，何兆武译：《历史理性批判文集》，15页，北京，商务印书馆，1990。

艺、技术和学识。但是，在这些造诣中现已既包括生活中的智识方面，又包括其技艺方面。”①

18世纪以来，德语“文化”与法语“文明”概念逐步泛化：“文明”在德语中仍保留物质生活中的个人修养、社会风范等方面的意义；而“文化”在德语中泛指知识与科学的进步，与社会背景方面无关。后来，“德国人采纳了‘文化’一词，并进一步加以扩展，乃至涵盖了社会生活的所有方面。”② 但无论文化概念如何泛化，德语环境中的“文化”仍坚守着其比“文明”高一级的价值内涵。

德语中与文明相对的文化概念在1919年以及这之前的几年里重新活跃了起来。这是因为德国发动第一次世界大战后，英、法以文明的名义联合起来对抗德国；同时也因为在和约签订以后所出现的新情况中，德国人必须重拾自己的信心。从某种意义上来说，战后德国的历史只是给一种对立的观念注入了新的刺激，而这种观念的对立从18世纪以来就是通过文明和文化这两个概念来表现的。③

19世纪前半期在德语圈中发生的文化概念的含义变换，其意义不仅限于为后来文化人类学的文化概念提供了内容，提供的内容更像是其带来的副产品；德意志的文化观带来的更重要、更广泛的影响是引发了19世纪以后的社会变动。尽管这一对概念的表述在其形成的时候就已经与我们现在的说法接近，但形成这些概念的具体出发点以及它们所涉及的经验和情况在18世纪末却与今日截然不同。不过，当时所涉及的经验和情况与我们今天使用这些概念时所依赖的经验和情况还是有着历史联系的。

大约同一时期，在英国和法国，许多学者仍然经常将两词视为同义词或近义词。譬如，英国人类学家泰勒在《原始文化》的“关于文化的科学”一章中，就将文化与文明视作同一个概念。

（三）20世纪

尽管如此，从19世纪末到20世纪中叶，西方越来越多的学者还是注意到了文化与文明的区别。在德国，著名历史哲学家奥斯瓦尔德·斯宾格

① ［美］菲利普·巴格比著，夏克、李天纲、陈江岚译：《文化：历史的投影》，88页，上海，上海人民出版社，1987。

② ［美］菲利普·巴格比著，夏克、李天纲、陈江岚译：《文化：历史的投影》，89页，上海，上海人民出版社，1987。

③ ［德］诺贝特·埃利亚斯著，王佩莉、袁志英译：《文明的进程——文明的社会起源和心理起源的研究》，5页，上海，上海译文出版社，2013。

勒在《西方的没落》中曾提出：世界上存在许多种文化，而“每种文化都有它自己的文明……文明是文化的不可避免的归宿”[①]。斯宾格勒注意到了文化与文明的不同，他把二者看作是人类社会两个不同的阶段——文明是较高的文化发展阶段。英国考古学家蔡尔德（V. G. Childe）的《社会进化》（1951）和克拉克（G. Clark）的《从野蛮到文明》（1946）也持这一观点。

与此同时，马林诺夫斯基等人则有另一番主张，即把文化看作一个总体概念，文明则是一个分概念。在这一观念下，文化指人类实践活动所创造的一切物质、精神成果；而文明则指文化的进步方面，一般专指人类实践活动的积极的物质与精神成果的总和，它是社会进步与人类开化的标志，与蒙昧和野蛮相区别，并且还含有价值判断的意义。

而英国史学家汤因比在《历史研究》中把文明看作整体，他认为：文明乃是整体，构成它的局部彼此相依为命；在整体里，经济的、政治的和文化的因素都保持着一种非常美好的平衡关系。显然，汤因比从构成角度观察到文明与文化的密切联系与不同之处。

三、当代文化学中文化与文明的关系

在 20 世纪的文化研究中，探究文化与文明关系问题蔚然成风。梳理众多学术成果，我们会注意到，对于文化与文明关系的探讨，主要有如下几种观点：(1) 文化包括文明，即文化的概念要比文明更加广泛；(2) 文明是文化的高级形式或高等阶段；(3) 文明是整体，文化是文明的构成部分或构成材料；(4) 文化和文明是属性不同的两个部分——文明是物质文化，文化是精神文化和社会文化。

从当代文化学视野来看，以往观点虽有许多可取之处，但总体上略显陈旧，暴露出一些不足。应当说，文化与文明两个概念，不仅过去千百年来一直在变化，近世以来也发生了变化。当代人对于文化与文明的认知已与过去有所不同。当代文化学在探究文化与文明的关系时，更需要立足于当今社会人们对文化与文明关系的普遍而基本的认知；同时，结合以往研究成果，有必要在文化学学科体系的层面上对这两个概念的关系进行深刻反思和进一步提炼。

---

① ［德］奥斯瓦尔德·斯宾格勒著，齐世荣等译：《西方的没落》，54 页，北京，商务印书馆，1963。

在当代文化研究和文化学学科体系建设中，文化与文明被学者们视为一对相互关联又有区别的基本概念，其关系十分密切：

首先，文化现象是具体的、丰富多彩的，因思维、观念模式的不同和社会生活方式的不同而有不同的表现：或审美，或习俗，或宗教，或伦理道德，或行为活动，等等。而文明则具有一定的客观性和指向性，在人类社会发展的一定历史条件下它是单一的，它随生产力、科学技术水平、社会管理水平的发展变化而变化。在社会进程中文明具有评价和导向性质，对社会进步和发展起着推动作用。

其次，文明具有正面的、肯定的、积极的含义，从性质上看，文明是进步状态。而文化既具有正面价值和积极因素，又存在负面因素。文明是文化中的积极成果，是人类在实践中创造的精神财富。文化中的积极成果作为人类进步和开化状态的标志就是文明。人类文明是以进步文化为基础的，没有进步文化的发展就不会有文明的发展。

第三，文化是文明的基础。教育是联系文明与文化的纽带，从本质上讲教育属于文明，而教育一旦运行起来，给人以影响的通常又是文化。[①]

第四，文化与文明的关系是相对的，也是互相包容的。文明是文化的内在价值，文化是文明的外在形式。文明通过文化得以实现，文化借助文明而有意义。[②] 文明是文化的对象化、外在化，是文化的实现。

综合以上观点，我们进一步从当代文化学角度来概括文化与文明的联系和区别，主要在于：文化是一种现象和状态的范畴，而不是进步和落后层面上的范畴。文明是人类历史进程中的文化进步性和影响力的程度，在此意义上“文明”与“野蛮落后”对举。文化是系统性的现象，而文明则是坐标性的导向。在文明进步的坐标上看，各种文化状态处于不同阶段的文明程度上。文化是文明的基础和原材料；文明是文化创造力发展的方向，是测量文化状态、水准及其内在能量的标尺。文化史呈现多元、多层的纵横伸展，而文明在一定历史条件下具有取舍性和方向性。

文明内涵中的方向性和进步性，蕴含于社会发展进程的有关理论中。自19、20世纪以来，马克思主义者和许多历史哲学家、社会史学家从生产力发展水平出发把社会历史的文明进程划分为采集狩猎时代、农业文明时代、工业文明时代、信息技术时代，或者以生产工具和能源利用为标志

---

① 张鸣年：《“文化”与“文明”内涵索解与界定》，《安徽大学学报（哲学社会科学版）》，2003（4），156页。

② 陈炎：《“文明”与“文化”》，《学术月刊》，2002（2），70页。

划分为石器时代、青铜器时代、铁器时代、蒸汽机时代、电气时代、核能等新能源时代，这些理论都预设了“文明具有方向性和进步性”的内涵。

文明的历史是有指向性的发展过程。在一定历史条件下，文明虽然具有单象限的特点，但却不只是单一线条的，而可以是多线、多层向前的，并且是开放性的，所以，文明的历史过程是不断进步的过程。文明的开放性与社会的进步，是与人们对科学知识的追求、对文化艺术的创造开拓、对社会秩序和公共道德的遵守紧密联系在一起的。

文化是具体内容与其特有形式的有机结合；文明是具体内容与形式结合体趋向完善的目标和尺度，是人类社会进步的整体取向。

每一类文化都有生命周期，文化有生命力强弱之分；而文明有先进与落后之分。文化生命力强弱是一种状态，是其文明程度的先进或落后的样式或表现。文明进步的动力在于人类生产力、技术水平普遍提高，在于人类智慧、创造力的提高，也在于艺术和道德规范的普遍进步。从这一角度说，文明是人类社会群体生存手段的普遍提高，意味着生产关系和人的社会关系向着更优越的方向改进和完善。

在我国，加强文化建设和大力发展文化经济是当前的重要国策之一，认识文化与文明的联系和区别具有很重要的现实意义。文化建设是文明建设的基础工程，同时也是文明建设的先导工程。正确地认识文化与文明的区别，对于社会的文明建设来说，有助于人们突出重点，把握好着力点。区分文化与文明的目的，除了可以解决当代文化研究中由于二者的混用而带来的理论混乱，还有助于我们解决文化研究本土化这一当代命题。

第三章　文化系统的结构与功能

第一节　文化的系统性

一、什么是文化系统

（一）系统论和结构论

20世纪30年代，生物学家L. V. 贝塔朗菲提出了系统论的思想，创立系统论的科学理论。贝塔朗菲认为：任何系统都是一个有机的整体，它不是各个部分的机械组合或简单相加，系统中各要素不是孤立地存在着，每个要素在系统中都处于一定的位置上、起着特定的作用；要素之间相互关联，构成了一个不可分割的整体；要素是整体中的要素，如果将要素从系统整体中割离出来，它将失去要素的作用。这一理论的出现，使人类的思维方式和学术研究方式发生了深刻变化。许多规模巨大、关系复杂而又抽象、笼统的事物和现象，通过系统的思路和方法才得到研究和解释。

结构主义思想发端于20世纪初，是瑞士著名语言学家费尔迪南·德·索绪尔提出的，后发展到人文社会科学的许多领域，成为20世纪初至60年代西方最主要的学术思潮之一。结构主义理论把研究对象如语言、社会、文化等看作一个结构整体，任何一个结构整体都是由一定的要素或单位构成的。也就是说，各要素或单位共同组成了结构整体，同时结构整体又对其要素或单位具有制约作用；各要素或单位之间具有相互制约、相互依赖的关系，各要素或单位的意义是由它们之间的相互关系决定的。结构主义特别强调要素的组织关系和结构的整体性。结构主义的理论和方法能够在可操控的平台上探究对象的结构、要素组织关系和构成规律，可处理宏观与微观、解决整体与局部的关系，并将描写与分析结合起来，因此使人文社会研究更加科学化。

系统论与结构主义观点有共性，在结构主义基础上合理地运用系统的思路和研究方法是更加科学和系统的。而文化是一种极其广泛庞杂、抽象笼统的现象，文化类型与具体文化现象之间有紧密的互动关系，各具体文化现象之间也处于相互制约、相互作用的关系之中，这正符合“系统”和“结构”的观点。

用“系统”和“结构”观点来分析、研究、刻画和解释文化，就是把文化看作一个系统，看作一个有机的结构整体，从而分析系统内部的各要素以及要素之间的关系、要素与系统结构的关系，以及系统整体与环境、系统整体与其子系统的各种综合关系。这样易于揭示文化的整体（宏观）面貌和特征，也易于揭示文化的具体（微观）构造。也就是说，“文化系统”和“文化结构”这类术语能够准确地概括和描述一个广泛庞杂的、抽象的文化形态整体和文化现象的构成机理。

（二）文化系统的特征

通过以上阐述，很容易理解什么是文化系统。所谓文化系统是指一定的文化要素之间相互关联、相互作用而形成的一个自足的有机文化整体(统一体)。文化是一种结构性的系统。每个文化系统都由一些子系统构成，各类文化要素分布于相互关联的子系统层级中。文化系统的各子系统之间排列、组合、相互联系和作用是有一定的秩序、顺序的。一般来说系统有序性越高，结构越严密。

需要注意的是，要进一步认识文化系统是什么，就要弄清文化系统的存在状态的问题。文化系统是一种动态平衡的系统，文化结构是一种平衡与变化相统一的系统结构。如何理解这一点呢？

首先，从时间关系看，文化系统的存在状态有两个维度：一是共时性维度，二是历时性维度。在共时性关系上，文化系统是结构性的要素组织构造，由具有一定功能的要素通过组织关系形成结构状态。从历时关系看，文化系统是一个形成、变化、发展的动态系统，而其内部要素和组织结构方式也处于历时的变化和调整状态中。

其次，在某一文化系统变化发展过程中，其内部诸要素并不是静止不动的。特别应当明确的一点是，文化要素实质上与创造和享用文化的主体——社会群体人员是不可分割的，文化要素的动态关系也就是社会群体人员的社会文化实践活动所形成的各种关系，因此，文化要素的动态关系是以人们的社会文化活动为内在动力的。在这样一种内在动力下，文化诸要素总是随着本系统的运转和发展处于动态的作用、关系中。

从微观层面看，文化系统的具体要素的动态作用和关系有许多具体表现：或者复制原有要素，或者传递、继承原有要素的性质和功能并加以发展、强化，或者在复制、传递原有性质和功能时会发生变异。在最后一种情况中，由于具体要素的性质和种类多样，其变异也是复杂多样的。如在一个社会文化系统内部，社会各阶层各群体的生存能力或社会力量、政治权利或经济地位、创新力，以及特别的性情品格、对权力和利益的欲望追求，这些重要的文化要素一旦发生了变异，就可能使文化子系统发生变化；有时子系统的重大变化也会影响到系统整体，导致整个文化系统发生变化。

从西周末至春秋时期的社会文化系统的变动中，我们可以窥测到这种情景：随着诸侯国实力的增强，其对权力和地域扩张的欲望越来越强烈，同时周天子对各诸侯国的控制力也在减弱。春秋争霸，诸侯时常僭越王权，西周礼制遭受冲击和破坏，出现了礼崩乐坏的局面，原有的文化系统动荡而变化。而在思想文化层面，由于原文化系统失衡，约束力减弱，人们的个性得以张扬，创新力得以发挥，从而出现众多新思想和新学说，为其思想文化系统注入新的活力，使原有文化系统格局发生了重大变化。

再次，每一文化系统整体都有其自身存在的环境，如创造和享有某一文化系统的人们的生存发展环境和社会环境。此外，文化系统还有其外部环境，文化系统与环境之间也有相互作用，环境的变化会影响到系统的平衡。每种文化体系必然与其自然生态环境、社会环境紧密联系，同时还与外部社会环境、其他民族或群体的文化体系密切联系。

在中国古代文化中，传统思想文化系统就有从平衡到变动再到新的平衡的过程。如汉代形成了以儒家思想为主导、兼及黄老思想的平衡系统，东汉时官方正式引进佛教，此后在魏晋南北朝时期佛教逐渐兴盛并普及。佛教思想的引进随即影响到原来的儒道思想文化系统的平衡。中国本土思想与佛教结合，形成了适合中国习俗风情的禅宗思想，这种思想在晚唐至两宋时期逐渐发展成熟，成为中国古代思想文化的新的一端，形成了“儒释道”的新的平衡系统。

文化系统的外部环境总是处于变化状态，对文化系统产生一定影响。一旦外界环境作用超过这一文化系统的稳定性范围，原系统的结构和要素的关系就会进行调整，形成新的结构平衡，甚至很可能发生解体，转换成新的系统。

无论是内部因素还是外部环境影响，文化系统的变异过程都与文化结构层次有关系——由外层到内核，即由“器”（物质体系）而“象”（符号体系，如语言、风俗、艺术体系）、由“象”而“道”（制度结构和价值体系）的过程，也可以说是由“物”（物质人生）而“人”（社会人生）、由“人”而“心”（精神人生）的过程。[①]

从鸦片战争到甲午战败这段时期，清政府图强以效法西洋器物和制造技术为主，同时也在制度上有了非质变的适当调整。如总理各国事务衙门、总税务司的设置；如洋务派在由军工转入民用之后，经营企业的方式由全部官办代之以官办、官督商办或者官商合办等。期间还建立京师同文馆，派遣留学生，兴办新闻报刊业。沿海通商口岸开放后，随之而来的是开放的商业社会环境，当地市民的文化视野得以拓展，文化心态和衣食民俗等都有了一定变化，中西政治制度、学术思想和民情风俗的比较在《申报》上成为热门话题，凡此种种都说明了人们的价值观念、思维方式这一文化层次也在同步发生着变化。然而，值得警醒的是，清朝政府在这次文化转型中犯了一个致命的错误——洋务派张之洞等人试图把引进西方文化限制在器物层面，只学声光电化，只求船坚炮利，还在根本制度、意识形态、道德价值上“固守祖宗之成法”，文化史已经昭示这种违背文化变异规律的“中体西用”模式的破产。[②]

余英时教授在谈到文化变迁时，曾指出：“首先是物质层次，其次是制度层次，再其次是风俗习惯层次，最后是思想与价值层次。大体而言，物质的、有形的变迁较易，无形的、精神的变迁则甚难。”[③] 只有文化结构的外层与内核都产生质的变异，文化系统才能在根本上进行更新，才能产生新的活力。近代中国历经了鸦片战争、洋务运动、戊戌变法、辛亥革命，直至“五四”运动，本土文化与异质文化激烈碰撞、冲突，进而发生文化的变异、交替、融合、转型的过程，大致从物质（器物）、制度、风俗、思想四个层次逐层深入。文化结构四层次上的变化，大体上又是同步发展、交叉进行、相互影响的。千百万人谋生方式的变化，必然引起社会关系体系和结构的变化，随之而来的便是价值系统、民族性格的变化。

总之，任何文化系统，包括中国文化系统，都具有稳定性、整体性和

---

① 余英时：《从价值系统看中国文化的现实意义》，载于甘阳主编：《文化：中国与世界》第一辑，88—89页，北京，三联书店，1987。

② 郭齐勇：《文化学概论》，171—172页，武汉，武汉大学出版社，2014。

③ 余英时：《从价值系统看中国文化的现实意义》，载于甘阳主编：《文化：中国与世界》第一辑，88—89页，北京，三联书店，1987。

自给自足性，但都不是绝对封闭和绝对静态的。任何文化系统都是一定民族、一定集团的生存方式和为满足这些方式所创造的物质或精神成果，以及基于这种方式所形成的民族文化心理结构、行为方式、思维方式等。文化系统存在于一定的自然和人文环境之中，其内部各子系统、各要素的联系是动态的，还与外部异质文化系统进行能量、物质、信息、精神的交换。文化系统在这种交换过程中总是由量变达到质变，即由外层的变化到核心的变化，这就是文化系统的开放性。不同文化系统的开放程度是有差别的，系统结构内部各要素相互作用的动态性和系统结构与环境相互作用的开放性是有密切联系的。

二、文化系统的分类

由于文化现象纷繁复杂，用文化系统这一术语来概括这些现象，可以提纲挈领，从整体上掌握其要略。

文化系统是结构性的系统整体，内部有许多子系统，各个子系统之间具有一定的结构关系。文化系统内部的分类就是其各种子系统的分类，这些子系统的不同类型、性质与功能是由该系统内部结构层次的差异性决定的。

整个大文化系统包括物质文化、社会关系和组织制度、精神文化、艺术文化等子系统，还包括作为上述四大子系统的联结中介的语言符号系统和风俗习惯系统。① 文化系统大体上包括：采集、狩猎、渔业、游牧、农业、工业、信息业、服务业等，以及彼时彼地的饮食、服装、房屋、生产技术、操作工艺流程、各种工具等经济生活方式；婚姻、家庭制度、亲属关系，物物交易与商业活动，个人与团体的财产关系，政治、法律、经济组织及其活动，邻里、民族、国家、国际机构等社会关系形式；风俗习惯、语言文字系统、音像系统等信息符号传播与储存方式，巫术、神话、宗教信仰与仪式，伦理道德、哲学、科学及各种知识体系；雕刻、雕塑、绘画、书法、建筑、装饰、小说、诗歌、音乐、舞蹈、电影、戏剧等艺术形式。

第一，物质文化系统。物质生活资料生产的方式和产品是文化大系统的基本和基础层次。物质文化并不是指纯粹的器物、用具，而是指在内涵

---

① 郭齐勇：《文化学概论》，162页，武汉，武汉大学出版社，2014。

和功能上具有物质性的活动及其成果。实际上，物质生产活动的方式、过程和结果里表现出人们的精神、欲望、智慧、趣味爱好等，物质产品是精神的物化。但一般来说，满足人们物质生活需要的各种活动，包括满足衣食住行需要的工艺技术等，都属于物质文化的范畴。物质文化直接反映人与自然的关系，反映人类物质的、自然的、经济的生活，反映社会生产力的发展水平。

第二，社会关系和组织制度体系。人们的物质生活、精神生活、艺术生活都是社会行为。人们的文化活动都是在一定的社会关系体系和人们的社会化的生活里产生和发展的。人类社会关系体系文化子系统包括婚姻、家庭制度、亲属关系体系、社会组织及其活动等。这一部分直接反映人与人之间的关系。从一定意义上说，社会关系体系包括家庭、家族、区域、民族、国家、阶级、经济、政治、宗教、教育、科技、艺术组织等层面，而社会活动主要是政治的、集团化的生活。

第三，精神文化系统。任何个人、社会组织和社会集团的活动，不仅有经济的、物质的生活，有政治的、集团化的生活，还有精神的生活。精神生产包括科学的、宗教的、美学的、伦理的、教育的、哲学的生产等，同时包括对经济、政治、法律活动的理论概括和抽象。这是整个文化大系统的内核。这一部分反映人的内心世界，但又不是一般的情感、愿望、情趣、风尚，而是凝聚成信仰、观念、思想的理性的体系。人类的精神生活脱离不了物质生活、社会生活，同时又高于物质生活、社会生活。较之物质文化和社会关系体系，精神文化具有更强的累积性、继承性和独立性。在物质文化和社会关系发生变革后的相当长的时期内，精神文化往往仍然保存下来，甚至千古常新。①

第四，艺术文化系统。艺术文化既不同于物质文化，又不同于精神文化，而是处于二者之间。苏联著名美学家卡冈认为，在艺术创作中，“精神因素和物质因素不是简单地结合在一起（像物质生产和精神生产的领域那样），而是有机地交融在一起，互相融为一体，产生出某种第三者的东西、某种性质上独特的现象——被称为‘艺术’的精神-物质价值。艺术创作不同于科学创作或意识形态创作，不应当被解释为思维劳动结果的简单的物质体现，而应当解释为‘物质中的思维’，即色彩、造型和声音关系

① 郭齐勇：《文化学教程》，163页，武汉，武汉大学出版社，2014。

中的思维。因此，它既不能像电码那样被口头重新译出，又不能译为某种其他的（包括为其他艺术所特有的）符号系统”。①

三、文化系统的结构

文化人类学家深入文化系统内部，对构成文化系统的诸多要素做了考察，发现文化是一个由小到大、逐渐聚合而成的系统整体。在文化人类学家看来，文化系统的最小单位是文化特质，其次是由文化特质聚合而成的文化丛，再次是由文化丛聚合而成的文化区，最后是由文化区构成的具有稳定特征的民族文化。人类文化就是由各式各样的民族文化构成的一个庞大系统。

其中，把文化特质视为文化的最小单位，这一提法与应用确实存在某些问题，但是任何一种文化都包含着众多下一层级的文化特质——不管如何界定文化特质，这一点都是一个事实。重要的是，利用文化特质，可以由点及面地对文化进行解析，从而加深我们对文化系统构成的理解。

文化特质内聚成文化体系里的基本结构和功能单位——文化丛。文化丛指功能上相互关联、组合的文化群。文化丛是在某一文化特质的基础上产生和发展起来的互相联系、互相依赖的一系列文化特质的集合。在人类历史上，一种文化特质出现之后，相互联系的其他文化特质往往会随之被人类创造，它们共同组成一个相互依赖的、具有共同功能指向的文化集合。比如，古时候人们捕获野马之后，经过长时期的琢磨实践，逐渐总结出一套驯马技术。随着驯马文化这一特质的出现，其他一些在驯马基础上以发挥马的功能为指向的文化特质如马棚、马房、马鞍、马鞭等也纷纷涌现。这样，以驯马文化为中心，加上聚集在周围的其他众多文化特质，就组成了马文化丛。

文化丛的概念最初被克拉克·威斯勒等人用来研究物质文化的产生和发展、研究各民族物质文化的传播与影响，后来被文化人类学家用来研究各民族文化的生活、宗教、经济、技术等各方面的发展。事实上，文化丛不仅在物质文化的分析上很有成效，在非物质文化的分析上也有用武之地。

文化丛是一个民族生存环境的代表。比如，一个民族创造了内涵丰富

---

① 庄锡昌、顾晓鸣、顾云深编：《多维视野中的文化理论》，280页，杭州，浙江人民出版社，1987。

的石文化丛，那么这个民族极有可能是一个居住在山区的民族。我们到山区，往往惊讶于山区民族所创造的石器文化：石桌子、石凳子、石碾子、石磨，院墙是石砌的，路是石铺的，连房屋也是以石块儿为主与其他材料混合而成的。具有特色的石文化丛是他们生存环境的写照，唯其创造出石文化，才能保障他们的山区生活。如果一个民族创造了内涵丰富的竹文化丛，那么这个民族极有可能是一个居住在南方的民族。在南方随处可见的竹楼、竹布、竹杖……见证了南方水乡的生存环境。

在文化特质基础上形成的大大小小的互相联系的文化丛，聚合在一起构成了文化区。人类总是生活于一定的地理空间，利用自然环境，或采集或耕作，或渔猎或制作，凭借创造出来的一个个相互依赖的文化丛，世世代代地繁衍生息。久而久之，必然形成具有独特面貌的文化区。区有大小，大者如东西半球、各大洲、国家、种族，小者如各民族区、城邦、村落、家族。凡是在经济、语言、风俗、道德、信仰方面有着相近的文化特质，有着相近的文化丛，依靠这些文化特质、文化丛能与其他地理空间相区别的地带，就可以称为文化区。

文化区具有相对稳定性。尽管一些文化特质由于历史的发展将变得不再适合人们的需要而被淘汰，但有的则具有顽强的生命力，它们一代代往下传，一直保留到现在，成为见证并支撑文化区的重要力量。拿我们国家来说，至今还有齐鲁文化区、吴越文化区、三晋文化区、楚文化区、巴蜀文化区、燕赵文化区这样的说法。这说明，历经两千年的历史沧桑，文化区内原有的一些文化特质、文化丛依然被保留下来，它们活跃在这些区域，并成为当地文化构成的重要部分。

当然，文化区不是静止的，它也有变化发展的一面。首先，一些旧的文化区会被新的文化区所代替，比如邹鲁之地和齐地便被齐鲁文化区代替。其次，文化区所指涉的地理空间基本不变，但其中的文化特质、文化丛却发生了改变，比如埃及的开罗。旧开罗是一个悠闲安静的城市，它的南面是大大小小的金字塔，市内遍布清真寺，一座座低矮的房屋显示出雅致和灵巧。四轮马车时而穿过大街，骆驼、毛驴缓步街头。白天，人们从事手工艺制作；晚上，人们点上水烟袋，听《古兰经》。总之，这里的一切是伊斯兰教古老文化特质和文化丛的聚集地。现在的开罗高层建筑耸立云霄，公寓楼厅富丽堂皇，电车、汽车、摩托车拥挤在街头，人们白天从事现代化的办公，晚上则过着灯红酒绿的夜生活。传统的伊斯兰文化与一个个拥有现代文化特质、现代文化丛的聚合体相融，从而形成了与历史上古老开罗不同的新开罗。①

文化人类学家关于文化特质、文化丛、文化区的学说，有助于认识和理解文化系统内部的聚合关系，在文化系统研究中具有一定价值，其合理的部分应当被吸纳入文化学理论中。

第二节　文化的结构

一、文化结构与文化的动态构造

（一）文化结构

文化结构主要指文化系统内部诸要素及其子系统相互联系、相互作用的方式和秩序。文化是一个多重复合系统，是具有复杂层次性、稳定性和等级性的结构。从不同的角度，对文化系统的结构层次有不同的划分，主要有二分法、三分法和四分法。②

二分法是把文化分为物质文化与精神文化、实体文化与观念文化、有形文化与无形文化、外显文化与内隐文化、意识上的文化与意识下的文化等，还有科学文化与人文文化、理性文化与情感文化之分。还有人从文化功能的调适过程的角度把文化划分为文化事务与文化行为。

三分法的说法纷纭复杂，划分内容多有不同：或物质文化、制度文化、精神文化，或物质文化、政治文化、观念文化，或物质文化、精神文化、行为文化。还有三个层面的划分，如分为文化的物质层、理论制度层、心理层，又如分为第一层次外围文化（即独具民族特色的文化）、第二层次科学理论文化（包括自然科学和绝大部分人文社会科学，是人类对自然界和人类社会的一般规律的认识体系）、第三层次思想道德文化（包括世界观、价值观、道德规范、意识形态、社会理想等）。或者根据社会成员参与的多少把文化划分为普遍的文化（社会全体成员支持的文化）、特殊的文化（一定社会阶层的文化，如农民的文化、老年的文化）和任意的文化（社会中有一定地位、职位的人的文化，如学术流派）。再如，有的学者将文化分为核心、中间、外围三层：最核心的是价值观和精神层面；中间包括文化行为和制度层面；最外围和广义的是与人有关的一切事

① 李中元：《文化是什么》，141—146页，北京，商务印书馆，2014。

② 林坚：《文化学研究引论》，119—121页，北京，中国文史出版社，2014。

物和形态，也就是经过人的改造、利用或创造的东西，包括人的经验、感知、知识、科学、技术、理论以及财产、制度、教育、语言等。

四分法则把文化分为物质、制度、行为习惯、思想与价值四个层面。

本书采用具普遍意义的文化结构三分法。英国文化人类学家马林诺夫斯基将文化结构分解为物质、社会组织与制度、精神生活三个层次，即著名的“文化三因子”说。我国著名学者费孝通和钱穆等也主张将文化结构分为这样三层，其观点即来源于马林诺夫斯基的“文化三因子”说。这一文化结构三分法是国内普遍接受的观点。

从文化结构的三分法来看，在文化的形成与创造中，物质文化是基础和前提，社会制度文化是协商和保证，精神文化是核心和根本。人们的物质生产活动方式和产品的总和即物质文化，它反映人与自然的物质交换关系，是社会生产力发展水平的体现。物质文化是观念形态的浓缩与积淀，物质文化的发展水平对制度文化、精神文化的创造具有重大影响。社会制度文化是以制度为中心的文化，规定着文化整体的性质，是物质文化、精神文化的中介环节。制度能使文化得以保存，并传给下一代，通过价值导向来影响精神文化发展的方向。精神文化由价值观念、思维方式、道德情操、民族性格等构成，还包括文化信念、文化情趣等，对物质文化、制度文化的发展起着巨大的制约作用，是制度运行的保证和制度变革的先导，也是文化系统最核心也最稳定的部分。精神文化具有相对独立性，具有认知和价值导向的功能，体现了时代特点、民族特点。

文化结构的层次性体现在物质文化、社会制度文化和精神文化这样一种由表及里的层次关系中，文化变迁也呈现出阶段性特征和先后顺序。

（二）文化的动态构造

文化的动态构造在这里指的是使文化系统得以形成和运转的动因的构造，包含着构成文化系统的动态因素及其关系和作用，以及形成一定文化系统结构的各要素、要素的组织方式、相互作用及其功能性质。

一方面，构成文化系统的动态因素主要来源于人的能动创造性，以及不同种族、民族、群体之间的互动关系、交流和迁移等，这些都能对各自文化系统的形成、变化等产生影响。另一方面，文化系统结构中的各要素及其组织方式、相互间的作用和关系变化则是维持文化构成形态或导致其变化的内部因素。“文化的动态构造”概念侧重于形成或维持文化系统的动态构成，而“文化结构”概念侧重于文化系统本身的整体形态和稳定结构。

人类文化千姿百态，我们往往满足于可视、可感、可闻的众多表象，而忽视了对文化内部构成的纵向透析。也就是说，我们可能满足于从现实、现象层面对文化做出物质文化、制度文化、行为文化、精神文化、信息文化等划分，而忽视了从文化的动态构造层面对文化做出原始生成意义上的深层分析。基于文化生成这一向度，我们可以从三个层面对文化的动态构造进行剖析。

第一，文化的核心层。人类是文化的创造者，是形成文化的主体。文化产生于人对包括自身在内的自然万物的对象性占有活动，人与自然万物形成一种人占主导地位的对象性体系。马克思说：“凡是有某种关系存在的地方，这种关系都是为我而存在的；动物不对什么东西发生‘关系’，而且根本没有‘关系’。”① 这说明，文化的形成首先是人与自然万物关系的建立，关系为人类能动创造性的发挥提供了基础。体现在关系中的能动创造性，可能发生在人与物质世界之间，也可能发生在人与非物质世界之间。它不仅存在于人类活动之始，还将通过人类活动的展开，凝固在文化产品中。无论何时何地，文化的核心层永远是人类在对象性关系中的能动创造。

第二，文化的生产层。生产层是文化动态构造的中间层，是围绕在核心层周围的能动创造的动态展现，是能动创造性生发出来的实践活动。只有通过社会实践活动，人的能动创造才能有的放矢，才能最终被物化并凝结于文化产品之中。人类的实践活动有三种形式：物质改造活动、认识审美活动、交际管理活动。无论哪一种活动，它们都在能动创造这一核心层的支配下，共同构建着人类丰富多彩的文化。

第三，文化的形态层。这是文化动态构造的表层。文化的形态层很容易理解，就是我们见到的形形色色的各类文化现象。在这一层面上，文化无论是物质的、制度的还是精神的，无论是显性的还是隐性的，都有具体的形态，表现出文化的现象。②

总之，立足于文化的基础，从文化生成的向度审视，任何文化的构造都离不开三个层面：核心层——关系中的能动创造，生产层——实践活动，形态层——文化现象。这三个层面由内向外层层物化，由外向内层层

---

① ［德］马克思、恩格斯：《德意志意识形态》，《马克思恩格斯选集》第一卷，161页，北京，人民出版社，2012。

② 文化构造的三个层面参见李中元：《文化是什么》，137—138页，北京，商务印书馆，2014。

限定，它们互为条件，互相依赖，构成了文化三位一体的立体动态构造方式。

二、文化要素

从内部结构看，文化系统由许多要素构成，这些要素也就是文化系统的组成成分。文化要素从在文化结构中的层次来看，大致可分为普通要素和具体要素。

（一）普通要素

普通要素是各种文化系统或各类文化模式中所共有的普遍性、一般性的要素，也就是能够代表文化结构层次的要素，具有概括性和基础性。包括：价值观和信仰、规范和制度、语言和象征符号、知识和技术、物质和产品要素。这些普通要素从精神的到物质的，依次处于文化结构的各层次的范畴之中。

价值观是指社会成员共同持有的关于是非、善恶、好坏、自我与他人利益关系、道德评价标准等的观念和信念倾向。每一种文化都有自己的核心价值观念，不同的价值观是文化差异的重要体现。文化价值观和社会成员的行动有着密切的关系，一方面价值观决定着行动，另一方面人们的行动影响着价值观。

信仰是人的心灵所崇尚的根本信念，是世界观的核心部分，是人生理想和追求的最高目标。人的信仰决定了他的价值观，决定了判断是非、善恶、道德的标准。信仰和价值观都属于文化观念体系。在文化观念体系的金字塔型结构中，信仰处于顶端，其次是价值观，再次是世界观或关于世界的哲学性的知识观念，再次是各类具体的知识和观念，观念的范围依次越来越大。

规范是按照一定的价值原则建构的社会行动规则系统，包括正式规范和非正式规范。制度是社会成员共同遵守的办事规程或行动准则，是一种社会规范体系。语言符号和象征符号是人类通过意识控制而创造或建构起来的表达体系，是用来表达、交流思想和情感，传递意义，进行互动、学习、创作等活动的中介。每一个民族都有语言符号体系，每一种文化系统都有自己的象征符号体系。

知识和技术是人类认识、改造、创造世界的认知水平和能力水平。人文社会科学、自然科学、哲学、宗教习俗和日常生活等知识以及各类技术和技能都属于这类要素范畴。知识和技术是人类作为创造文化系统的主体的能力要素，具有能动性、创造性和传承性等特点。

物质和产品要素是人类为满足生存和发展的需要而创造的实物用品，如建筑物、农业产品、劳动工具、交通工具、饮食器具、服饰、经人加工改造的自然物质和材料、人类创造的音像和信息产品，以及人造光、电、能源、动力等等，是文化系统中具有物理性质、有形、可感觉的物质类要素。

（二）具体要素

具体要素是各种文化系统、文化形态或样式中的具体构成要素或直接的构成成分，是普通要素的直接、具体、多样化的表现，通常包括：集体的文化心理、文化观念、道德准则、法律或法令措施、人员社会结构、具体的社会性组织和规定，婚丧、节庆、宗教礼俗和礼仪，人们的社会性行为举止或活动、具体的言语交流、文字与象征符号的使用、文学艺术的具体创作形式、文学艺术作品、各类知识学术体系、教育、经济、生产方式、工艺、各种工程技术和实验技术、城镇乡村生活区域建造形态和分布面貌、日常饮食起居服装形式，等等。

在某一文化系统中，具体要素发挥各自的作用，具体要素之间相互协调、组织而形成一定的文化结构整体。可以说，某一文化系统是依靠其具体要素的功能、组织关系、相互作用而形成的；每种具体要素都不是孤立存在的，而是处于各种具体要素的关系中和相互协调中。具体要素的具体、多样化的特点使文化系统呈现出多层面的纷繁复杂的现象。因此，具体要素是分层级的，这符合其具体、多样化的特点。例如，相对于中国艺术，中国传统艺术更具体，中国传统绘画更加具体，而中国传统山水画又具体了一步。从中国文化系统的组成来说，这些都属于艺术类的文化要素(组成成分)。

具体要素按其所代表、所表达的各种文化的共性和差异性来划分，可分为常规性的具体要素（简称常规要素）和特质性的具体要素（简称特质要素）。例如，方言作为文化要素出现于多种类型的地域文化中，从方言是一种常见现象来说，它是一种常规性的要素；而北京话中的儿化音现象是一种特殊的方言现象，是北京方言区别于其他地区方言的特质文化要素。

具体要素还可以根据要素在文化系统结构中层级、地位的相对关系分为基本的具体要素（简称基本要素）和延伸性的具体要素（简称延伸要素）。例如，文房四宝都是中国传统书写工具材料这一文化的基本要素，而这些基本要素又各自延伸出砚文化、笔文化、纸文化和墨文化；在传统书写工具材料的基础上形成中国书法文化，包括字体、章法、风格、书写流派等文化要素；从更大的范围看，以文房四宝为工具材料的还有中国传统绘画文化。从书画艺术与文房四宝的关系看，文房四宝既是书画的基本工具材料，也是书画艺术文化的基本要素之一。

基本要素与延伸要素的划分既具有相对性，又具有一定的确定性。一方面，以文化系统中某一层级的文化意义范围为参照，是可以划分其基本要素与延伸要素的，但这种划分具有一定的相对性——若以另一层级文化意义范围为参照，那么前一基本要素可能成为延伸要素、延伸要素也可能是基本要素。另一方面，相对于某一文化系统的整体来看，毕竟存在着这样一些要素：它们处于整个系统的最基础的位置，发挥着最基本的作用，这就是该文化系统整体的基本要素。

具体要素的分类不止以上两种。由于具体要素是具体、多样化的，分布于文化系统结构的众多层级中，所以其分类标准也是多样的。

三、文化元素

文化元素是某种文化系统或文化形态、样式的特质单位，即组成和表征某种文化内涵、特质的基本要素单位。

文化元素属于具体要素，存在于文化现象的各个层面。这种具体要素具有两种性质：一是它在具体要素中具有基本的单位性质，二是具有表达文化特质内涵的功能。

例如，在中国传统文化中，儒家思想观念中的尊师、孝道，为人处世的谦逊礼让，举止言谈的温文尔雅，礼仪中的拱手作揖，节庆所挂的灯笼，龙与凤的形象，还有八卦图、唐装、刺绣、剪纸、皮影、中国结、筷子、中国瓷器、北京四合院、文房四宝、中国武术等，以及中国书画篆刻的体势气韵和布局章法、书画中点线擦染和笔墨飞白的意韵，中国传统诗歌的韵律、题材和旨趣，琴瑟、古筝或二胡演奏的一段（或一句）乐音，古代建筑的斗拱、雕梁画栋，以至于一个汉字、一个传统衣饰花纹、一个京剧脸谱、一组瑞云纹饰，等等，都属于中国文化元素。

文化元素具有表达功能，这是文化元素在文化系统中的功能，许多文化元素本身就是文化符号。文化元素作为组成和表达文化内涵、特质的单位，是一定的文化意义（内涵）与表达方式（载体）的有机统一体。如果一个笔画、一个形体、一个声音不承载任何文化内涵，那它就不是文化元素；只要能相对完整地表达一定的文化特质内涵，将某文化的基本内涵、典型特征表达或表现出来的要素就是文化元素。

例如，中国传统绘画中，如果一个片段的行笔运墨形态能够将中国画笔法墨法及其气韵意味的文化内涵典型地展现出来，那么这一片段笔墨画法就可以成为表达中国画的笔墨文化的一种元素，而不一定要用完整的山水或花鸟作品来表达。但是，在更大一层文化内涵上，如果要表达中国传统山水画文化或花鸟画文化，那就不仅要有笔墨画法元素，还要有山水树木或花鸟的取势、造型、神态元素，有构图元素，甚至需要有完整的山水、花鸟作品乃至画派作为整体来充当元素。

又如，蒙古包可以视为蒙古居舍文化的一种元素，因为它能以直观的形象表达蒙古族的居住生活的文化方式，而组成蒙古包的各类零碎材料就不一定都能表达这种文化内涵——在这一内涵上就不是文化元素。而从更小层次看，搭建蒙古包需要架木、苫毡、围绳、带子等，制作各部分的材料和工艺也是蒙古民族文化的体现，这些文化元素表达的是材料和制作工艺方面的文化内涵。

再如，一个京剧脸谱是文化元素，一个京剧人物形象（脸谱＋衣饰＋造型）也可以是文化元素。

因此，文化元素的确定和划分具有相对性，要依据文化表达的意义范围或语境范围来确定其元素单位。但是，如果立足于某一文化系统整体的话，其整个系统的最基本的表达要素就必然成为该文化系统的元素，这种文化元素的确定就不是相对的。

四、文化结构、要素、元素与文化模式的关系

（一）文化模式与文化结构

文化模式是某种文化的各个文化要素相互联系整合成为协调一致的系统（整体）结构的持久形态和主导性特征，形成该文化系统的独特的存在价值。文化模式其实是文化研究者用来研究文化系统类别和特色的理论。文化模式理论详见第五章，此处从略。

美国著名人类学家本尼迪克特说：“一种文化就像是一个人，是思想和行为的一个或多或少贯一的模式。”[①] 在她看来，文化模式不仅可用于探

① ［美］露丝·本尼迪克特著，王炜等译：《文化模式》，48页，北京，三联书店，1988。

讨文化体系形态结构，而且是解释各种文化差异现象、剖析文化内部诸特性的重要理论工具。博厄斯也说过：“我们必须把个体理解为生活于他的文化中的个体，把文化理解为由个体赋予其生命的文化。”[①] 从这一角度说，文化模式是某一种文化系统的个性，是不同文化系统之间的差异性的表现形态，文化研究者通过文化模式分析、解释某种文化系统的主导特性。

文化模式是对文化内在结构特征的概括，它反映诸多文化要素相互结合时的特殊形式，并以内在的、潜移默化的方式制约和规范着个体的行为，进而影响政治经济活动和历史的进程。作为文化选择的产物，文化模式一旦形成，也会制约文化选择行为，在强化民族文化特色的同时，也丰富了世界文化。它影响着社会生活的方方面面，如家庭制度、婚丧嫁娶、宗教仪式等，对人们的言行举止也产生着潜移默化的作用。

（二）文化要素与文化模式的关系

文化要素是文化系统内在结构的组成成分，属于文化组织结构范畴。从文化模式来分析，某种文化系统的要素具有一定的文化个性，其文化结构的组织关系和组织方式也富有个性，而这实质上仍是文化要素的个性功能在发挥作用；从另一方面看，某种文化中具有持久生命力的、主导的特性所形成的模式发挥着关联、整合、制约各要素的功能。也就是说，文化结构、文化要素与文化模式有着这样的关系：从基本的文化要素到各层级、各类文化要素，再到极复杂的各个文化层面，文化模式都可以按一定秩序使其相互结合并实现其功能上的相互关联，使之成为一个完整的文化结构系统。这就是文化模式的整合功能。通过文化整合，文化模式能维持文化系统的整体性和承上启下的连贯性。各层级文化要素之间的关系和相互作用的总和就是文化系统的内容及其整个运转状态。

（三）文化元素与文化模式的关系

文化元素属于文化表征范畴，它表达的是某种文化系统的个性内涵，即与其他文化的差异性。某种文化模式的特性和个性通常是依靠其文化元素来表达的。如中国传统文化模式中和谐、包容的文化性格，可以通过阴阳八卦图形表达出来；八卦图形是中国传统文化的元素之一，象征着和谐、包容以及变易通达的中国文化性格。

---

① ［美］露丝·本尼迪克特著，王炜等译：《文化模式》，2页，北京，三联书店，1988。

文化元素除了具有表达功能外，还是构成文化模式的基本要素单位。与众多文化要素相比，文化元素更为基本，属于文化的基本要素和特质要素，是文化特质的直接组成成分。

第三节　文化符号

文化符号是人类借助于语言和非语言形式来表达文化内容的一种方式，它是文化构成中的单位性的要素。

文化符号也是一个很复杂的系统，它记录了人类活动的历史和各种不同的文化类型，也记录了人类活动的细节。可以说，符号对人类文化的意义不但是直接的，而且是独特的。

符号是一个社会全体成员共同约定用来表示某种意义的记号、标记，包括形式（载体）和意义两个要素。任何一个符号，都要有一定的外在的、物理性的形式，具有可感知和可经验性，这样才能让人知道它的存在；同时还要让人知道它的意义，这样它才有存在的价值。所以说符号是一定的内容和一定的形式的统一体，形式和内容相互依存、缺一不可。例如十字路口的红绿灯就是一种符号，其外在形式是色彩，意义是“红灯停，绿灯行”等。

人类的文化符号系统十分丰富，约定俗成的社会性行为、人类使用的各种标记符号、人类创造的物质产品、知识体系和艺术形式等等都可以视为文化符号。文化符号系统主要用于记录文化、传承文化和交流文化，因此，只有在使用过程的特别语境中，文化符号才能显示出其特殊的价值或意义。[①] 文化符号系统大致包括语言符号系统和非语言符号系统。

一、语言符号系统

语言符号是以语言作为形式来表示意义的符号。语言具有符号的一切特征，语言符号的两个最基本的特点是任意性和线条性。

语言符号的任意性是指语言符号的音义关系是由社会约定的。用何种音去表达何种义，人们说不出道理，完全是由社会“说了算”。语言又是不断变化发展的。如网络用语的出现，赋予一些字词或说法新的意义。这从另一个角度说明了语言符号的任意性特点，即语言符号的音义联系是约

---

① 陈华文：《文化学概论》，136页，上海，上海文艺出版社，2001。

定俗成的，而不是天然的、本质的联系。

语言符号的线条性是指符号的使用只能在时间的线条上绵延，一个符号跟着一个符号依次出现。如“小明今天去北京了”，每个字只能顺着时间的先后一个跟着一个说出来，绝不能同时蹦出两个字来。依次出现的符号要遵守一定的规则，不能随意编排。如“我喝水”不能说成“水喝我”。这就是说，符号的线条性是由规则支配的，对社会成员具有强制性。

语言是人类文化交流传播过程中最重要的媒介，在人类的文化符号系统中占有重要的地位。人类语言有数千种之多，因人类社会本不是一个统一体，而是分成了不同的部落、不同的民族、不同的国家。由于社会习惯的差异，人们在选择语音形式、语法规则方面也是按照各自的意愿行事。语言是某一具体社会全体成员所共有的。语言既可以表示具体事物，又能表现抽象概念并进入人类思维领域。同时，语言又有很强的组合功能，人类用有限的语素，通过不同的排列，便可以组合成未曾被说过的有意义的话语。语言还具有取代性，它能描述出过去或将来甚至根本不会发生的事情。所以，它成了人类文化交流和传播中最自然、最方便、最经济、最有效的媒介。①

语言符号看起来零零散散，好像是一堆乱糟糟的材料，但实际上它们相互间存在着规律性的联系，组成了一个严密的系统。可以从两方面来认识这种系统：一是组成规则，二是运转规则。语言符号的系统性表现在语言是一种分层的装置，每一层的单位可以互相组合成更大一级的单位，这样一级一级按一定的规则层层组合；但每一种现象又不是孤立的，相互之间处于一种互相依存、彼此制约的关系之中。比如语言体系中有限的音位组合成音节与语素，语素联系起来又组合成更多的词，词则组成无穷的句子来满足人们的交际需要。语言单位从小到大的组合，充分体现出语言的体系性，使我们可以从下到上去观察语言系统的结构层次。

二、非语言符号系统

文化的非语言符号系统是指人类在交往过程中除语言之外的能表情达意的各种外在的、具体的形态标记。在具体的人类交往中，非语言符号系统在社会信息量中占 65%，而语言信息量则只占 35%，说明非语言符号在文化交往中具有重要的作用。非语言符号系统形式多种多样，概括来

① 陈华文：《文化学概论》，137 页，上海，上海文艺出版社，2001。

说，主要有下面三种：[1]

（一）体势符号

体势主要是指人类所具有的表情、手势和姿态等，这些形式在不同场合、不同文化背景中往往具有不同的文化意义。由于人类文化形态的丰富性和文化背景的具体性，体态符号的文化含义和象征也是多种多样的。

首先，脸是体势符号中具有丰富内涵的一个种类，人们往往通过脸部表情来探知人的内在情感。当一个人窘迫时，脸会发红或发白，甚至出冷汗，我们常说的“气红了脸”“吓得脸色苍白”“急出了汗”等就是这种场合的具体体势的表达。脸部的具体部位和脸的整体一样，也具有丰富的符号意义。眼睛是心灵的窗户，透过一个人的眼睛可以了解其心灵深处的思想活动。如男女传情时暗送秋波，两人争吵时怒目相对。用眼睛表达的体势符号，和其他体势符号一样，都是由文化规范决定的。在人际交往中，注视着对方，往往是尊重、赞同和礼貌的表示，而目光游移不定，则是心不在焉、无所谓的表示。

其次，手的体势。一个人用一根手指指着对方说话时，一定是盛气凌人，或指手画脚，或异常愤怒，或毫无教养。向对方竖大拇指时，往往表示欣赏或赞叹；而伸出小拇指时，则是嘲笑或看不起。手的姿势有着丰富和复杂的符号意义。摇手，既可以表示不同意，也可以表示同意，既可以表达我在这儿，也可以表达再见，还可以表示致意等不同的符号意义。最为常见的握手，表达深厚友谊的拥抱，中国古代的见面礼节作揖和万福……手的体势符号因场合不同组合不同而有所变化，表达着不同的文化意义。

第三，人的姿势。不同的姿势表达着不同的态度和情感，传达着不同的社会含义。当一个重要人物出场时，人们最常用的方式就是站立、鼓掌表示欢迎。当长辈经过时，需站住并侧身让年长者先过。即使是坐姿，也非常有讲究并能显示出文化背景。对一个传统的中国人来说，在和德高望重的长者说话时，必须挺胸坐直，只能半个屁股坐着，精神高度集中，眼睛注视对方，脸上还要表现出敬意、钦佩。一个中国女孩子会被告知，坐着时要双腿并拢，决不能跷二郎腿。而对于一个美国人来说，最习惯的坐姿就是脚踝压在另一条腿上，成“4”字形。

体势符号多种多样，但有一些共性：第一，体势符号的意义具有鲜明

---

① 陈华文：《文化学概论》，138—143页，上海，上海文艺出版社，2001。

的文化背景，它是一种约定俗成的文化内容。例如，世界上大部分人用握手表示欢迎或见面时的第一个行为符号，而毛利人则用碰鼻子来表示。第二，体势符号是一种既可以单独使用也可以综合起来加以表达的文化符号，更多时候，综合显得更为重要一些。我们常说的手舞足蹈或手足无措，就是在某种场合下人们体势符号的综合表现。第三，体势符号具有外显性和多义性，很容易遭到误解。如微笑既可以表达对某一事物的认同，也可以理解成无所谓，甚至是嘲笑的态度。因此，在理解体势符号时，决不能简单化、表象化，甚至脱离特殊的语境去解读，否则极有可能理解错误。

（二）实物符号

实物主要是指固定的事物，这种事物在被赋予文化价值之后，便具有了符号意义。

实物符号的第一个特点是，相对于体势符号来说，实物符号比较固定，变化相对少一些。说一座房子是固态的，我们指的仅仅是它的外表，如它是哥特式、俄罗斯式、中式或者其他形式的等等。第二个特点是，实物符号也具有可变性。这并不是指人们对于固态实物的解读存在较大分歧，而是指实物通常随着科技或文化时尚的变化而变化。每一个时代都有代表性的实物符号和这些符号背后特殊的文化意义。如民国与清代相比，短发就代表了革命和潮流；当代与“文革”时代相比，西装就代表了我们对西方文化的包容态度和改革开放的时代特征，而“文革”时的军装则蕴含着人们对革命的简单理解。第三个特点是，实物符号的文化意义大于实物本身。这种现象在许多实物符号上都可以体现。比如一件衣服，当这件衣服的制作精美、面料独特时，这件衣服就超越了衣服所具有的一般意义，而成为一种工艺品或财富的象征；如若这件衣服同时又被某个特殊人物穿过，那么它还会被赋予历史价值或收藏价值；而如果这件衣服是出土文物，则除了上述价值以外，还可能具有研究价值。一辆汽车、一架飞机、一艘船等实物，除了一些直观的符号意义之外，甚至可以成为民族象征。第四个特点是，实物符号是文化的载体，具有一定的价值和审美内涵。实物具有价值较容易理解，因其通过劳动形成，而劳动本身就是一种价值形成过程。实物的审美内涵的形成往往受到实物和创造这一实物的时代文化的影响，如唐代的三彩瓷就从色彩的多样性、形象的丰满性、造型的奔放性等多方面体现了唐代文化的审美内涵。

（三）艺术符号

艺术作为一种文化创造物，同样也是一种符号。从符号特征上来看，任何一件艺术品一旦形成，便具有了一般符号的能指和所指功能。它的能指功能使它与其赖以产生和存在的现实世界发生联系，而它的所指功能又使其具有了独特的艺术审美意义。如果从文化学的层次上来观察人类的艺术创造，那么，无论是文艺复兴时期的绘画，还是北京故宫的建筑群，或者是施特劳斯的圆舞曲、芭蕾舞《天鹅湖》以及杜甫的诗歌、托尔斯泰的小说等等，它们无一例外具有符号性。在所有艺术符号中，下列几种是最为常见的。

1. 文学

文学符号与语言符号紧密结合，是语言符号的一种特殊表达形式。这一表达形式从口头语言出现就开始存在，一直到现在还对人类社会产生着巨大的影响。文学作为艺术的一种特殊形式，在历史上从未中断过，不仅有神话、传说、故事、民歌等传统形式，还有诗歌、说唱、小说、散文、戏剧等各种形式，通过它们传达出人类所关心的和作家个人所感受到的世界。文学世界在多数情况下都不是客观的事实，而是文学家加工后的一种艺术的真实。在这里，想象和幻想是文学创造的主要手法，文学就是通过这一手法来传达人们对于命运、社会、爱情、家庭、事业、伦理、道德、美等方方面面的憧憬和追求。因此，可以说，文学符号是一种通过语言加以形象化或虚拟化了的世界。①

2. 绘画

绘画是一种通过画家绘制作品来表现文化形态的符号体系。自创造之始，绘画作为符号的意义就十分明显。原始人绘制各种图画时，考虑到的是狩猎、丰收、生殖、传授生产经验等功利性的目的。因此，这是一种把人类的世界形象化的表达方式。人类绘画技术不断进步和发展，形成了许多不同的风格、流派和技法，并通过绘画实践传达出不同时代、不同地区、不同种族的画家对世界的感受和审美的文化意义。②

绘画的符号性在于以绘画视觉形式创造和表现思想、观念、情感意义。绘画符号以二维视觉表现为主，主要有：一是以点画、线条、面块、颜色、色度及其层次、主次关系等来表现形体、色彩、韵味，并塑造物

① 陈华文：《文化学概论》，143页，上海，上海文艺出版社，2001。
② 陈华文：《文化学概论》，144页，上海，上海文艺出版社，2001。

象；二是表现物象的形体或造型；三是表现物象之间的关系及其与空间的关系（如透视或画面空间分布、构图等），有时还表现物象与其成像条件（如光影、空气等）的关系；四是通过绘画的表现形式和题材，表达绘画视觉艺术理念以及绘画题材所承载的主题、思想、旨趣和意韵。其中每一方面都具有绘画的符号性质，即以一定的绘画形式单位表现一定的视觉形态意义。

需要注意的是，绘画对于世界的表现可能是形象的，也可能是抽象的，而且常常是多义的。不同的人甚至同一个人在不同时期对于同一绘画作品的解读，都可能会存在很大的差异。因为从本质上来说，绘画表现的是画家的精神文化世界，而精神文化往往是变化多端的。

3. 音乐

中国人早已认识到，音乐作为一种文化符号，具有其他形态不可替代的文化意义。周公就特别重视礼与乐的作用，并把制定礼乐作为治理国家的两大措施。《礼记·乐记》说："王者功成作乐，治定制礼。其功大者，其乐备；其治辩者，其礼具。""大乐与天地同和，大礼与天地同节。和，故百物不失；节，故祀天祭地。明则有礼乐，幽则有鬼神，如此，则四海之内合敬同爱矣。"可见音乐在中国传统文化中的重要地位。

在欧洲，古代音乐家对于乐音的符号性很敏感，创造了独特的记谱方式（如五线谱）；近代欧洲音乐思维和创作极其发达，形成了完善、系统的音乐创作理论体系，当时的音乐作品极其丰富，甚至可以代表那个时代的文化特征——人文主义勇往直前的豪迈精神。音乐始终是文化系统中最灵动、最耀眼、最具情感的符号体系。在当代哲学家和美学家眼中，音乐被视为价值观念、知识及权力关系的发散（如福柯的观点），或是性别（如克里斯蒂娃和美国的"新音乐学"女性主义）、意识形态的体现，或者人类与动物的交换，或者是更为抽象的价值论的实体。事实上，音乐作为符号提供了某种充满交流意义的理想的符号学案例。①

音乐符号观点被称为音乐形式论（formalism），其奠基者是德国音乐美学家爱德华·汉斯立克。汉斯立克在其论文《论音乐的美》（1854）中，把音乐定义为"运动的听觉形式"（moving aural forms），其中已蕴含了后来音乐符号论的雏形。

---

① ［芬兰］埃罗·塔拉斯蒂著，陆正兰译：《音乐符号》，4页，南京，译林出版社，2015。

音乐是一种以乐音体系为符号来表现意义、情感和精神动机的艺术形式。音乐是一种中介，存在于价值（审美的、意识形态的或者任何意义上的价值）与固定了的、现成的对象之间。列维-斯特劳斯认为，人们在聆听音乐时，受到“不可抵挡”的渴望要向其中注入意义。也就是说，听众用感受向音乐赋予意义。

音乐符号的文化性在于它是一种对人类情感意义和心灵境界的表现方式，具有象征性和叙述性。例如，贝多芬的钢琴奏鸣曲降 E 大调《告别》，在音乐意义中加入了亲密的浪漫理念。通常是上行的“号角五度”（horn fifths），在这里被处理成下行，假性终止结尾。贝多芬将号角用于告别的象征，这是音乐符号的一种功能。它们能从一种语境转移到另一种语境中，将信号转变成象征。当许多这样的音乐符号碎片依据某种意图或情节被连接在一起，音乐就成了一门叙述艺术，成为故事讲述的一部分。①

4. 电影、电视艺术

从艺术符号角度看，电影、电视及其剧本都是艺术符号类系统。电影表达的过程就是动态的符号使用及其约定规则——符码，这就是电影艺术的“语言”。20 世纪 60 年代后法国的克里斯蒂安·麦茨（Christian Metz）、意大利的安伯托·艾柯（Umberto Eco）等学者极力倡导电影符号学理论，认为：电影虽然在形式上与语言有巨大的差异，但二者均通过复杂的符号，系统地将一定的意义表现给观众，就这一点而言，电影有自己的语言体系，其与口语及非口语一样，主要是象征性的，由复杂的符号组成。电影艺术也有自己的“句法”（蒙太奇），通过镜头、场景的组合形成完整的电影叙述。

电影符号学最重要的代表是麦茨，他提出组合段概念，把一部电影看作由镜头、场面和段落构成的整体，他把电影的“句法理论”（蒙太奇理论与长镜头理论）提升为电影的“文本理论”。按照这一理论，观众欣赏电影的过程就是解读电影符号编码和文本含义的互动过程。电影符号学理论的提出具有划时代的意义，它使电影的创作、拍摄、欣赏和分析有了更明晰、理性的认知框架，使人们认识到电影的符号性和文化象征性。

电影符号的表现方法是多样化的，其中最常见的、容易被观众理解的方法是象征暗示，它与情节贯穿在一起，起到暗示或标记情节发展的关键

---

① ［芬兰］埃罗·塔拉斯蒂著，陆正兰译：《音乐符号》，8 页，南京，译林出版社，2015。

作用。例如电影《芙蓉镇》，影片出现三次大字幕来暗示时间——在关键的时间点打出字幕“1963 年”“1966 年”“1979 年”。这不仅是一种剪辑的技术手法，还起到了划分影片篇章、控制情节发展节奏的作用；三次字幕的运用就是一种重要的象征符号，暗示着影片的主线发展脉络，暗示了芙蓉镇和镇上人们在特定社会历史背景的驱动下命运起伏背后的深层原因，也以小见大地隐喻了国家历史的变迁。这部影片还成功地运用了色彩、音乐、台词和道具等符号，其象征和暗示的内涵丰富，在塑造人物、推动情节展开方面起到了助力作用。影片开场出现的第一个声音就是石磨转动的声音，导演将它作为贯穿全片的象征性符号，磨的出现与主人公的命运发展紧密相连。此外，影片中芙蓉镇的天气变化也是重要的符号之一，影片成功地运用晴雨来为情节发展奠定基调。①

电视艺术虽然有其特定的传播技术、单位和传播路径——电视台传输节目、用户电视机接收节目，但是单从艺术符号层面来看，电视剧、电视纪录片等在艺术符号的表达和欣赏方面与电影类似，也有其摄制的镜头、句法技术和叙述法则。不过电视艺术更注重在表达上通俗易懂，其画面、音响、语言等方面要以还原生活为基础。

5. 戏剧

戏剧艺术是一门历史悠久、综合性强、集中了人类众多交流手段的艺术。从符号学角度看，戏剧符号系统包括剧本、演出、人物、戏剧与空间、戏剧与时间、戏剧话语、戏剧对话等环节；戏剧的剧本创作和演出就是戏剧意义的产生过程，是编剧、导演和演员等创作人员与观众之间的交流，也是观众对演出符号的理解过程、演出意义的产生过程。

戏剧艺术有自己的“语法”，如演出中人物的造型、表演、行为，以及各种视觉成分所组成的段落及组成方式、演出文本的结构等。②

6. 舞蹈

舞蹈作为一种文化符号，起源十分古老。它起初是原始人对狩猎、生产等活动的模拟。后来随着文化的进步而不断地增加内容，并通过舞蹈的各种动作模拟人类文化，表达舞蹈者更为深层的情感和内心世界。由于舞蹈是通过身体的各种动作和舞动来表达情感和内心世界、传达精神文化的，因此，它的符号意义具有形象和抽象相结合的特点，并通过音乐来突

① 张锐颖：《电影〈芙蓉镇〉的符号学分析》，《今传媒》，2014（7），103—104 页。
② 宫宝荣：《戏剧符号学概述》，《中国戏剧》，2008（7），63—64 页。

出表达的主题。

7. 建筑

这是一种与其他艺术符号有着较大区别的文化形态，因为建筑是一种固态的物质文化形式，它的确定性要强于其他艺术形态。我们可以通过具体的建筑确证一个建筑群或一种建筑风格，并解读其文化内涵。当然，建筑作为一种艺术符号，并不局限于建筑物本身，还包括不同建筑之间的协调和搭配，常用的手法有借景、借物、借山、借水，通过各种因素的巧妙配合，实现与自然浑然一体。中国的房屋建筑，往往通过不同的进数、布局来表现等级和家庭中的尊卑等文化观念。①

三、综合符号系统

综合符号系统是一种包括语言符号和非语言符号，并将两者进行有机融合的综合结构式的文化符号系统。它是同时吸纳两者并拥有自己独特平台的一种符号系统。② 综合符号系统主要包括下面几种形式：

1. 电影、电视符号

电影符号既是一种艺术符号体系，也是一种综合符号系统。之所以是一种综合符号，是因为电影既包括语言，也包含非语言中的画面、音乐、体势等多种形态的文化符号。它通过编导、摄影、剪辑、音乐等专业形式来完成整个符号的组合和结构，并通过放映的全部画面来传达文化意义。电影不是普通的艺术，而是一种综合、动态的艺术，与其他艺术有着很大的区别。

电视符号是一种与电影极为相似的综合符号系统，与电影不同的是，它的成本低，而且它通过电视台直接传向各个电视用户，因而在与受众的沟通方式上与电影有一定区别。当然，电影也可以通过电视台播放，不过那是经过改变的传播方式。电视这种文化符号系统在20世纪60年代之后迅速在全世界流行，深刻地影响着人类的思维方式和行为方式。

2. 多媒体和网络符号

多媒体和网络这种结合现代高科技的综合符号系统，正迅速改变着世界、文化和每一个生活于其中的人，也让越来越多的人感受到文化的多元。所谓的多媒体是基于计算机技术，对文本、图形图像、声音等多种信

---

① 陈华文：《文化学概论》，144—145页，上海，上海文艺出版社，2001。

② 陈华文：《文化学概论》，145页，上海，上海文艺出版社，2001。

息媒介进行输入、输出和变换的处理技术。而网络是把多台具有独立功能的计算机连接起来以实现资源共享和信息传递的技术方式。多媒体和网络运用了语言、图形图像、声音等符号，因此，很明显它是一种综合符号系统。这一系统与电影、电视的区别，在于多媒体和网络采用的传播方式是计算机及相关辅助器材，互动性比电影和电视强。

综合符号系统在当代社会已经成为人类文化交流和传播中广泛运用的形态。在这个二元空间内，运动画面利用其光影、色彩、构图以及画面的拼接和转换等元素来传递信息。

四、文化符号的特征

文化符号具有形态性和表意性。形态性是指文化符号以一定的存在方式呈现在人们面前，易于人们掌握和识别。表意性是指符号所包含的意义。无意义的文化形态，即使被创造出来，也会很快被遗忘。文化符号的形态性和表意性特征，来自文化符号结构中的形式和内容这两个方面。只有形态性而没有表意性，则人类无法理解其文化内涵；只有表意性而没有形态性，则无法让人类感受到其存在。

在文化符号形态性和表意性之间建立关系的并不是自然物，而是人类文化本身。并不是所有的文化对同一文化形态都赋予了同一意义，而是根据国家或民族或地域文化的需要赋予文化符号一种或多种特定的意义。莱斯利·怀特说："符号的意义或价值在任何情况下都不来源于或决定于符号的物理形式本身的属性：表示悲哀的颜色可能是黄色、绿色或其他任何颜色；表示王权的颜色不一定非要紫色，在清朝统治的中国就用黄色；词'看'的意义并不是该词的音、形特征所固有的。……符号的意义源于并取决于使用符号的生物有机体；人类机体赋予物体或事件的意义，因而使它们成为符号。用约翰·洛克的话来说：'符号的意义是人们任意给定的。'"①

除了形态性和表意性，文化符号还有一个重要特征就是象征性。形态和表意仅仅是建立象征的必要条件。比如，当我们说 8 的时候，很明显，它是一种数字符号，表示数字 8。但在形态 8 和意义 8 之外，还有人们所赋予的象征存在，如 8 象征着"发"。象征是将一种固定的文化形态赋予

---

① ［美］怀特著，曹锦清等译：《文化科学——人和文明的研究》，24 页，杭州，浙江人民出版社，1988。

或开掘出更多的文化意义。象征论最关心的问题就是一种符号所表达的意义是否具有拓展的可能性。

象征在现实生活和社会组织中普遍存在。比如数字，就有基于各地或各种文化的象征意义。在西方文化中，13是被禁忌的象征，尤其13与星期五组合在一起是特别禁忌的数字。因为犹大是耶稣的第13位信徒，并且犹大是在13号星期五的日子出卖了耶稣。因此，13成为不吉的象征。在中国上海等吴方言区中，13是不聪明的象征，13点是类似傻瓜的代名词。但对台州和温岭等地的人来说，一方面13点是愚蠢的象征，另一方面由于3与6、9是一组特别的数字，代表顺，因此13、16、19同样代表顺，人们也多选择在这样的日子出行。

除了数字之外，其他符号的象征同样丰富多彩。如龙是中华民族的一种共同象征物，具有图腾意义。同时，龙也是高贵的象征，帝王的象征。龙也是雨神的象征，所以古代在求雨时，人们首先是向龙王祈求。与凤象征女性对应，龙还是男性的象征，龙凤呈祥则象征着男女百年好合。其他的，如倒贴"福"象征"福到"，吃醋象征男女间的妒忌和猜忌，老黄牛象征诚实、肯干、从不埋怨……

在中国文化习俗的约定中，许多象征同时也是谐音，如鼎谐音"定"、羊谐音"祥"、象也谐音"祥"、橘谐音"吉"、鹿谐音"禄"、梨谐音"离"、伞谐音"散"、梅谐音"媒"等等。

除了语言符号的象征之外，非语言符号的象征也是非常重要和普遍存在的。如在西方文化中，耸耸肩并摊开双手，象征无可奈何、没有办法或遗憾等等。在中国，从颜色来看，黑色象征着冷酷、死亡、铁面无私等，红色象征着热烈、吉祥、喜庆等，白色则象征着纯洁、奸诈、丧事等。在行为方面，向对方伸出小拇指象征瞧不起对方、讽刺对方，故意背对某人则象征着不想搭理对方或在逃避，故意对人吐唾沫则是羞辱对方的象征。从民俗看，结婚时分大枣花生桂圆是象征着早生贵子……目前，非语言符号的象征在某些方面有全球化的趋势，如用玫瑰花象征爱情、拥抱象征情感深厚、指形"V"象征胜利等。

文化的象征形式显示出人类文化的复杂性和多义性。我们不能仅从表面去理解一种文化符号，应增强各方面的知识，从而能够根据具体的语境去感受文化。

第四节 文化功能

文化功能强调的是文化表现出来的价值和作用，即满足人类生存和社会发展的需要。以马林诺夫斯基和布朗为代表的英国功能主义文化人类学派首先提出“文化功能”一词。他们认为文化是一个有机整体，由各个互相联系的文化要素构成，其中每一个现象就像生物有机体的器官一样，发挥一定的作用，具有各自的功能。不过，本书讲的文化功能并不是完全套用功能学派理论，而是根据对文化研究的整体把握，对文化具有的价值、作用的概括。具体来看文化功能就是指在人们的社会生活实践中，文化系统能适应和满足个人和社会多样化需求的价值和作用。因此，与功能主义所讲的功能相比较，这里讲的功能更全面，也更广泛。具体来看，文化功能主要包括如下几个方面：

一、满足需要的功能

作为个体的人兼有生物性需要和社会性需要，即生理和心理的需要。

美国心理学家马斯洛在其 1943 年出版的《人类动机的理论》一书中提出著名的“需求层次理论”，即把健康人的心理和生理需要由低到高概括为五个层次：（1）生理的需要，包括食物、氧气、水、睡眠、活动力等；（2）安全的需要，包括人身安全、生活稳定以及免遭痛苦、威胁或疾病等；（3）归属和爱的需要，包括与别人交际的社交需要，如对爱情、友谊以及隶属关系的需要，属于较高层次的需求；（4）尊重的需要，包括自尊、自重、威信和成功等；（5）自我实现的需要，包括实现自己的潜能、充分发挥自己的能力等。马斯洛认为，以上五种需要是依次给人不同满足的。

文化是人类需要的供应站。马林诺夫斯基指出：“文化包括一套工具及一套风俗——人体的或心灵的习惯，它们都直接地或间接地满足人类的需要。”无论是低层次的需要还是高层次的需要，人类文化的介入都表现得非常明显和直接。如饮食，从茹毛饮血到烧制食物的出现，再到后来丰富的饮食文化，如今，饮食对于大多数人来说已经不仅仅是一般的温饱，还增加了一些文化体现，各种保健食品、养生食谱层出不穷，人们也更多地关注各种食品的营养价值。当今的饮食文化个性越来越鲜明，满足着不同层次的文化需求。正是文化这种满足需要的功能，加上人类对于文化满足需要的无止境追求，使文化不断被创造，以满足个体更高的需要，从而使人类在自己的文化之中感受到社会进步所带来的舒适感。

二、认知功能

认知是人类的感知、习得等认识和思维能力，文化认知则是社会群体成员凭借其认知能力，通过群体的交流、互动等社会性方式而实现的一种文化功能。文化认知功能遍及文化现象的各个层面。文化认知通过文化传播、交流、涵化和教育等方式在社会群体成员中发挥作用。

对于某一民族或社会群体来说，认知功能极其重要，因为社群成员通过文化认知，才能懂得本民族或本社群的文化现象的意义和价值，才能对其民族和社会的文化形成认同。也正因为如此，他们共同享有的文化体系才能对本民族或本社群的社会生活和行为起到规范作用。

文化是人类在一定认知能力支配下从事社会实践活动的产物，通过习得文化，人类不断挖掘和深化自我认知能力。人类认知能力的提高，实质上是人类文化和科技知识、文化成就的累积。随着文化的进步，人类不断深化对自然、社会和自我的认识，逐渐实现从现象到本质的探索。正是随着人类认知能力和文化创造能力的加强，社会所提供的文化产品才日益丰富，才能使人们的物质文化生活和精神文化生活实现质的飞跃。

人类可以通过传播和教育等手段获得认知。例如，中国古代四大发明对世界产生的影响就是通过传播实现的，在一定程度上它既改变了人们的认知方式也改变了人们的生活方式。因此，美国著名汉学家德克·卜德在其《中国物品西传考》中对四大发明的传播给予了充分的肯定：四大发明完全改变了人类的生活方式，成了我们整个现代文明的基础。[①]

三、涵化功能

文化的涵化功能是特定文化体系、文化价值理念或文化内容等对某社会群体或个体的动态输入、影响、塑造的过程。这种功能包括两个层面：一层是对不同文化的社会群体层面的涵化，即不同民族或不同社群之间在文化接触中形成的文化影响、文化适应或文化变迁；另一层是某民族或社群的文化对个体成员的涵化，即文化对个人的灌输、影响、培育或塑造的过程。

---

① ［美］德克·卜德著，孙西摘译：《中国物品西传考》，载于丁守和、方行主编：《中国文化研究集刊》第二辑，364页，上海，复旦大学出版社，1985。

从一定的社会群体层面来说，涵化是一种文化从其他文化中获得对新的生活条件的适应能力的过程，是在过程中的文化传递、交流。①《简明文化人类学词典》将涵化定义为两种或两种以上的文化相互接触和影响、发生变迁的过程。不同社会群体之间，其文化涵化的前提是文化接触。② 通过一段时间的相互影响，接触的双方都发生一定的变化。处于支配或从属地位关系的不同群体，由于长期直接接触而使各自文化发生规模变迁，这便是涵化。涵化是文化变迁的一个重要内容，意指“两个或两个以上不同的文化体系间由于持续接触和影响造成的一方或双方发生大规模的文化变迁”。③

群体涵化的形式分为两种：一是自由涵化，即文化传统各不相同的民族持续相互交流时产生的文化因素自由“借入”的现象。涵化与个别文化因素的借用不同，往往意味着许多文化因素的变化。相互接触的群体，总有一个是强大的，处于支配地位，另外的则处于从属地位。从属的群体通常从支配的群体借用的文化因素较多。但也存在相反的情况，若从属的群体存在强大的文化优势，最终被涵化的将是支配的群体。之所以会出现这样的结果，我们认为主要是文化涵化过程有可能引发群体以及个体对外来文化的认同，用文化人类学的术语表示，就是“心理涵化”。如处于文化弱势的一方长期在强势文化的熏陶下，无论是群体还是个体的内在心理都会发生不同程度的变化，都会不同程度地表现出对外来文化的认同感。蒙古族、满族曾一度在中国建立了自己的王朝，但是在强势的汉民族文化面前，他们的文化模式不是改变了汉民族文化模式，而是最终被汉文化模式所改变。这种文化模式的变异，就是建立在对汉文化优势的认同的基础上的。强大的认同感促使他们开始从物质文化层面到精神文化层面全面地吸收汉民族文化的长处，从而最终改变了自己原先的文化模式。

二是强制涵化，指一民族以军事征服或政治控制等手段对另一民族建立统治时所产生的现象，是把某一文化强行灌输给另一文化的过程。这种涵化与出于自愿的借用不同，多是在外部压力下产生的，经常伴随着军事征服或殖民主义统治。如当今社会以英语为母语的国家，多数曾是英国的殖民地。

---

① 庄孔韶：《人类学概论》，290—291 页，北京，中国人民大学出版社，2006。

② 陈国强：《简明文化人类学词典》，93—94 页，杭州，浙江人民出版社，1990。

③ 中国社会科学院文献信息中心国外文化人类学课题组：《国外文化人类学新论——碰撞与交融》，68 页，北京，社会科学文献出版社，1996。

从文化发展的总趋势来看，不同社会群体之间的文化涵化过程是从文化的单一走向文化的多元化的过程。在这种过程中，不同民族的文化间的差异性将会逐渐缩小，而多元的文化特色将会弘扬和扩大，使一方或者双方的文化模式发生改变。要么是双方的文化模式朝着一种新的文化模式转变，要么是弱势一方的文化模式向着强势文化模式转变。

文化的涵化功能对于个体成员来说，就是化育过程，是对个人的文化知识、修养、行为习惯、道德观念、价值观乃至世界观和信仰的塑造。一个社会性的人从出生到长大，处于家庭、学校、工作单位等各种社会性的环境中，或与父母、家人生活在一起，或与老师、亲戚、朋友、同事、领导等人来往、接触，一直受到社会规范、制度、习俗、道德、观念、宗教信仰、语言、知识技能、行为礼节、新闻媒体、娱乐信息等文化熏陶和影响，潜移默化，逐渐成长为这一社会文化体系的成员。在社会个体成员的成长过程中，文化的涵化功能发挥了作用。

这里需要注意的是，文化对个人的涵化存在着两种情况，一是同一社群文化体系对其内部个体人员的涵化，二是某社群文化对其他社群中个体成员的涵化。

另外，在文化涵化功能的两个层面——群体涵化与个体涵化的关系上，文化对个体成员的涵化是文化涵化功能的基础层面，不同社群之间的涵化过程也是通过对其中个体成员的涵化来逐渐实现的。由个体到群体，由量变而质变，众多个体的涵化即是群体涵化的实现。

四、价值功能

文化是人们的意识和行为意义的度量衡。特定的社会群体共享其特定的文化意义。文化对于理解和享用它的人们来说是有意义的，因而也就具有了价值的功能。

人所生活的环境，奉行什么样的文化理念、推广和灌输什么样的价值观，人就会通过接受教化的过程、通过不断处理与周边各种关系的过程，调整自己的观念和行为，最终将文化内化成为自己的价值选择和行为方式。文化作为一定的价值体系使人形成十分明确的价值需求和取向。人们通常根据这类需求和取向的基本要求，评价和判断一个人的“文化程度”，即看他的思想认识处于什么样的水准。文化是当代社会的指示系统，它不仅向人们昭示着追求高尚品德的准绳，而且规范着人们的行为选择，使人们的行为更具理性。

文化是社会价值选择的指南针。任何社会形态的文化，本质上不只是对现实社会的肯定和支持，而且包含着对现实社会的评价与批判；它不仅包含着这个社会“是什么”的价值支撑，而且也蕴含着这个社会“应如何”的价值判断，以维护社会的稳定和引导其持续发展。

五、规范功能

文化的规范功能，是指文化体系中的一系列社会制度、社会组织、价值观念、伦理道德等对人类社会行为模式的制约、塑造作用。人类在群体生活中创造了文化，而文化自被创造之后，就成了人们生活环境的有机组成部分。文化环境一旦产生，就会反过来影响人、塑造人、约束人。一般而言，文化体系中的价值观念、伦理道德等规范着人的社会行为，也制约着人的活动。文化的规范从本质上说，是对相同文化环境下的人建立起的每个人必须遵守的一整套标准。生存于其中的人受此标准的影响，在很大程度上表现出趋同的特点，从而使个体、社会遵守共同的规章制度和道德伦理。文化的社会规范功能，既是文化诞生的必然要求，也是文化存在的客观要求。

任何一种具有浓烈的社会意识形态特征的文化，其在现实生活中必然对社会中的每个个体的人格塑造与行为习惯的培育产生重大的影响。文化的规范功能是一种抑制个人欲望以符合社会、自然规律或需要的过程。人是文化的产物，就是指人是文化规范的产物。可以说，文化被创造出来的一个主要目的就是塑造人。

文化对于个人而言，不仅对其人格的塑造具有规范功能，对个人的行为习惯同样具有规范功能。在现实生活中，文化往往借助于社会的道德、风俗习惯、优秀文艺作品等文化形式，对人们的生产与生活进行规范与引导。不过应该注意的是，文化的规范功能是有时空差别的。今天，我们每个人在价值观念、道德伦理、思维方式、行为方式上的差异，都是文化规范造成的。文化的社会规范功能与作用，是文化具有现实生命力的重要体现。文化的社会意识形态化，是文化发挥其社会规范功能的内在需求与必然结果。

六、凝聚功能

文化的凝聚功能，是指特定的文化对特定的人群所具有的凝结、聚合作用。文化的凝聚功能来自文化内部共享性所形成的文化认同感。处于相同文化环境中的人群往往具有相似的特质、相同的语言和风俗习惯以及相同的思维模式、价值观念和社会心理，因而形成一种巨大的凝聚力量。同时，文化系统内部的文化群体具有多层次性，因此文化的凝聚功能也具有多层次性。

文化的凝聚功能在国家公民群体和民族群体中表现得最为突出和明显。一个国家的全体公民由于受同一个主流文化熏陶，形成了大致相同的思维模式或价值取向，体现出相似的文化模式，进而具有强烈的认同感和归属感。例如，自强不息、坚韧耐劳、恋土归根、崇尚礼让、平和中庸等属于中华民族共有的精神文化，它们所发挥的凝聚功能是毋庸置疑的。文化的凝聚功能还体现在不同地域和不同的社会群体之间。例如，各种同乡会以及因兴趣爱好而成立的社会团体，正是“物以类聚，人以群分”，体现了文化在社群中的凝聚作用。

关于文化的凝聚作用，以下几点需要注意：其一，文化凝聚力的强度因文化结构不同而存在差异。一般而言，深层的文化，如思维模式、价值观念、思想特点等，其凝聚功能是强大的，具有稳固性和持久性；而一些表层的、多变的生活方式和生活习俗，其影响力就没有那么大了。① 其二，因文化内容不同，文化的凝聚功能对社会所起的作用不同。进步的文化所形成的凝聚力能推动社会向前发展，而落后的、逆历史潮流的文化思潮则对社会发展起到消极的阻碍作用。其三，一个民族的文化凝聚力表现最强烈的时候，往往是该民族文化遭到异质文化侵入或危害之时，这也是文化凝聚功能中“认同抗异”的具体表现。在世界史上，苏联战胜德国法西斯，中国打败日本侵略者，一个重要原因就在于，文化的凝聚功能动员起千百万人民，汇成无敌于天下的抵御外敌的伟大力量。

文化是民族的“心理水泥”。作为民族之根、民族的精神血脉，文化具有凝聚全民族的功能。文化的凝聚功能是教化功能的延伸。因为文化可使一个社会群体中的人们在同一文化环境中得到教化，为他们的思维方式、价值观念涂上基本相同的“底色”，形成稳定的民族认同，产生巨大的认同抗异力量，维系民族的生生不息。

七、调控功能

文化的调控功能与文化的规范功能都强调文化对人类的约束机制，但

① 杨镜江：《文化学引论》，142 页，北京，北京师范大学出版社，1992。

两者的侧重点不同。前者侧重文化对人类行为过程的规范、约束作用，后者侧重文化对人类行为后果的干预、调节作用。从总体上看，文化的调控作用大致表现在以下几个方面：

第一，调控人与自然的关系。人与自然是既对立又统一的矛盾共同体。人类要生存必须利用自然、改造自然，但同时，人类又必须尊重和遵循自然规律，才能与自然和谐相处。面对当今环境、能源等生态问题，我们恰当运用文化的调控机制，努力开发清洁能源，日益重视生态环境的保护，才能实现人与自然的和谐相处与可持续发展。

第二，调控族群与族群的关系。不同的族群有各自内部的文化认同，文化变迁一旦超越了文化自动调控的度，危及族群内部文化的生存与发展，就有可能由国家权力或政治介入予以强行调控。当代社会，随着族群与族群之间文化交往的日益频繁，文化调控功能的作用显得愈发重要。现代国家舆论、国家法律乃至国际法便是保障这种强力调控的规范、准则。

第三，调控个人与群体的关系。个人与群体也是对立统一的关系。人类社会总是运用文化来调控、规约个人与群体的关系，以维护社会系统的良好运行。文化的这种调控功能，有利于强化群体的认同感，加强群体的凝聚力，促进社会健康发展。

第四，调整个体身心的平衡。人类个体具有不同层次的需求，越高层次的需求越难以满足。社会个体的内在需要与外在现实存在着某种落差，从而导致其内心的不满和精神上的压抑。在现代社会，个体可以通过各种各样的文化娱乐方式来宣泄，以补偿因过于强调群体性而失去的平衡，从而使个人与群体之间的关系得到调节与维系。

八、经济功能

文化的经济功能是指文化在经济运行和发展中所具有的功能，即文化价值、文化认知、文化内涵、文化需求、文化创作、文化知识水平、文化环境等各种文化因素对经济产生的影响或效用。

近年来，文化的经济功能越来越凸显，越来越重要。1998 年世界银行发布的《文化与持续发展：行动主题》报告，提出了“文化为当地发展提供新的经济机会，并能加强社会资本和社会凝聚力”的观点。文化本身就是经济的一部分，也可以促进经济的发展。发展地域文化经济既可以获取经济利润，还可以给当地带来社会和历史方面的影响、提高知名度，而且发展这类经济通常是无污染或低污染的，还能提升人们的文化素质，促进其文化消费，提高就业率，这种多方面的效益是传统工业项目难以实现的。文化产业由此成为21世纪的朝阳产业。在我国，随着市场经济体制改革的深化，文化作为一种产业的功能也逐步从行政体制中分离出来，通过市场机制实现文化的社会化生产。同时，发展文化经济，可以提升我国文化在国际的竞争力，增强我们的文化自信和民族自信。

当然，文化的功能远不止以上这八个方面，还可以从政治、学术等方面认识其功能，这里不赘述。21世纪是文化的时代，文化将扮演前所未有的重要角色。任何一个国家，如果能够极大发挥文化的作用，就有可能走在发展前列，成为领跑者。

此外，文化功能是动态的、具体的、多样的，有时其表现存在一定的变异或不均衡性。美国社会学家R.K.默顿认为：社会并非总是处于整合状态，非整合状态也时常存在；个人或群体并不总是顺从社会规范，违反规范的情形也时常发生。这种非整合状态和违规行为并不是偶然的，而是文化功能的一种表现。例如，社会的机会结构是一种文化安排，使一部分人通过合法的方式追求自己的目标，而使另一些人通过非法的方式追求自己的目标。前者是文化的正向整合功能的表现，后者是负向的非整合功能的表现。正向功能保持社会体系的均衡，负向功能破坏这种均衡。

第四章　文化的形成与发展

人类不同于其他物种，是由于人类在生产劳动实践中不断地创造着文化，因不断创造文化而进入文明社会。人类创造文化，也享用、传承文化，人类社会的历史其实就是文化生成、传承和发展的历史。学习、认清文化形成、发展及其传统、类型和模式等问题，是进一步研究文化现象和规律、探索文化学原理的重要基础。

第一节　文化的形成

一、文化的起源与发生

文化的起源与发生问题，是伴随着人们思考“人类从何而来”这一问题而逐渐提出的。文化的起源关系到人类的起源。文化的范围极其广泛，且内容丰富、形式多样。除了纯粹的自然事物之外，人类所创造的事物、现象以及人类的社会性行为活动均属于文化范畴——自古及今，无论是国家政策和体制还是家庭内部的活动，无论是天文地理科学知识还是大大小小的历史遗迹，都是文化。人类被文化环绕，人类创造文化，人类也被文化所改造。因此，人类寻求文化的源头与发生的线索就是对人类自己的探索。

李荣善在《文化学引论》中提到：“文化之所以必然发生，正是在古猿先天生理条件的基础上，劳动使各部器官不断进化、日趋完善，心理机能发展的结果。”①猿类在向人类进化的过程中学会了直立行走，手被赋予了专门的分工，身体的形态也发生了变化。在使用工具进行劳动的过程中，大脑的机能被激发，其他器官也逐渐发达起来。通过劳动，人类为文

① 李荣善：《文化学引论》，210页，西安，西北大学出版社，1996。

化的形成创造了物质基础，发达的人脑为人类创造文化提供了支持。劳动创造了社会，创造了人类的文化；文化在劳动过程中产生，也随着人脑的发达和智力的提升而发展。

人类在制造工具、利用工具进行打猎捕鱼等活动的时候形成了抽象思维的能力，直到现在人类进行物质资料生产也离不开高级抽象思维能力的发展。高级抽象思维能力促进了人类的进化，也是文化起源的关键。[①] 最初的文化产生于人和自然的关系，是人类改造自然形成的，如被开垦的农田、被驯化的牲畜、用土和石头建造的房屋等等，这些自然物已被人类运用，就成为来自自然的文化。

同时，人类为了表达思想、沟通情感发明了语言，这是人类与其他动物不同的另一个本质特点。语言也是一种工具，它是一种用来交流的符号工具。人们运用语言能够更精确和完整地传递信息，让人与人联结起来构成社会，共同实现某种目标。人们通过书写文字、发表言论来表达思想，将自己的经验和习得分享给社会中的其他人；通过语言来传播知识，提升社会活动的效率，在自然环境中更好地生存。语言更加重要的功能在于能够辅助人们进行抽象思考和逻辑推理，人们通过这些来发现事物的发展规律，并运用规律来把握改造自然和推动社会进步的方式方法，创造丰富多样的文化。

二、文化起源与人的联系

从宏观角度来看，文化是人类改造自然的结果。在古代，人们还不了解自己从何而来时，将人类的产生归功于神灵的作用，认为人是由神创造的，这在不同的民族里也有相关的各种传说，比如女娲造人、上帝创造生灵等。直到19世纪中叶，达尔文出版了《物种起源》一书，才用科学事实证明了人类的产生是自然界物种进化的结果。达尔文指出，物种是通过自然选择、适者生存、不断进化而形成和发展的，并且认为人类的起源与发展也是经历了这样的过程。人类从大自然中进化而来，却不同于其他自然物。人类通过自己的努力区别于其他动物，并将自然看作是挑战的对象，在改造自然的实践活动中创造文化。因此，研究文化起源与形成，有必要探究人类及其社会实践活动的特质。

第一，人的本能促使文化发生。人从自然中来，是自然界的一部分，

---

① 李荣善：《文化学引论》，212页，西安，西北大学出版社，1996。

也就受到自然法则的约束。这些约束制约着人类的行为，在人身上表现为自然本能。[1]弗洛伊德认为人的本能来源于身体内部的刺激，是一种内驱力。他将人的本能分为生存本能和死亡本能，这两种本能始终存在，这两种本能间的斗争是人生命活动一切矛盾的根源。只要人存在，就会为了自身的需要和欲望去努力实践。人的本能促进了人类进行劳动、创造文化，而且还让这些活动有了持续进行的动力。《荀子·王制》中说："人，力不若牛，走不若马，而牛马为用，何也？曰：人能群，彼不能群也。"意思是人可以利用牛马来为自己的生活服务、进行生产活动，依靠的是在群体中逐渐发展起来的智慧和能力，因此比牛马等其他动物高级。原始人共同劳动使得人类从动物群体演变成人类社会，人类劳动与文化创造也就逐渐具有了社会性质。

第二，文化在社会发展中产生。人具有社会性，并且有着丰富的社会生活，人只有生活在自己的社会群体里才能显示出文化创造力。文化具有社会性，是人类智慧的凝结，具有一定表现形式。文化能够在社会中传播、继承、变迁、发展，不会随着人类生命的结束而消失，所以人的文化积累越来越多，人类精神世界越来越丰富。文化只有在社会中才能形成，人类的语言、思维、习俗、价值观念是在社会中发展形成的，并且随着社会的变化而演变。人类的制度文化、文学作品等精神文化是社会关系和社会制度的产物。在一定的社会条件下产生的文学、艺术，其内容和形式受到社会环境的直接制约，它们的出现也会反过来作用于人类社会。人、文化、社会三者表现出复杂的相互作用，彼此制约，彼此促进。

第三，人类进行劳动是文化发生的关键。猿类在进化为人类的过程中，身体的器官发生了很大的变化。从古猿到类人猿，再到现代的人类，直立行走、解放前肢使得大脑得到了极大的开发，涉及人类的语言、记忆、思维、感觉、运动等能力，为创造文化提供了条件。人类进行劳动，是区别于猿类的特征。恩格斯对此的论述是："只是由于劳动，由于总是要去适应新的动作，由于这样所引起的肌肉、韧带以及经过更长的时间引起的骨骼的特殊发育遗传下来，而且由于这些遗传下来的灵巧性不断以新的方式应用于新的越来越复杂的动作，人的手才达到这样高度的完善……"[2] 手的发展让人有了统治自然、征服自然的可能。在劳动中，人们

① 李荣善：《文化学引论》，220页，西安，西北大学出版社，1996。

② 恩格斯：《自然辩证法》，《马克思恩格斯选集》第三卷，990页，北京，人民出版社，2012。

能够紧密地结合起来，人们互相之间也产生了密切的情感。为了表达自我而产生的语言，使得劳动与语言相连，大脑逐渐发达。随着大脑的发达，人的感官和创造思维以及逻辑推理能力等也得到了极大的发展，从而反过来促进劳动和语言的进步。

人类进行劳动生产时选择的不同生产方式也制约着社会生活、决定着社会发展，是形成文化的重要因素。

首先，人类为了在社会中生存，要采取各种手段来满足自己的生存需要，之后才能创造文化。所以，人类首要的文化创造活动就是生产满足生存需要的物质产品，这是其他文化活动的基础条件，没有这些物质，人无法生存，自然也就不存在政治、科学、文学、艺术等文化内容了。

其次，生产方式对社会的结构和性质、文化的结构和性质起决定作用。只有进行了物质生产活动，才有人的一切活动，所以从国家制度到社会关系都以生产方式为依据和界限。不同的生产方式决定着人们的文化活动，比如奴隶制社会的生产方式决定着人们不可能从事资本交易活动。

第三，生产方式表现了自然对人类文化活动的影响。农业民族遵循天道规律，按照太阳的运行规律来安排耕种活动；游牧民族没有固定的住所，随着放牧环境的需要而迁移；海洋民族善于开拓创新，崇尚科学与自由，从海洋捕捞到科学探究，改变了人类的生产生活方式。

第四，生产方式本身也是一种文化，对其他文化内容的形态与表现产生深刻的影响。

总之，人类通过社会劳动和生产实践不仅创造了人本身，还创造了人类的文化；同时，在一定社会历史时期，社会劳动形式和生产力水平、生产关系也成为文化的重要组成部分。

三、关于文化发生的几种理论

（一）中国古人关于文化发生问题的论述

中国历史典籍中关于文化起源问题有各种言论，以下略说几种。

《周礼·考工记》记载："百工之事，皆圣人之作也，烁金以为刃，凝土以为器，作车以行陆，作舟以行水，此皆圣人之所作也。"《周易·系辞下》则有：伏羲氏"作结绳而为网罟"，神农氏"斫木为耜，揉木为耒"，黄帝、尧、舜"垂衣裳""刳木为舟，剡木为楫""断木为杵，掘地为臼""弦木为弧，剡木为矢"。而《山海经》中提到"淫梁生番禺，是始为舟""奚仲生吉光，吉光是始以木为车""少皞生般，般是始为弓矢"等。

从中国古人关于文化起源的说法中可以看出，他们对非自然之物感到惊奇，认为这来自人类的创造。谈及文化现象时，将与之相关的物质形态作为重要的参考，说明已经将文化作为不同于其他事物的现象区分出来加以解释了。中国古人对于文化起源十分感兴趣，发表过不少言论，但没有像现代学者研究问题一样进行科学分析。

（二）古代西方学者关于文化发生问题的看法

西方对于文化起源的解释层出不穷。在古希腊人眼中，大千世界、人类万物都是由神创造的，所以文化的形成也是因神的力量。我们在希腊神话中可以看到许多这样的论述，比如与文化相关的内容都是人们接受了神的旨意之后创造的、无论是事业还是品格伟大与否都与是否遵从了神的旨意有关等等。

古希腊对于文化发生问题论述最为细致的是亚里士多德，他认为文化不是人造的，是客观的。虽然我们无法确定此处的客观指的是不是上帝，但是我们可以认为亚里士多德的哲学理论中包含了丰富的文化学内容。

（三）近现代西方关于文化发生问题的理论

文艺复兴时期，西方学者的思维急剧拓展，他们比以往任何时候都更加关注人的社会生活和人的文化艺术。他们关注人自身的特性，关注人的个性和创造力，将人作为研究的主体，批判神学观点，张扬理性思维。他们相信文化是人创造的，文化从何而来只能从人类起源的论题中寻找答案。

19世纪以来，西方考古学、文化人类学、历史哲学、文化哲学、心理学、社会学以及艺术理论等，不仅热衷于研究文化的现象和类型，还潜心求索文化的发生问题。

泰勒的《原始文化》探究了文化发生问题，运用了大量的人类学资料来论证文化发生的原理和过程，坚信文化的根源是万物有灵观念。泰勒认为人是在进行反身式思考时创造了文化，人类思考自己的肉体和灵魂的关系，认为世间万物都与自己相似，即万物有灵。

英国人类学家弗雷泽在《金枝》中系统地论述了人类智力发展的三个阶段，即巫术阶段、宗教阶段、科学阶段。他认为巫术阶段早于万物有灵的观念，认为巫术是科学的前身。英国学者马林诺夫斯基认可这种巫术与科学形态相似的观点，他认为巫术与科学一样有清楚的目的，与人的本能和需求相关。弗雷泽只阐述了巫术是一种观念和文化形态，没有说巫术是文化发生时的形态。

法国学者列维-布留尔表达了一种完全不同的理论，他质疑万物有灵理论，认为原始人的思维的特点是“集体表象”。从文化发生的角度来看，从“集体表象”理论可以推导出人类文化的发生至少是一个包含着无意识的过程。这个观点直到今天依然可以得到基本的认同。

从精神层面探讨文化发生理论的学者多以图腾崇拜来解释文化的发生，比较著名的是弗洛伊德的理论。弗洛伊德认为文明是人类防卫自然、调整人际关系的结果，把文明看作是文化发展到一定程度的成果，将图腾作为一种文化形态来研究。许多学者在寻找最早的文化形态时，都将图腾崇拜作为人类文化的发生形态。图腾与其他信仰、习俗、制度等构成了一种文化形态，因此具有文化发生学的意义。德国学者冯特在《神话与宗教》中认为图腾崇拜的出现早于任何一种宗教，是不用文字写成的最古老的法典。

美国文化人类学者博厄斯和德国艺术史家格罗塞等人认为文化的起源与艺术的起源有关，艺术的起源是文化起源的一部分，它们在同一个点发生。他们认为，艺术的产生是为完成人的目的，这些目的以纯粹的形式要素来实现。文化包含了人类生活的方方面面，生产方式是文化中重要的部分。而艺术作为文化的一种形态，随着生产方式的发生而发生，逐渐形成自己的形态。

（四）马克思主义关于文化发生的观点

马克思主义认为，人类的一切文化现象，毫无例外地都要用人类生产力发展水平来加以说明。马克思主义十分注重生产力因素与文化系统中人的劳动、生产工具、生产语言、原始宗教、原始艺术等因素间的复杂关系，认为只有坚持“大文化”概念才能对文化发生问题做出科学的阐释。[①]

第二节　文化的传播

所谓文化传播，是指人类文化由文化发源地向外辐射传播或由一个社会群体向另一社会群体传播、扩散的过程。文化传播问题曾经备受人类学家的关注。在当今文化传播研究中，学者普遍认为，文化传播是文化变迁的重要方面，是文化发展的重要途径。本节从文化传播的含义、模式、途径与媒介等方面来介绍文化的传播。

① 刘敏中：《文化学学·文化学及文化观念》，109—120 页，哈尔滨，黑龙江人民出版社，2001。

一、文化传播的含义

文化传播（culture communication）在19世纪德奥传播学派的理论中已成为核心概念。德国人文地理学家拉策尔（F. Ratzel，1844—1904）把文化研究与地理环境紧密联系起来。他根据历史和地理的事实材料，用实证的方法开创了文化传播的研究。他认为，文化是伴随民族迁徙而扩散、传播的，民族迁徙导致文化转移或变化。19世纪70年代，泰勒在《原始文化》中也提出了文化传播的概念，但是他与文化传播学派的观点不同——没有将文化传播放在人类文化中至关重要的位置上。

第二次世界大战前后，不断涌现出新的学科和方法论，并诞生了传播学理论，这对文化传播研究也产生了巨大影响。S. A. 西奥多森和A. G. 西奥多森是这样定义传播的：传播是个人或团体主要通过符号向其他人或团体传递信息、观念、态度或情感。奥斯古德对传播的定义是：从最普遍的意义上说，传播是一个系统（信源），通过操纵可选择的符号去影响另一个系统（信宿），这些符号能够通过连接它们的信道得到传播。G. 格伯纳认为可以这样定义传播：通过信息进行的社会的相互作用。现代传播学理论主要是在汲取信息论和符号论优秀成果基础上建立的。传播学理论的出现为文化传播理论注入了新的血液。

此外，结构主义、符号学、社会学、心理学等多种学科相互影响、融合，也促成了新的文化传播理论的产生。

露丝·本尼迪克特致力于研究文化传播的心理效应。拉尔夫·林顿将文化的传播看作一种社会过程，一个人类创造力联合发展的表现。

美国文化人类学家R. M. 基辛在《当代文化人类学》中提出了一种对文化传播的见解。他认为，人类的信息沟通建立在对所沟通内容的理解上，他说："文化结构的丰富性多半深深扎根在这种内容构设中。我们有能力参与到文化世界的事件中去并领会进行中的事件，主要是因为我们知道了正确的构设，而不是将发生什么事。"他所提到的"构设"也是许多学者致力研究的。这种构设可能不仅是人类非语言沟通的基础，还反映着人类行为的其他方面。这说明文化传播的工具是符号，传播的可能性在于人的共同的心理结构特别是深层心理结构的一致性。①

① 刘敏中：《文化学学·文化学及文化观念》，170页，哈尔滨，黑龙江人民出版社，2001。

苏联学者尼·瓦·贡恰连科认为："文化的相互影响是普遍的规律。每种过去存在的或现存的文化都不能避免其他文化的影响。这里所讲的可能只是这种影响的深远程度。毫无疑问，国家的地理位置，某种文化产生的时间，对这一文化是否充分感受到其他文化的影响或这一文化自身是否给予其他文化以这种影响，都起到过极大的作用。然而，很难想象，文化能完全孤立于世界文化潮流的影响之外。看来，只有在转义上才可以谈论任何一种古文化。"①

从多种角度的阐释中，我们可以提取"文化传播"的共性：概括地讲，文化传播就是文化从一个地区到另一个地区、从一个群体到另一个群体的迁移和散布。②具体来看包括如下几方面：

第一，文化传播是一个过程，在一些特殊情况下传播速度和规模剧增，但是多数情况下不同文化按照自身的规律稳步传播。

第二，文化传播有一定方向，即从某一地区或群体向另一地区或群体传播；并且，任何文化的传播都是双向的，文化传播至某个群体时自然会吸纳这一群体的某些文化特质，在汲取其他群体的文化特质时同样也会传出自身的某些文化特质。在文化传出时，文化传播是一种辐射和扩散，将自己在时间长河中积累起来的文化内容向同一时空的其他群体传出；在文化传入时，文化传播是一种学习和借鉴。人类学家和文化学者十分关注文化传入方在学习其他文化时的情况和变化，C. 恩伯和 M. 恩伯说："一个社会的新文化要素的源泉也可能是另一个社会。一个群体向另一个社会借取文化要素并把它们融合进自己的文化之中的过程就叫做传播。"③

第三，文化传播可分为直接传播和间接传播。直接传播通常由具备文化的人们通过宗教传教、外交使团、商队、军队等途径直接传播某种精神或物质方面的文化内容，例如自东汉开始印度佛教及其文化——佛经、寺庙、佛塔、佛像在中国的传播。间接传播指某一社会群体借用外来文化特征和原理进行文化创造活动的一种刺激传播，表现出一种比较复杂的文化扩散能力。例如，北美古印第安语基本上都停留在口头上，直到 19 世纪初，切诺基部落受英语文字书写格式的启发而创造了自己的音节文字。

---

① ［苏］尼·瓦·贡恰连科著，戴世吉等译：《精神文化——进步的源泉和动力》，59 页，北京，求实出版社，1988。

② 向翔：《哲学文化学》，322 页，上海，上海科学普及出版社，1997。

③ ［美］C. 恩伯、M. 恩伯著，杜杉杉译：《文化的变异——现代文化人类学通论》，535 页，沈阳，辽宁人民出版社，1988。

二、文化传播的模式

除了社会群体通过自身实践发现和创造文化外，新的文化要素也可能来源于另一社会群体。将自己的文化与借鉴来的文化要素相融合，文化从一个社会群体传递到另一社会群体、从冲突走向融合的过程构成了文化的传播。世界上的国家和民族在丰富自身的文化占有时，必定参与了文化的扩散与吸收。

考察世界文化发展状况，可以看到，当今文化发展水平较高的国家与民族并不是那些善于独立创造文化的国家和民族，而是那些善于进行跨文化交流的国家和民族，因为这种方式的效率更高。

文化的传播不同于传承，传承多是历史的沉淀，而传播过程是对文化的取舍和创新。文化传播的繁荣时期往往是社会文化现象、思潮、社会形态受到猛烈冲击的时期。

下面，综合古往今来一些不同时期的事例来说明常见的四种文化传播模式。①

第一，文化的传播通过强权、战争、文化政策等强制执行。

例如，中华文化史在北宋以前大多以中原文化的传播与发展为基础，中原文化主张的“教化为先，刑罚为辅”的理念通过集权制的行政系统运用政治手段来推行。政治的教化由政府领导，逐渐形成了一元主导模式。在强权的影响下，人民迫于权威的压制而不得不接受官方传播的文化，而这种权力驱使下的文化传播也只传播符合政治需要的内容。而新中国为推动各民族文化交流，制订实施了民族政策与文化政策，使得各民族的文化交流更加频繁，多元一体格局在文化兼容的环境下形成。

第二，通过传播宗教信仰、科学技术等方式进行文化交流。

例如，印度佛教在汉朝依附中国的“道术”传入，东晋之后被广泛传播。在传播过程中，佛教思想与中国传统思想之间产生了文化冲突。印度佛教在伦理、哲学等方面与中国传统思想中的认知内容相矛盾。有无因果报应、神灭或不灭等问题引发了学者的争论，顾欢的《夷学论》中表现出了对外来文化的排斥：“谓华夏为礼仪之邦，故不当舍体效夷。”政治斗争、佛道之争等矛盾冲突延续到隋唐时期，出现了许多佛教宗派，中国化的佛教系统逐渐建立，禅宗从佛教的角度发展了中国传统的“心性”学

① 田玉军、陆季春：《文化现象传播的本质与方式》，《学术交流》，2008（6），177页。

说。宋朝时期，理学在哲学思想的发展上彻底取代了佛教，佛教与中国传统思想文化相融合。中国化的佛教认为日常生活中皆可见佛道。理学强调的“理”以“仁”为根本，以“心”为本体，故心性问题是宋明理学的根本问题。宋明理学吸收了禅宗的理论，建立了本体论、价值论、人生哲学等较为完整的中国哲学体系，推进了中国哲学的发展。

文化在传播过程中经历了创新，在冲突与融合中延伸出新的文化意义。例如，中国人发明了火药用以制造爆竹来崇敬神灵，火药传入西方后，西方用它来制造炮弹抵御外敌，变成了强国的手段。

第三，文化的传播通过影响日常生活来实现。

例如，“韩流”在中国的热度持续不退，韩国的娱乐文化在中国拥有大批的追随者。从韩国电视剧的热播，到韩国综艺节目的登陆，极大地带动了中国的韩式餐饮业、服装业、日用品业等行业的发展。年轻人、大学生受韩国文化影响较大，从韩剧中得到精神鼓励，在追赶潮流的过程中，消费行为也受到影响。再如，日本的饮食文化深受西方文化的影响。传统的日本料理以米饭、鱼类为主，特点在于保持原料的本真味道。西方开始航海时代后，传教士和商人将吃牛肉、喝牛奶的风俗带到了日本，同时也带入了西式甜点，丰富了日本饮食的种类。如今，牛肉、猪肉已经成为日本料理中的代表性食材。①

第四，文化通过多种方式的综合运用进行传播。

互联网的发展使得资讯全球化，当今的文化传播增加了更多方式，文化软实力成为衡量综合国力和国际竞争力的重要指标。美国作为文化输出大国，从好莱坞影片到电子科技产品，从美式快餐到通过高额奖学金吸引全球优秀学生进入美国，无时无刻不在用各种干预手段实现其文化占领全球的目的。再如日韩的卡通动漫、网络游戏、偶像剧等吸引了不计其数的青少年。发达国家将本国的文化通过各种渠道输送到世界各地，赋予文化内涵以载体，将文化内涵转化为具体的文化现象，以此逐渐渗透自己的文化观念。

三、文化传播的途径、过程和媒介

文化的传播主要分为两个部分，即文化的扩散和文化的吸收。世界上

① 刘小路：《西方文化对日本饮食生活的影响》，《湖北经济学院学报（人文社会科学版）》，2012（8），139—141页。

的国家和民族通过文化传播来丰富自己的文化，提高人民的文化水平。如今，一些国家和地区的文化水平和文化占有得以飞速发展正是因为他们善于进行文化交流。因此我们研究文化传播的途径及媒介，帮助我们了解国家文化发展的可行渠道。

（一）文化传播的途径

人类既是创造、享用文化的主体，也是传播文化的载体。文化在人类活动中产生，最直接的文化传播是随人群的流动与迁移而发生的。流动的人群将他们所继承的前人创造的文化与知识、经验、技术等带到途经之地，并且在这个过程中向遇到的人借鉴他们的文化，来完善自我的知识体系，丰富自己的经验和技术。

向翔在《哲学文化学》一书中对文化传播的途径做了详细的阐释：①

首先，文化可以沿着河流、海岸、森林和草原等途径进行传播。这种文化传播途径主要应用在远古时期，人们的生活全都要依靠大自然，因此能够获得的食物和生存物质十分有限。随着人口的增长，人们只好离开故土，向外迁移，选择物质丰富的地方安顿生活。沿着河流、海岸、森林和草原进行迁移，能够保证人们获得食物及较为便利的交通。一路上，人们和路过的地区的居民进行文化交流或直接在途中的某地定居等，都会产生文化的传播。所谓的大河文化、海岸文化、森林文化、草原文化等说法正是从这样的历史角度来分析文化传播途径而提出的。例如，中国的黄河和长江、非洲的尼罗河、白令海峡等，都是这类文化传播的途径。

其次，商品经济逐渐发展起来以后，两个或多个文化地区之间的商道同时也就是文化传播通道。这里所谓“文化地区”是指文化相对发达并具有一定特点的人口聚居区。随着人类的进化和文化的积累增长，人类形成了社会群体，开始根据生存地的资源和环境条件来从事生产。由于环境和资源不同，不同地区的人们生产的产品不同，擅长的技术也不同。为了获得其他地区的产品和其他地区需要当地产品时，就逐渐开辟出了产品交换的通商路线。商人在通商之路上流动，传播文化。例如，从长安通往西域地区直至中亚的丝绸之路，中国云南、四川、西藏边境的茶马古道，因来往于商道上的商品不同而形成了独特的文化，随着商品的流通不断进行文化传播。

再次，军事上、政治上和其他的社会原因造成人口流动迁徙，也会形

① 向翔：《哲学文化学》，329—330页，上海，上海科学普及出版社，1997。

成文化传播通道。比如，军队的进攻路线会因有队伍经过而形成文化传播；在重要的军事领地或是路线上，不仅要派兵驻守，还要兴建各种为部队服务的行业来养兵，这样就形成了多方面的文化传播。因军事活动而留下的文化，诸如边塞文化、关隘文化等就是由此而来的。除此之外，一些政治上的原因也会使得人们迁移，这种迁移或是鼓励的或是强制的，于是就形成了有计划的、大范围的文化传播。

如今，随着国际活动和交流的增多、科学技术的飞速发展，文化传播的途径越来越多、范围越来越大，可以说文化传播活动随时都在发生。无论通过何种途径传播文化，都依赖于人和物这两种载体。现代人传播文化的途径，除了传统上的流动迁徙外，主要有这样四种方式：其一，通过国家领导人、政府部门、职能业务部门和各种专家学者的互访交流和参观考察，从上层领导、宏观决策、全面情况和典型事例诸方面了解对方的情况，学习对方的经验。其二，向外派出留学生、进修生、访问学者等，这些人在外学习、居住的时间比较长，又具有较高的文化水平和较深厚的专业知识，在自己所学的领域内可以对对方国家的文化成果和文化状况有着全面、深刻、系统的了解，因而在学成回来以后对文化的传播和吸收可以发挥较大和持久的作用。其三，发展国际旅游业，开展国际旅游观光、探亲访友和休闲度假等活动，扩展民间文化交流。无论是外出做客还是在家接待，都对文化的传播和吸收大有好处，对开阔大众眼界、转变思想观念作用尤大。其四，直接聘请外国专家、学者、教授、工程师、农艺师等到国内工作，或在某项工程、某个技术项目中传授技术工艺和管理经验，或是直接培训本国学生和员工。除了以人作为载体外，以物作为传播载体来传播文化是现当代社会越来越流行的方式。各种文化产品，如图书、报刊、音像制品、信息高速公路、自媒体、社交平台等都是如今文化传播途径的代表。

（二）文化传播的过程

美国社会学家拉尔夫·林顿（Ralph Linton，1893—1953）关于文化传播过程的观点已得到较广泛的认可，他认为文化传播的过程分为三个阶段：一是接触与显现阶段：一种或几种外来的文化元素在一个社会中显现出来，被人注意。二是选择阶段：对于显现出来的文化元素进行批评、比较、决定采纳或拒绝。三是采纳融合阶段：把决定采纳的文化元素融合于本民族文化之中。

从地理空间看，文化传播是由文化中心区向四周扩散。根据传播途中信息递减的一般规律，离文化中心区越远的地方，越不能保持文化元素的原貌。当一种文化元素传播到另一个地区以后，它已不是原来的形态和含义，在传播和采纳过程中已被修改过。因此，两地文化可能相似，但完全相同的文化十分少见。①

（三）文化传播的媒介

在古代社会，文化传播的技术落后，文化传播的媒介主要是人的迁移和流动，移民、战争、入侵和占领等是文化传播的重要途径，外交、传教、通商、旅游以及其他人员流动也是传播文化的重要媒介。在人的迁移流动中，语言及民俗行为活动充当了具体媒介形式。而文字书写和书籍的出现，更拓展了媒介形式，使文化传播更加持久和稳固。到了近现代，新闻、报纸、广播等媒介出现，交通、通信技术手段十分发达，加之互联网诞生，文化传播的媒介种类剧增，远远超越了依赖人的迁移流动这种媒介来传播文化的局限性。

麦克卢汉曾提出：媒介是人的延伸，媒介即信息。信息是文化传播的核心，信息需要借助一定的媒介进入传播渠道，完成从文化传播者到文化接收者的传递过程。同时，文化传播是一个双向的过程，接收者在向传播者进行信息反馈时，也要选择一种媒介来传递信息。文化传播媒介是中间环节，是用来传递和获取信息的工具和手段。

文化传播媒介是多种多样的，随着社会文化的发展而不断变化，使得传播途径越来越通畅，各种文化之间的联系也越来越紧密。传播媒介的发展大致经历了三个阶段，即语言媒介、文字媒介、电子媒介。

第一，语言媒介阶段。语言是人类表达感情的工具和符号，语言的形成经历了一段漫长的发展时间。原始人类将声音与经验和行为联系起来，赋予这些声音代表某种经验和行为的意义，并不断地加以抽象和完善，由此丰富了自己的认知能力，语言也得以发展。语言的世界反映着人类的世界，人们用语言来区分事物、组织社会、沟通心灵，语言是最为重要的传播媒介。人类以语言来创造大量的文化，并使得文化得以延续和扩展。在社会政治生活中，口语传播是表达舆论的最主要途径，民间的歌谣、传说等记载着人们的所见所闻。如今文化传播拥有了更为多样和广阔的媒介，但人们还是会在阅读新闻、获取知识后通过口语来进行交流、表达看法

① 转引自《中国大百科全书·社会学》，411 页，北京，中国大百科全书出版社，2002。

等；在文化水平落后的地区，人们不识字，也没有条件通过书籍和网络了解世界，语言就成为最为重要的传播媒介。语言的重要性没有随着时间的流逝而减弱，它的作用是其他媒介无法替代的。我们无法否认语言作为文化传播媒介的重要地位，但是与如今的文字、电子传播媒介相比，语言媒介显示出了一定的局限性。语言传播活动只能发生在十分局限的时空条件下，具有很大的封闭性和保守性。

第二，文字媒介阶段。文字的出现是文明的主要标志之一，是文明与野蛮的分界。英国考古学家丹尼尔在《最初的文明》中指出，文明至少具有三个标志，其中之一是文字。文字的发明建立在语言的基础上，是对图形的抽象化。中国文字从象形字到指事字、会意字、转注字、假借字、形声字，呈现出不同的特征和组合方式。目前世界上有两种文字系统，一种是字母文字，一种是象形文字，分别主要在西方世界和亚洲国家使用。

有了文字，人类可以有条理并准确地表达自己和发展自己，许多历史事件和生活经验都可以得到书面的记载，帮助人们改变世界，拉近人与人之间的距离。随着人类文明的推进，人类发明了造纸术和印刷术，逐渐产生了大众传播媒介诸如报刊、图书等，大大提高了文字传播的效率，给人类世界带来了变革。利用文字保存文化、传播文化是中国乃至世界的文化传统。对于历史的发展来说，文字传播媒介对社会有重大影响。

第三，电子媒介阶段。电子媒介的出现是传播史上的又一次革命。电报和电话的发明，使得人类的感官又有了进一步延伸的可能。第一次世界大战时美国就已经有了无线发报器用来通信，1921 年世界上第一个广播电台在美国匹兹堡开始运营，1925 年英国人贝尔德成功研制出了电视，1926 年英国广播公司进行了世界上第一次无线电视传播。电子媒介的出现与发展带来了信息时代，信息传播速度大大增加、传播手段更加简约、可传播的信息类型更加多样。如今，在信息时代的背景下，传统的报刊、图书无论形式还是内容也在进行变革。电子媒介的出现改变了人们的生活方式，推动了社会的转型。

（四）大众传播媒介

近几十年来，大众传播媒介发展迅猛。据国家统计局公布的数字，2014 年我国的报刊期发数达到 14936.8 万份、广播节目数量为 6275 套、电影银幕数量达到 23600 块、电视节目综合人口覆盖率达到 98.6%。大众传播的力量和覆盖范围不容小觑，它对社会产生的巨大力量足以影响甚至改变社会政治、经济、文化的发展。在具体介绍各种主要的大众传播媒介之前，先要明确大众传播媒介的概念。童兵的《理论新闻传播学导论》对大众传播媒介这样定义："泛指所有用以向广大的受传者传递各种信息的技术手段，包括报纸、期刊、广播、电视、电影、图书等。"①

1. 报纸和期刊

报纸和期刊又被称为印刷传播媒介，是随着印刷术的发明而出现的传播媒介，是人类发明发展史上的一块里程碑。印刷媒介的特点是信息保存能力强、受众选择主动性大。报刊通过文字的记录与大批量复制来传播信息，读者可以根据自己的兴趣和需求随时挑选和阅读，对阅读习惯没有任何要求，任何人都可以从中获取信息。同时，印刷媒介要求受众有一定的文化水平和基本的阅读能力，因此这类传播媒介的普及性和渗透性低于广播和电视。

报纸和期刊作为印刷媒介的代表，有一定的共同之处，也存在着功能上的差异。报纸的好处在于它每日都能够报道政治、经济、文化的新闻，反映社会局势。期刊的优点在于它覆盖各种领域，谈论各个领域的专业问题。

2. 广播

广播的出现为新闻领域的深入发展提供了非常重要的渠道。广播通过无线电波传送声音，以声音的形式传递信息。自20世纪20年代世界上第一个广播电台在美国匹兹堡开播以来，广播迅速普及成为老少皆宜、突破文化水平限制的大众传播媒介。无论发展中国家还是经济发达国家，无线电广播的使用都十分广泛。

广播的优点是传播速度快、时效性强、以声传情、真实性高，因为它不需要经过印刷、出版、发行的耗时过程，听众只需打开收音机便可获取信息。尤其对于突发事件的新闻报道，广播的优势显而易见。在直播新闻时，播报广播不需携带太多设备，因而对于传播者而言相对轻松。因此，广播是人们获得消息的最快媒介之一。听众被声音带入新闻现场，容易引起共鸣。

3. 电视

电视自20世纪问世以来，逐渐改变着社会结构，它进入每一个家庭影响着每个人的思维和习惯，迅速占领了大众传播媒介的重要地位。电视如今已经成为传播信息和知识、丰富社会生活的主要媒介，几乎成为每个

① 童兵：《理论新闻传播学导论》，93页，北京，中国人民大学出版社，2000。

人现代文明生活的一部分。

电视的优势在于视听兼备、感染力强、传播速度快、受众广泛、易渗透等。电视调动了人们的多种感官，图像、文字、声音三种信息同时刺激受众的视觉与听觉系统，为受众展示最为真实的场景，使人产生非常具体的感知和信赖，超越了广播与报刊。尤其是在远距离传播中，它的优势显而易见。技术的发展带来了卫星传播，电视荧幕缩短了受众与各种事件的时空距离。电视只需要受众观看和聆听就可以传播信息，对于受众的文化水平、年龄、职业、阶层等没有限制，因此它收获了最多的受众，更容易引发社会共鸣。

4. 互联网

1998 年 5 月，联合国新闻委员会年会正式宣布互联网是继报刊、广播、电视等传统大众媒体之后新兴的“第四媒体”。① 网络传播媒介发展迅速，尤其在报道重大新闻事件时得到了广泛的应用。作为一种新兴的传播媒介，互联网的优势十分鲜明，是传统媒介面临的强大竞争对手，也是催促传统媒介转型的巨大动力。首先，互联网传播媒介的容量巨大。互联网不同于报纸、期刊等纸媒，它发布的信息经过数字化处理，具有相当大的存储空间。《人民日报》的网络版数据库平均每天存入的信息约合 900 万个汉字的信息量。②第二，互联网传播媒介强调信息的即时性。互联网的普及使得信息传播速度更加快速，即时消息的编辑、发布十分便捷，因此新闻网站的更新几乎是每分钟都在进行。第三，互联网传播媒介的交互性强。这一点使得传播的双向进行更为畅通无阻，受众根据自己的理解和想法向传播者进行反馈，不受时间、地点的限制，双方可以进行直接的交流，人们可以畅所欲言。第四，互联网打破了时空界限。互联网的传输方式十分开放，使得全球的文化交流更为频繁和紧密，任何信息传播都可以跨越国界、跨越文化。只要在能够上网的地方，人们就可以共享资源和思想。如今自媒体和社交平台的兴起，使得每个网民都可以成为传播者，随时发出自己的声音。

第三节 文化圈层

文化研究者认为文化在空间上的分布影响着文化的特质，非常重视从

① 童兵：《理论新闻传播学导论》，104 页，北京，中国人民大学出版社，2000。

② 张迈曾：《传播学引论》，130 页，西安，西安交通大学出版社，2002。

空间角度研究文化，认为从这个角度研究有利于比较研究。因此，学界提出了文化圈、文化层的概念。文化圈是从地理分布角度来看的，文化层是从社会结构角度来看的，这是两种社会文化现象。不同的学者针对这两种社会文化现象提出了不同的理论，有的文化学研究者将文化圈层理论看作是研究文明的形成、传播、变迁、发展的理论基础。

一、文化圈与文化层的含义

文化圈的概念最早是由德国和英国的文化传播学派在20世纪初提出和使用的。文化圈是从地理分布空间角度来看的概念，是指在一定时间内存在的由多种文化群体构成的具有相同文化特质的区域。德国学者格雷布内尔和奥地利学者施米特在阐释文化圈概念时强调，这些文化群体构成的文化圈之所以表现出相同的文化特质，是因为它们在一个中心产生，然后向四周扩散。文化只在中心创造，扩散区域只能传播文化。只有少数的文化圈是在不同时间、不同地点围绕不同的中心建立的。不同的文化圈也在文化传播中产生交叉，这种现象经常发生在文化圈的边缘地区。

在空间上，文化圈是一个地理概念，根据地域不同而表现出不同特质。在文化传播中，文化圈中含有相同文化特质的文化内容，随着传播向外围扩散。文化圈的文化内容可以传播到自身范围外，甚至和其他文化圈产生交叉，体现了文化的流动性。新文化的产生正是文化交叉传播与结合的结果。在时间上，文化圈都在某个时间形成，之后不断延续、发展、变迁。

文化层是由文化圈层叠而成的，表现文化圈在时间演进中的变化。比如，考古学家会在同一地点的不同层面发现不同时期的遗迹。不同的历史阶段的文化形成不同的文化层。通过对不同时期文化层的比较研究，可以看出一个地区群体文化发展与变迁的过程，尤其是可以发现文化发展中里程碑式的质变。在比较中总结群体文化发展的规律，断定文化层的顺序，可以为研究中华文化乃至世界各地区文化发展规律提供依据。

二、地理文化圈的特点与分布

人在环境中创造文化，又利用文化实现与环境的和谐共生。因此，地理环境是形成人文环境的条件之一。通过了解世界文化，我们可以发现地球上不同地区由于气候、地形地貌等方面的差异，形成的文化各具特点；而有的区域因为地理环境相似，产生的文化也有一些共同点。正是由于这种随地理环境不同而形成具有不同特征的文化的情况，才有了地理文化圈的说法和理论。

德国人文地理学家拉策尔在《人类地理学》中提到，人类群体都有一定的生存空间，地理环境对人类文化的形成和发展起着决定性作用，文化的传播是人类迁徙的结果。同时，他认为，文化是通过特定途径来传播的，提出了文化区域的概念。

拉策尔的学生弗罗贝尼乌斯继承了拉策尔的思想，并加以发展，他研究了非洲各个地区的文化起源。在对西非等地的民族志进行比较研究时，他发现文化之间的关联不仅与文化中的单个因素有关，还涉及文化的整体。他将有共属关系的文化因素看作文化合成，将文化的地理分布称为文化圈，明确提出了文化圈的概念。有了文化圈的核心概念后，格雷布内尔等人逐渐完善了文化圈的理论。他们认为人类无法无限地创造文化，文化从中心产生后开始向外传播和辐射，新文化的产生不是重新创造，而是文化在传播中交叉融合。

早期研究文化圈理论的学者认为，有的地区不具备创造文化的能力，世界的文化只在几个中心产生。这些理论和观点在文化圈研究初期的德国十分盛行，也推动了这一领域的实证研究，但从当今的视角来看，这种观点存在较大的缺陷。人的创造力不因地区的不同而受到限制，文化是人类共同创造的。当我们考察文化的多元化形态时，可以看到，世界上的民族都是优秀的，不以优劣先后来区分。每个民族和地区的文化都是在历史长河中形成、发展、沉淀的，其中有与其他民族文化交流、学习借鉴的部分，也有民族自身创造的成分。同时，人类群体生活在世界上不同的区域，由于自然环境的影响，文化创造力的表现也不同，因而形成了不同的文化特点，不同文化类型还可以沟通、交流和融合。

文化圈的形成和分布的特点，主要表现在三个方面：

第一，语言体系。在哥伦布发现新大陆之前，人类没有经历过大规模、远距离的迁徙，距离近的地区语言体系相似，可见语言的分布与地理条件相关。语言是文化的一种，是人类为了表达情感与思想而创造的，也是文化的重要标志之一。一个民族或地区内语法的特点、语言的规范、表达方式与风格、文学作品等都反映着该民族或地区的文化特征、行为方式与思维方式。因此，划分文化圈，应将语言体系纳入评判依据。一般来说，语系相同的地区同属一个大的文化圈，语族、语支相同的地区则属于小一点的文化圈。研究语言体系是文化学研究中必不可少的环节，对比不同语言的相似与不同之处，可以帮助人们更进一步了解各种文化与文化圈。

第二，宗教信仰。同一文化圈的另一个标志就是宗教信仰大体相同。宗教是人在认识能力有限的时期使用的用来认识自然的一种方式，是人类文化的一个部分。首先出现的是自然宗教。当时人们不了解自然，同时又认为灵魂是存在的，所以产生了万物有灵的自然崇拜观念。之后，在自然崇拜的基础上发展了有神灵信仰的宗教，人们将现实中的社会关系反映到神灵体系中。每个宗教有自己供奉崇拜的神灵，同时也有着不同的祭祀仪式。这些被信仰的神灵展现出不同的地区特点。无论是信仰哪一个神灵的地区，都表现出一定的地理分布规律。宗教信仰的传播与发展是人类文化进程中重要的现象，体现了社会的意识形态。马克思也曾说“宗教是这个世界的总理论，是它的包罗万象的纲要”①，不同地区的宗教信仰也成为划分文化圈的另一个依据。

第三，由各种地理环境因素综合引发的文化精神。文化精神是指一个民族或地区的人们在文化的影响下表现出的思维与行为状态以及认识世界的角度与理念。人们的思考方式与行为方式因地区的不同而表现出差异，比如东西方思想有着明显的区别，这些差异是各种地理因素和社会因素综合作用的结果。亨丁敦（E. 亨廷顿）在《人生地理学原理》中说：“无论哪一群人，总有一种的政治、教育、科学、宗教和艺术。于某种的意义中，这些事物似乎和地理无关，然而他们所采的方针，他们所赖以维持的富源，以及他们发展的能率高下，却都是倚靠着地理环境的。”②

三、社会文化层的构成及特点

社会文化层是在社会结构中形成的，不同于因地理环境而形成的文化圈。文化层的划分依据是社会群体的文化素质与文化精神、所处的文化环境与拥有的文化追求。社会由人组成，个人也离不开社会，人在社会活动中创造文化。在研究具体的社会文化发展时，必然会涉及社会群体结构层次与相关的文化状况即社会文化层。

社会被分为不同的群体，存在着阶级，即在特定的经济结构中处于特

---

① 马克思：《〈黑格尔法哲学批判〉导言》，《马克思恩格斯选集》第一卷，1页，北京，人民出版社，2012。

② ［美］亨丁敦、克兴著，王悔初、郑次川译：《人生地理学原理》第一册，10—11页，上海，商务印书馆，1930。

定地位的人们的共同体。不同的阶级与生产资料的关系不同，在社会中的地位也不同。因此，不同的阶级在文化创造和文化选择的方向上存在着差别。每个阶级的经济利益不同，文化氛围和文化需求也不同，审美观、道德观、宗教观都不一样。大部分的文化是人类所共有的，但也有一部分文化具有阶级属性，因某些人群的社会地位、受教育水平、职业、信仰等方面的限制而不属于全人类。所以，不同的阶级属于不同的社会文化层。

社会中各种文化层我们都不能忽视，正是一个个社会群体形成了一个庞大、完整的社会文化系统。每一个贡献、作用不同的社会文化层，都是整个社会文化发展中重要的组成部分。社会文化层具有如下特点：

第一，具有不同特点的小群体文化氛围。文化氛围是因历史传统和文化积累而形成的，不同的文化层产生的文化氛围不同。文化氛围无时无刻不在感染和影响着群体成员，使得群体成员产生相同或相似的观念。观察社会文化层的文化氛围，就可以看出这个文化层的特点。文化氛围是展现给其他文化层的精神面貌。

第二，具有大体一致的文化兴趣和文化素质。在同一个文化层中的人具有基本一致的经济地位与政治倾向，他们的职业、经历存在相似之处，对社会事件的态度和关注层次也处于同一个范围，拥有很多共同点。在文化素质上，同属一个文化层的人接受过相似程度的教育，或者在某个行业中有着同样的职业习惯、职业思维与职业道德等。

第三，具有大体一致的文化追求和文化理想。在社会生活中，每个人的追求和价值观不同，有人追求丰富的精神生活，有人看重物质条件，并且在实现方式上存在着差异。人们在意识中形成的文化追求和文化价值观与他所处的文化层有着必然联系。人们按照自己需要的生产关系建立社会关系，又按照社会关系创造了相应的规范。这样，同属于一个社会群体的人就是同属于一个社会文化层的人，在文化追求和文化理想以及文化价值观上就存在共同点，区别于其他文化层。

第四，具有大体一致的文化显性表征。文化显性表征就是文化素养、文化追求在人身上的外在表现，如衣着、言谈举止等，能够被外人看到、感知到。特殊的群体有特殊的着装，如医生的白大褂、军人的军装等。除了特殊的群体，同一个社会群体内的人在衣着、举止、气质、语言习惯上也表现出类似的样子。长期生活在同一个氛围中，参加共同的社会活动和工作，让同一社会文化层的人给外界留下一种固定的印象，这些显性表征也反映了文化的内在特质。[①]

第四节 文化传统

文化传统是在人类历史发展过程中逐渐形成的，经历了人类与历史的选择，与人类的生活息息相关，从古至今不断地影响着人们的生活。我们理解文化传统，就是把握文化形成与发展的主要脉络。

一、文化传统的含义

（一）解读“传统”

什么是文化传统？先看传统一词的含义。无论在西方文化还是东方文化中，传统一词都有着丰富的含义。在中国，传统一词出现于南北朝以前，例如《后汉书·东夷传》中写道：“倭在韩东南大海中，依山岛为居，凡百余国。自武帝灭朝鲜，使驿通于汉者三十许国，国皆称王，世世传统。”随着历史发展，传统一词的含义逐渐确定，即指历代文化积淀并流传下来的带有根本性质的模型、模式、准则的总和。国外学者的定义更为具体和实际，他们认为传统必须是传承三代以上的并且是被人类赋予了价值和意义的事物，包括物质和精神两方面。可见，东西方学者都认为文化可以被继承，传统是现代化的根基。

在美国学者希尔斯眼中，传统是“代代相传的事物——包括物质实体，包括人们对各种事物的信仰、关于人和事件的形象，也包括惯例和制度。它可以是建筑物、纪念碑、景物、雕塑、绘画、书籍、工具和机器。它涵括一个特定时期内某个社会所拥有的一切事物，而这一切在其拥有者发现它们之前已经存在。它们不完全是外部世界物理过程的产物，也不仅仅是生态和生理需要的结果”[②]。

我国学者傅铿对传统的解释颇具代表性：“传统是围绕人类的不同活动领域而形成的代代相传的行事方式，是一种对社会行为具有规范作用和道德感召力的文化力量，同时也是人类在历史长河中的创造性想象的沉淀。”[③]

传统是我们在进行任何活动时沿用的祖先留下的历史遗产，传统制约

---

① 向翔：《哲学文化学》，307—309页，上海，上海科学普及出版社，1997。

② ［美］E. 希尔斯著，傅铿、吕乐译：《论传统》，16页，上海，上海人民出版社，1991。

③ 傅铿：《论传统》译序，2页，上海，上海人民出版社，1991。

着我们的活动以及生活的方方面面，是联系前辈与后辈的纽带，关联着历史与现实。因此，传统既具有历史属性又具有现实属性。传统的现实意义在于如今我们相较于前辈来说是进步的，我们不会照搬前辈的方式，我们在前辈的基础上不断发展和进步，不断变革和扬弃。

传统的产生发生在一定的历史背景下，带有特殊的时代特点，不同的人所理解的传统不一样。这与每个人的主体意识有关，人们习惯把自己的经验和意识植入对象中，就算是对同一件事情、同一个文化历史现象也会有完全不同的理解。人们会将自己的人格与情感甚至命运的方向作为理解传统的基础。我们不仅需要理解传统，我们自己也在创造传统。我们与传统相互决定、相互影响。

（二）文化传统与传统文化

人们在阐释文化传统时经常借用“传统文化”来辅助理解，这两者之间既有联系又有区别。不少文化学学者都曾对文化传统和传统文化做出解释，辨析这两者之间的联系与区别，避免在研究文化问题时因为概念不清而进入误区。

庞朴在《文化的民族性与时代性》一书中从精神层面界定了文化传统：“文化传统一般是指民族的、支配千百万人的这一种观念和力量，那样一个习惯势力或者说那样一个惯性，它是人们在日常生活当中所遵循的那么一种模式，人们遵循它而行动、但是又不能意识到它的存在的这样一种精神力量。”①

张岱年、姜广辉在《中国文化传统简论》中从比较与历史的角度界定了传统文化和文化传统：“一般说，‘传统文化’是相对于现代文化而言的概念，‘传统文化’的意义大致相当于过去的一切文化现象，而‘文化传统’的意义是指历史文化中影响深远以致对现代仍有重大影响的内在因素。”②

李荣善在《文化学引论》中提到了一些学者对传统文化和文化传统的区分方式，主要从考察事物如何对人产生影响的角度来解释。“他们指出，传统文化一般是指已经凝固化、定型化、静态化的‘死’的遗物——如传统的典章制度、典籍、文物等，它们只有在为活着的现代人所解释、体认、感知、改造时，才能发挥文化的功能。而文化传统则是在历史长河中

---

① 庞朴：《文化的民族性与时代性》，159页，北京，中国和平出版社，1988。

② 张岱年、姜广辉：《中国文化传统简论》，5页，杭州，浙江人民出版社，1989。

逐渐积累、沉淀而流传至今的，并内化为人的文化心理结构和行为模式的动态性'活文化'。文化传统实质上是由遗产文化、借鉴文化和创新文化三部分组成的现实文化。"[①] 其中所说的"死"与"活"并不绝对，两者都可以在一定条件下被应用和继承。

总的来看，传统文化与文化传统所指对象都是时代累积的具有传统意义的人类文化，它们的区别是就同一现象的不同侧面而言的。传统文化相对于现代文化而言，指历史上创造完成并遗留下来的文化财富、文化现象。文化传统则指文化累积中影响深远、贯通古今、具有根本性影响的内隐与外显的要素。文化传统是从对传统文化的研究中概括而来的，文化传统对于现代社会的重大影响绝不能脱离传统文化而发生效用。[②]

每一种民族文化都有其独特的传统。离开传统，文化将难以延续和发展。每个人都生活在文化传统中，无形中被文化传统支配着、约束着，在成长过程中形成符合民族文化传统的思维方式、审美观、价值观、道德观、行为方式等。文化传统被一代一代人继承下来，在这个过程中随着历史、生活、科技与观念的更迭与进步，其中的一些成分被留下、一些被取代、一些直接消亡。文化传统是多元、多变的，文化依靠传统而保持前进的方向，我们只能改造文化传统而不能斩断它。没有了传统，文化也将不复存在。

二、文化传统的形成与创新

（一）文化传统形成与变迁的内部机制

现代西方文化学研究十分重视文化传统的形成与变迁问题，认为文化传统的稳定是相对的，而变迁与创新是永恒的，强调文化变迁的内部整合与调适的过程分析。[③] 文化传统能够从古至今延续不断，与其动态的形成与变迁过程关系密切。探究文化传统形成与创新的内部机制与外部影响，是我们更加深入了解其发生的过程与规律的重要条件。

民族与国家的文化传统是一脉相承的，文化传统的形成过程十分复杂。从文化的内部来看，文化传统是人们在自然环境和人文环境中创造的

① 李荣善：《文化学引论》，436 页，西安，西北大学出版社，1996。

② 刘守华：《文化学通论》，100 页，北京，高等教育出版社，1992。

③ ［美］克莱德·M. 伍兹著，何瑞福译：《文化变迁》序，石家庄，河北人民出版社，1989。

文化要素集聚形成的。人和环境的相互作用使得文化传统多种多样。在不同文化间的交流过程中，文化传统逐渐产生变异，形态与内容更加丰富。比如中国的农业文化。在远古时期，我们的祖先就发现进行农业生产能够为人持续提供食物来源，于是在沿河定居后就逐渐发展起了农业文化，而农业也成为中国文化传统内部的基本要素。基于农业这一基本要素，依赖于大自然生存的人形成了“天人合一”的自然哲学，形成了浓厚的乡土情结；又因农耕需要家族聚居，强化了家族观念。

创新被视为文化传统乃至整个文化的形成与变迁的重要基础。人们在适应自然与社会环境时形成了文化传统；当环境改变时，社会成员会对此做出新的应对，从而开始了变迁；这种新的应对方式为社会接纳，从而成为民族文化的要素。文化变迁在文化实体内产生，代代相传成为传统。因此，文化传统在特定的环境和条件下产生，也因环境和条件的变化而变化。创新的途径大致有三种：发现、发明与传播。发现即让存在但不为人知的事物被人了解，发明即创造出之前没有的新事物；发现与发明只有在被社会认可与利用时，才会引发文化变迁。[①]

文化传统得以长期延续，是因为人类失去了它就难以生存，每个人都与文化传统有着必然的联系，文化传统是每个人生存与发展的文化基础，我们通过它来指导生产、发展技术。虽然没有一种文化传统是完美无缺的，但是人类继承它、依赖它，从而必须要根据环境和条件的变化来修正它。比如，人们的知识系统都存在着发展的可能性，对未知事物的探求促进着科学技术不断前进。人们世代积累的知识每天都在被不断创新，只有这样，人类社会才会不断进步。为追求真理，人们不断认识世界和改造世界，同时为文化传统注入新鲜血液。

文化传统之所以会产生变迁，是由于该传统的内部因素已不适应时代要求。文化传统保持着稳定与变异的平衡。与不断发展的人类社会之间存在的矛盾，是催促着文化传统变迁的内部动因。[②]

（二）文化传统形成与变迁的外部条件

文化传统的形成与变迁主要由其内部的矛盾运动决定，外部条件的变化和影响也是要考虑的因素。所谓的外部条件，指的是文化与文化之间的比较与交流。某种完全封闭的文化传统能够延续的情况在世界文明中还未

① 刘守华：《文化学通论》，113 页，北京，高等教育出版社，1992。

② 刘守华：《文化学通论》，115 页，北京，高等教育出版社，1992。

有过先例，实际上也是不可能的。每种文化传统在形成与变迁时无法避免与其他文化传统进行交流，在交流中才得以变迁和转化。冲突与矛盾是交流过程中时常会发生的，正是这些冲突和矛盾，让文化传统之间彼此融合、各自完善。

文化的比较与交流一般包含两层含义：一是同一文化传统中不同部分间的比较交流，主要指同一个国家内不同地域与民族间文化传统的比较交流。中国文化乃至世界各地的文化都无法忽略其中各民族独有的民族文化，民族文化传统之间的差异通过民族间、地域间的文化比较才得以体现。通过不断的比较交流，不同地域与民族的文化不断变化，逐渐形成传统。中国自古以来就是个多民族聚居的大国，中国文化传统在形成之初正是夏商周时期不同民族间文化传统不断碰撞、融合最后同化的结果。秦汉时期建立了统一的中央集权，给予了民族与地域间更加广泛和深入的文化交流机会，最终形成了作为中国文化传统重要标志的汉文化。可以说，如今中国的文化传统，无论是物质方面的还是行为方面的，正是多元民族文化在历史长河中的比较与交流中形成、发展的。

二是不同文化传统间的比较交流，主要指国际文化交流，以及人类文明的不同类型之间形成的文化传统的比较与交流。这种比较交流在历史上频繁发生，极大地促进了各种文化传统的变迁。在古希腊的繁荣时期，希腊哲学、文学等文化传统被各个帝国广泛传播；在世界各地，人们在应用这些希腊文化传统时对它们做了改变，同时，在希腊文化传统的介入和影响下，各个帝国当地的部分文化传统逐渐消失。这种文化交流为之后罗马帝国的扩张提供了精神基础，属地居民自然而然地接受了罗马的文化传统。①

不同文化传统之间的比较交流有多种途径。民族迁徙、战争、经济建交等都是促进文化交流融合的途径。文化交流通常使得交流双方获得利益，即使某种先进的文化传统与落后的文化传统进行交流，这种利益仍是双向的。虽然本地文化吸收外来文化这一行为是可选择的，但这并不妨碍外来文化对本地文化产生影响；只是如果想要彻底融入本地文化，必须具备能够适应本地环境的文化要素。“有取有不取，有迎有拒，有合有不合，这在中国文化对外来文化的关系上从古到今都一样。这只有从内部分析才

① 刘守华：《文化学通论》，116页，北京，高等教育出版社，1992。

能找出原因和条件加以界说。”①

三、文化传统与现代化

学习文化的最终目的在于建设文化，基于时代特点来建设现代新文化。只有明确文化传统与现代化之间的联系，才能够促进文化传统的现代化转变，实现社会转型。

（一）现代化的含义

人类社会现代化大致从17世纪的英国开始，资产阶级革命拉开了现代化的序幕，西欧和北美随之加入现代化进程。20世纪中叶后，随着第三世界的诞生，现代化成为摆脱殖民统治、增强竞争力、赶超发达国家的重要途径。

20世纪60年代，现代化理论的研究热潮席卷西方，学者从不同角度来观察和分析社会。对现代化问题的研究主要涉及两个方向：一是探讨现代化进程的形态、各阶段的不同、从传统到现代具体呈现出哪些变化、现代化进程中的价值取向等；另一个是探讨衡量现代化的标准。从总体来看，大多数学者较为关心第一个方向，在这个方向上基本形成了四个共识：

第一，现代化的概念是相对的，是社会发展到较高阶段后与传统社会相比较而言的。传统社会一般是指农业社会，现代化社会一般是指工业社会。工业革命以来，传统的以农耕为主要生产方式的社会形态逐渐工业化，随之而来的是社会各方面发展速度提升、生活水平提高、人的素质提高等，无论经济还是科技、物质生活还是意识形态，都进入了快速发展的阶段。

第二，现代化的过程是十分漫长的，在漫长的过程中保持着动态变化。这些变化涉及政治、经济、文化、意识形态等多方面，有的学者选择用数据如GDP来判断一个国家或地区的现代化程度。但是这种标准不是绝对的，带有一定的片面性。现代化涉及生活中的方方面面，人类社会的各方面形成了一个有机统一体，每一种社会现象的发生都呈现出一种联系和规律，并且相互影响、相互依存。因此，现代化进程是一个社会整体变革的过程，不仅涉及物质生产，也关系到人与人之间的社会关系和社会整体结构。通过现代化，社会得以进入继人类诞生、文明出现之后的新

① 金克木：《无文探隐——试破文化之谜》，14页，上海，上海三联书店，1991。

阶段。

第三，现代化代表了一种生活方式。我们经常听到美式生活、英式生活等，在已经实现现代化的国家，独特的生活方式成为现代化的象征。或许这些国家之间的现代化程度相差不多，但生活方式、审美观、人生信条、生活质量等方面存在着很大差异。因此，一个国家和地区的文化传统能够反映出极具文化特色的现代化生活方式。

第四，现代化进程呈现出民族特征。现代化是世界的，也是民族的。现代化在世界不同地区显示出相似的世界性特征，这些特征首先在最早进入现代化进程的西方国家中得以表现，后来在发展中国家现代化进程中再次出现。但现代化不等同于西方化。在不同的自然与人文社会环境中，各民族现代化的起点不同，面貌也不同，民族性的烙印难以磨灭。现代化的世界性特征也在不断更新，国际市场的竞争使得各民族在现代化进程中不断加紧脚步向更为发达的国家学习。

（二）中国文化传统的现代化

关于中国文化现代化的问题在学术界一直是热点。目前中国正在逐步成为社会主义现代化强国，实现社会主义现代化需要建立在传统的文化基础上，建立在中国当下的政治、经济、文化条件上。因此在一定程度上，社会主义现代化给予了中国文化传统和传统文化在新环境下发展和传承的空间。

对于如何进行中国文化传统的现代化，郭齐勇在《现代化与中国传统文化刍议》一文中提出了这样的观点："正确的发展是，必须把发达国家、发展中国家走向现代化的各种经验、教训、模式、道路，认真地鉴别、有选择地汲取，并使之与我国社会主义现代化建设的实际和中华民族的文化传统结合起来。"[①]因此，中国的文化传统现代化不能完全照搬西方的经验，而是要全面考察中国近现代以来即鸦片战争之后尤其是新中国成立直至今的历史。作为一个经历了诸多磨难的人口大国，中国只有坚持社会主义，才能实现现代化。

实现文化传统的现代化，首先要遵循三个原则。第一，坚持党的领导，是现代化建设的基本保证。如果中国的现代化建设离开了党的领导，那么这样的建设就不是中国的现代化。第二，不能脱离传统文化。传统文

① 郭齐勇：《文化学概论》，327页，武汉，武汉大学出版社，2014。相关论述见郭齐勇：《现代化与中国传统文化刍议》，《武汉大学学报（人文科学版）》，1986（5），9—14页。

化的影响是无法忽视的，其中有积极正面的内容，也有消极负面的部分，我们要在实践中加以分析选择和利用。第三，充分考虑现实国情。经济基础薄弱、人口众多、国民文化素质有待提高等诸多问题让我们无法忽略，因此我们必须一步一步扎实地进行现代化，而不能照搬其他国家的现成经验。

中国文化的现代化要从文化模式上进行根本的转变，不仅要实现理念的更新，也要平衡外来文化和民族文化之间以及各民族文化之间的矛盾。我们可以将中国文化的现代化分为以下几个任务。

第一，实现从农业社会向工商业社会的转变。中国文化从农耕文明发源，经济基础的一大部分取决于农业，农民群体也占据了中国人口的大部分。在农业文化的基础上，中国形成了强烈的家族观念、伦理观念和等级制度。如果在现代化中仍以农业文化为基础，那么将很难有所突破。向着工商业社会转变，这意味着农业人口会逐渐减少，城市人口增多，经济比例的重头将落在工商业上，传统农业也因科技手段的介入而面临转型，农民将会接受更多教育，农村从传统形态走向新型农村，等等。面对着多方面的转变，自然也面临着各种困难，如何改造农民和农业成为向工商业社会转变的难题。

第二，实现法制文化的普及。中国古代延续的官僚制度、等级制度依赖的是以人的权力来治理国家和社会，在族群和家庭中也是以长辈、族长的观念为方针。中国古代的法律虽然存在且可操作，但是人们的法律意识淡薄，并没有严格执法、自觉守法的传统。然而，想要实现文化的现代化，从人治到法治的转化是至关重要的。一个社会的法律建设是否健全是衡量一个社会法治程度的标准。有法可依、有法必依、执法必严、违法必究，是法治社会必然要遵守的准则。成熟的法治社会需要工商经济的支持，在农耕文化的基础上是无法实现现代化的法治的。除此之外，中国人的法治观念仍然薄弱，深入基层普及法律、推行法制、加强教育是必要任务。

第三，培养新的道德观念。建立在农耕文化基础上的是适用于古代社会的宗法制度文化。儒家伦理是维系封建宗法制度的基础和主体，在它的影响之下形成的是繁荣的中国古代社会，因此儒学被时代传承下来。但是，时代在发展，经济基础在改变，应随之发生变化的就是道德意识和伦理观念。传统伦理道德的存在固然有重要的意义，但不能完全适应现代社会。人与人、人与社会的关系在不断调整，现代化社会需要新的道德观念与经济相匹配，只有这样才能够保证社会的安定团结、维持人们正常的生活秩序。建设新的道德观念不代表完全抛弃传统道德，我们应继续弘扬传统道德，继承其中为人类所共同遵循的内容，比如尊重父母、善待他人等等。在推行新的道德观念时，要切记保持与法律制度的平衡。法律与道德是治理社会缺一不可的标准和底线，社会的精神与意识需要依靠道德观念来约束。

第四，大力发展现代科技。我们不能将科技划在文化的范畴之外，现代化的意义在很大程度上是科技现代化，社会中的方方面面都可以借助科学技术来实现现代化转型。中国的传统科技如历法、阴阳五行等已不足以支撑现代化进程的需要。现代科技主要是从西方近代科技演变而来的，现代科技遍布当今生活的每个角落，我们要在这个基础上发展自己的现代科技，难度之大可想而知。国民的受教育程度和水准极大地影响着现代科技的发展。如今全球已进入网络数字化时代，网络给各个国家、各行各业带来了巨大的利益。中国应奋力追赶，勇于挑战西方。

第五，重视人才培养，提升国民文化素质。中国的传统教育倡导的是“重农轻商”“重义轻利”“三纲五常”等观念，每个人只要安分守己地生活就是最好的归宿。然而现代化进程中需要的是互相竞争，因此需要综合能力强的人才。当今对人才的要求逐渐提高，不仅要有丰富的理论知识，而且要具备专业技能，能够在竞争激烈的现代生活中夺得生存之地。同时，以人为本、发挥人的主观能动性和创造性是人文精神的核心。要想提高国民文化素质，就要让国民自觉学习科学技术、为推动科技进步和提高经济效益做出贡献，这个任务的难度甚至超越了提高科学技术水平。经济利益与人本精神的平衡是在现代化进程中逐渐建立的。培养人才、重视人才、运用人才，是国外实现现代化的重要经验。

中国的文化传统是可以适应现代化发展的，而且可以在现代化过程中创造出辉煌的文化新模式。当代大学生应该具备创新意识和竞争意识。中国文化传统的现代化转型是民族的必然选择，民族的伟大复兴依赖于国家政策，同样也紧握在每一个国民手中。

第五章 文化的类型和模式

第一节 文化类型和文化模式

一、文化类型

在文化学中，文化类型是一个重要的文化分类术语。由于人类生存在地球不同的地理位置上，为了更好地适应和利用环境，人类的文化始终向着不同的方向发展，各有特色，形成了众多文化类型。想要认识和比较世界文化，首先要了解各种文化的特殊性，划分文化的类型。这一术语也被广泛运用于人文科学领域。许多学者在文化类型研究上侧重于各种文化体系的地域风俗、生活习惯以及文化心理结构层面。

文化类型与文化地理学和文化心理学息息相关。拉策尔在《人类地理学》中说明，他认为各民族文化的不同是地理环境不同所致，强调地理环境对人类文化的决定作用。斯宾塞和小托马斯在《文化地理学导论》中提到人类作为文化集团在地球上的特定地区中所发展的人类技术及文化实践的方式，以及人类的进化和生态系统化的某些类型。人类文化的形成与人类生活的地理环境有关，同时人类还有可能改变地理环境。除此之外，文化类型还与人类的心理发展有关。一个民族的性格与文化心态影响着文化类型所展现出的特质。赫尔德认为，人类作为生命体，形成了不同的种族，每个种族的体质和精神特征都与它的地理环境有关；而种族作为人的特殊类型，具有永恒的特征，不因环境的改变而转移。因此，人类分化出了不同的价值观念与理想信念。

（一）文化类型的含义

文化类型可从多角度进行阐释，例如：

一是侧重于世界上多种文化间的差异，提出正是文化差异性使文化分成不同类型。这些差异是在人类进行的各种活动中产生的，是人类的共同成果。人类参与各种活动与工作，使得社会中产生了不同的群体；这些群体处在不同的环境中，参与各种生产劳动，从而逐渐形成了社会群体特殊的社会文化。这些具有社会群体标识的文化在历史发展过程中、在各种因素的影响下不断演进，显示出越来越明显的差异性，最终形成各自的文化体系。

二是文化类型是指各种文化形态体系中有特色、最能体现一种文化本质属性的特征，而不是指它的全部特征的总和。[①]文化涉及诸多方面，展现了人类生活中有关精神与价值体系的组成部分，如宗教、哲学、文学、艺术、风俗等。每种文化体系的精神与价值体系都有各自独特的表现，使得文化形成不同类型。

三是文化类型是指生活在不同的地理生态环境和文化生态环境之中的不同人种或种族的人们在历史上形成的共同的价值观念、思维方式、心理状态、精神面貌等思想文化的最本质的特征。它有两个特点：系统性和变异性。[②]

四是文化类型体现出了世界文化的丰富性和多样性。[③] 人们在研究文化时，将具有不同特质的文化进行区分。对文化类型的区分，为我们更具体地分析与理解文化提供了帮助，同时在这个过程中，我们感受到了世界文化的丰富多彩。

《简明不列颠百科全书》对文化类型所下定义更具普遍意义："在文化分类中，一种以经过选择并互相起作用的各特征或各组特征为主要内容的结构。因为任何文化样式都有分类学上的意义，那些为分类而选择的形象就要以考虑中的特殊问题为依据。"[④]这一定义概括性强，因而显得比较抽象。

我们认为，文化类型是一个文化分类术语，指人类的各种文化样式（或形态）体系的类型，这种类型主要是从与人文地理分布相关的具有特定历史文化传统意义的角度划分的。每种文化类型都有其特定的、相对独立的文化结构体系，具有系统性、自治性（自我调节性）、传统性和变异

① 陈建宪：《文化学教程（第二版）》，145页，武汉，华中师范大学出版社，2011。

② 陈建宪：《文化学教程（第二版）》，146页，武汉，华中师范大学出版社，2011。

③ 陈建宪：《文化学教程（第二版）》，145页，武汉，华中师范大学出版社，2011。

④《简明不列颠百科全书》（中文版）第8卷，260页，北京，中国大百科全书出版社，1986。

性等特性。

文化类型是不同的种族、民族等群体因地理生态环境、文化生态环境、社会生产或历史发展状况等条件的不同而形成的各种（类）文化样式或形态的体系。区分文化类型的标准通常是文化形态结构体系中最有特色、最能体现其文化属性的构成要素，如价值观念、思维方式、传统信仰、传统习俗、语言语系、社会生产方式、生活方式等等——这些形成了一定类型的文化结构要素的组合谱系。

（二）文化类型学

不同学者以不同准则将文化分为很多种，目前学界并无统一标准。如按照文化的定义大体将文化分为物质文化、精神文化，按照文化源头的发展将文化分为游牧文化、农耕文化、商业文化，按照马克思唯物主义历史观将文化分为前资本主义形态、资本主义形态、共产主义形态。在对文化进行分类时，应充分考虑时间与空间的双重维度，重点挖掘文化在本质上和表现形式上的特征与差异性。目前学界比较认同的分类方法有两种，即斯宾格勒的文化类型学和汤因比的文化类型学。

1. 斯宾格勒的文化类型学

斯宾格勒（O. A. G. Spengler，1880—1936），德国哲学家、史学家。他在著作《西方的没落》中提到：文化的本质在于观念，文化哲学的主旨是挖掘这些观念。人类历史就是不同文化的历史。斯宾格勒认为，任何文化团体都有自身的灵魂，同时也有特定的“基本象征符号”。凭借象征符号和文化的灵魂，我们可将不同类型的文化区分开来。同时，他认为观念构成文化，文化间的差异也是因观念的差异而起。

斯宾格勒将世界文化分为9个类型，其中8个是独立且发展完全的，还有一个尚未完成。其中8个发展完全的文化分别是希腊文化（古典文化）、西方文化、阿拉伯文化、印度文化、中国文化、埃及文化、巴比伦文化、墨西哥文化，尚未完成的是俄罗斯文化。斯宾格勒的文化类型学将中国、印度、埃及等东方国家的文化纳入了与西方文化同等重要的文化类型中，承认除了西方文化外还存在着其他同样关键的文化类型。但他将观念作为划分文化类型的界限和依据，是一种唯心主义的表现。同时，他还认为文化的发展最终都要走向毁灭。虽然他的分类观点体现了世界文化的多样性，但他否定了文化的连续性。

2. 汤因比的文化类型学

汤因比（A. J. Toynbee，1889—1975），英国历史学家，代表作是

《历史研究》等。汤因比提出，文明是针对环境（自然环境、人文环境）的“挑战”而进行的“应战”。人类若能“应战”成功，文明就得以发展；若“应战”失败，则文明就会衰落甚至走向灭亡。“挑战”与“应战”就是人类文明发展的规律与动因。汤因比的文化类型学认为，人类的文明出现了21个类型，还有5个停滞的文明和3个流产的文明。

21个文明分别是：西方、拜占庭东正教、伊朗、阿拉伯、印度、中国、希腊、叙利亚、古代印度、古代中国、米诺斯（约公元前3000年至前1100年存在于爱琴海克里特岛上的文明）、苏美尔、赫梯（公元前17世纪至前8世纪小亚细亚中部的古国）、巴比伦、埃及、安第斯（秘鲁文明或印加文明）、墨西哥、于加丹（指墨西哥于加丹半岛至危地马拉一带的中美洲文明）、玛雅、俄罗斯东正教、朝鲜与日本。5个停滞的文明是：波利尼西亚、爱斯基摩、斯巴达、奥斯曼、游牧。3个流产的文明是：远东基督教、远西基督教、斯堪的纳维亚。

汤因比将文化分成了很细致的类型，其中有一些普遍被认为是小类的文化也被他分出来成为专门的一类，比如远东基督教、远西基督教只是宗教派别里的小类。

二、文化模式

（一）文化模式的定义

“文化模式”是20世纪20、30年代美国文化人类学家经常使用的术语，用于探究文化体系的样式及其内部结构特征。之后被西方学术界广为使用。

《简明不列颠百科全书》对文化模式的界定是：“诸文化特征协调一致的组合状态。虽然这一术语的含义因作者而异，一般却是强调文化因素的结构或形式，以别于内容。文化模式是一种文化的诸成员所普遍接受的文化结构，也是长期存在的一种文化结构。诸文化模式的复杂性以及属于各文化的成员对这些模式的认识程度是可以改变的。简单、明显的模式可以在劳动习惯、服装和饮食上表现出来。比较复杂的模式可在社会制度、政治制度或经济制度上看到。”①

在文化模式概念的界定中，有两位美国学者的见解比较有代表性——

① 《简明不列颠百科全书》（中文版）第8卷，260页，北京，中国大百科全书出版社，1986。

本尼迪克特和克罗伯。

本尼迪克特在1934年出版的《文化模式》一书中，以对美国西北海岸翔实丰富的考察内容为依据，概括了当地不同类型文化的形态特征。她认为，文化的类型是难以计数的，现有的文化类型无法概括所有的文化，强调人类文化的多样性、无限性。她在书中写道："且莫说人类创造力之丰富，单是生活的历程和环境的逼迫就为人们提供了数量大得令人难以置信的可能的生活之路，而且，一个社会似乎是可以顺着所有这些路生活下去的。"①任何一种人类文化都无法向着所有的方向延伸，每一种文化都在某种环境下形成文化情感与特征。因此，本尼迪克特在书中说："一种文化就像是一个人，是思想和行为的一个或多或少贯一的模式。每一种文化中都会形成一种并不必然是其他社会形态都有的独特的意图。在顺从这些意图时，每一个部族都越来越加深了其经验。与这些驱动力的紧迫性相应，行为中各种不同方面也取一种越来越和谐一致的外形。"②这段话生动地概括了文化模式理论。本尼迪克特为文化模式的研究开拓了思路，重点论述了文化模式的形成与整合的特点。

克罗伯则高度概括了文化模式的含义。克罗伯认为，人类学的研究依靠历史和科学分析，人类学家、文化学者将文化现象、历史事件作为一个元素或趋势来解读。诸多元素和趋势构成了历史发展的整体，从而形成特定的模式；模式将诸多文化现象和历史事件等元素看作是有内部关联并能相互协调的。

克罗伯在研究了世界多地如埃及、印度、中国、美国等的历史与文化后，认为文化存在两类模式，即普遍文化模式和特殊文化模式。普遍文化模式指人类文化的共同模式，特殊文化模式指某些文化特有的模式。克罗伯对特殊文化模式做了较多的研究，因为特殊文化模式容易发生改变，涉及文化内部的价值观。他将特殊文化模式又分为了初级模式和次级模式，初级模式指满足现实基本需求的文化层面，次级模式指更深刻和抽象的文化价值层面。

（二）文化模式的类型

文化模式与文化类型都是文化学研究中涉及的重要概念。每种文化类

---

① ［美］露丝·本尼迪克特著，王炜等译：《文化模式》，25页，北京，三联书店，1988。

② ［美］露丝·本尼迪克特著，王炜等译：《文化模式》，48页，北京，三联书店，1988。

型都有一定的文化模式。文化类型描述的是文化体系表现出的特征，而文化模式进一步描述文化体系内部的结构、揭示文化体系的形态特征在内部的表现。两者在研究方法上也不同。文化类型侧重于将文化分类，归纳特点，以划定同类文化的范围；文化模式侧重于将每种文化看作独立的部分，分析文化体系的内部结构，体现每种文化具有的独特价值。

文化模式的类型可以有多种分组方式，如：简单文化模式是指文化体系结构较为简单的模式，复杂文化模式是指文化体系内部结构复杂的模式；普遍文化模式是指人类文化中相同或相似的模式，特殊文化模式是指各文化体系中特定独有的模式；主要文化模式是指在千百年的传承和影响中占有主要地位、辐射面大、起重要作用的模式，次要文化模式指已被影响和改变且不稳定的文化模式；还有内隐的文化模式与外显的文化模式、自发的文化模式和外发的文化模式等。

一般情况下，学术界从自然条件及经济生活方式和精神形态因素方面划分文化模式的类型。若从自然条件及经济生活方式划分，有以下几种文化模式：欧洲的海洋文化模式（以地中海地区繁荣的海港商业为主，周边人类社会依靠海洋文化生存，也称为工商模式）、中亚和澳洲中部的游牧文化模式、中国汉族的农耕文化模式以及中世纪许多国家与地区的农耕文化模式。从精神形态因素方面划分，学界提出了宗教文化模式，包括西方基督教文化模式、西亚伊斯兰教文化模式、南亚佛教文化模式、远东儒教文化模式等。

文化模式的类型划分没有唯一的标准，每种文化体系都有各自的模式，而每一种类型的文化模式也是在不断演变、发展的。目前划分出的文化模式的类型也都是相对而言的，不是绝对不变的。每个国家和地区都有多种文化体系共同存在，有一些文化体系是社会的主体文化，有一些文化体系则是在某些地区格外明显。随着社会的发展和人类需要的改变，文化模式会随之调整，在研究时应灵活应对、用变化和发展的视角看待文化模式。

（三）文化模式的发展

文化模式既有稳定性，又有变异性。稳定性是相对的，而变异性是绝对的。文化模式的稳定性以一定的时空为基础。从时间角度看，一种文化模式的积淀与其存在的时间成正比，时间越长，所形成的文化结构和文化传统就越稳固，整合能力也就越强。从空间角度看，一种文化系统所处的自然环境和人文环境越封闭，它保持自身结构特征的可能性就越大。文化模式的稳定性使之具有很大的向心力和凝聚力，从而强有力地制约着该模式下社会群体的求同存异。

文化模式的稳定性有正面和负面两方面的作用。一方面，稳定性代表该文化有强大的生命力，能够很好地应对内外各种变化，并发挥整合功能；另一方面，如果稳定性持续太久，就会使得陈旧文化积淀过多而形成一种惰性，过于强大的传统力量既会阻碍新的文化因素的萌发，又难以吸收外来文化的有益成果，使文化发展缓慢甚至停滞。文化模式的变异是文化演进的重要条件，文化如果一直没有变异就难以进步。不过，文化的变异也需要我们辩证看待，不良的文化变异会造成文化的退化、萎缩、停滞。

（四）文化模式的整合

整合一词是现代科学中广泛使用的概念，在人文科学中用来说明社会和文化在发展中融合、吸收各种社会观念和价值取向的现象。

文化整合是指“一种文化在由简至繁的每一个层次上都按照一定的秩序在结构上相互关联、在功能上相互协调的过程”①。文化模式对文化整合具有定向作用，文化整合的状态和程度则反映出文化模式的完善状态。本尼迪克特在对文化模式的研究中提出，文化是文化整合的产物，文化整合的现象与文化模式的构成密不可分。文化整合的功能主要在于将现有的各种文化因素按照一定方式组合关联起来使之形成一种文化体系，每一个文化体系中的元素组合起来就是文化的内容，这些元素也被称为文化特质。

文化模式的整合是一个过程。文化体系一经变化，整合的过程就在进行，它帮助文化体系实现了转化的过渡。在整合过程中，文化体系实现了成分优化、结构性能完善、功能改进的目的，得到全面的提升和优化，这也是社会进化的必然导向。文化只有经历整合和重组，形成新的文化秩序，才能维持意识形态与价值观念和社会需求相匹配。

文化整合作为一种维护文化体系连贯性和整体性的过程，表现出以下特点：第一，对创新文化成分的选择。文化体系在演变中必然会吸纳新的文化因素，这些因素要在结构中相互协调、在功能上相辅相成。第二，对外来文化成分的修正。文化冲突的同时也存在融合共生的可能性，在文化整合时面对外来的文化成分，需要将这些文化成分修正为能够适用于本文化体系的功能、结构的成分才能够将其吸收。第三，对自身文化中某些不

---

① 陈建宪：《文化学教程（第二版）》，164页，武汉，华中师范大学出版社，2011。

适用成分的扬弃和改造。在文化体系的演变中，有许多文化成分变得过时、陈旧，这时就需要用适当的新成分替换过时的成分，或将过时的文化成分改造成具有新的意义与功能的成分。这个过程如同人体的新陈代谢过程。完整地发挥文化整合的功能，文化体系才不会因内部失调而慢慢落后乃至解体。

第二节　世界主要文化类型概述

学术界对文化类型的划分有较大争议，本节结合斯宾格勒、汤因比等人具有代表性的文化类型分类，重点介绍在人类文化发展史上具有重要意义和深远影响的几个文化类型。

一、古希腊罗马文化

古希腊文化被视为西方文明的奠基石，也是世界古典文明中的一束灿烂光辉。古希腊文化中的文学、艺术、科技是西方文明的营养来源，创造了辉煌的成就。

古希腊文化的主体形成于爱琴海和伊奥尼亚海沿岸与爱琴群岛和伊奥尼亚群岛上，前奏可以追溯到公元前 3000 年左右产生的克里特-迈锡尼文化，经历了克里特文化、迈锡尼文化、荷马文化之后，公元前 7—公元前 6 世纪出现了古希腊早期艺术与哲学，直至公元前 1 世纪走向了希腊化时代，最终因自然灾害和外族入侵而毁灭。虽然存在的时间不长，但是古希腊文化中的哲学思想、建筑艺术、文学戏剧、自然科学不仅奠定了欧洲文明的走向，更是全人类共有的文化遗产。

赫拉克利特、苏格拉底、柏拉图、亚里士多德等古希腊哲学家不断追求智慧，他们的思想极大地推动了辩证法、唯心论、逻辑学的研究与发展，深刻地影响了后来许多哲学家的思维方式。在文学艺术方面，《伊利亚特》和《奥德赛》两部史诗作品对于特洛伊战争、英雄奥德赛的描述成为西方文学艺术的灵感源头。古希腊悲剧的兴起与繁荣将宗教文化因素融于其中，《被缚的普罗米修斯》《俄狄浦斯王》等著名剧作成为戏剧史上不朽的经典。除此之外，古希腊建筑与雕刻艺术塑造出栩栩如生的人物形象，人体的美感与力量散发着无穷的魅力，对于运动员形象的各种塑造反映出体育运动之流行。

古希腊由多个独立城邦组成，城邦之间的共同利益使得古希腊在抵御入侵时能够团结一致。因地处沿海地带，希腊人与其他民族展开频繁交往。基于各地对不同神灵的崇拜，建造起了象征一统希腊的帕特农神庙，成为古希腊重要的政治、经济、文化交流中心。

希腊神话的出现对于古希腊文化的形成起了关键作用。神话传说中对世界起源、生物来源的想象形成了早期人们对世界的认知与观念。希腊神话认为世界起初是一片混沌，女神盖亚的出现让天地得以分开，后来她创造出天神乌拉诺斯与12名提坦神，希腊神话描写了他们守护天地日月、世间万物的故事。神的形态与人无异，于建筑、雕塑、纪念碑上重现众神的形象是古希腊罗马艺术的基本形式。

古罗马位于意大利半岛，中心是罗马城。古罗马文化承接了古希腊文化，同时吸收借鉴了伊达拉里亚文化与东方文化以及周边地区的传统文化，成为古代文明的重要部分之一。同时，在罗马帝国发源的基督教影响了整个欧洲乃至西方世界的文化基调。

罗马帝国的民族战斗精神不仅让罗马城里的角斗场成为最能代表罗马文化的标志物，而且使得罗马在公元100年前后征服了地中海沿岸大部分国家。随着古希腊的衰落，古罗马在西方文化艺术上的成就逐渐凸显。古罗马艺术极大地承接了古希腊艺术的风格与内涵，并在此基础上添加了自身的刚强粗犷的特点，展示出罗马帝国的强大与气势，如气势磅礴的凯旋门、角斗场等建筑。古罗马文化中对于文字使用相较于古希腊更加严谨，世界观更加符合现实。

在文学方面，古罗马的诗歌艺术与古希腊差异较大，既包含讽刺，又饱含深情。维吉尔、贺拉斯、奥维德等诗人代表了当时诗歌的最高成就。古罗马人深受征战影响，其出众的文学作品也与战争有关，比如《埃涅阿斯纪》《高卢战记》等，描写了罗马人征战沙场、领军拓土的故事。

在历史研究方面，古罗马撰写罗马史时，由政治家、作家加图开启了使用拉丁文的先河。在史实记录上，史学家波里比阿撰写的43卷《通史》，主要叙述了布匿战争以及罗马在地中海东部所进行的征服。阿庇安的《罗马史》也是一部重要的罗马历史记载作品。①

二、基督教文化

基督教文化诞生于罗马帝国社会经济危机的阶段，这段危机不仅关系

① 陈建宪：《文化学教程（第二版）》，155页，武汉，华中师范大学出版社，2011。

到穷人，也影响了富人。当时处于奴隶制社会的罗马，出现了统治阶级极度享乐、奴隶被过度使用的情况，伴随而来的是传统宗教与信仰的崩塌，神秘主义逐渐盛行开来。传统的诸神已经无法指引罗马人摆脱生活困境，新的价值观必须建立。基督教出现之前，上帝救世的传说早在古埃及、古巴比伦流传。希腊化时期哲学家斐洛将犹太教与希腊宗教相结合，把犹太教中的神灵耶和华改造抽象为至高无上的精神原初，赋予其美好、幸福、智慧的象征，因此他被称为“基督教真正的父亲”。后来，有“基督教的亚父”之称的塞涅卡关于人人精神平等的论断对基督教文化有着深刻的影响。不少哲学家在演讲与著作中谈及基督教的救世观念。基督教成员最初由无家可归者与受压迫者组成，他们在基督教中寻求生存的希望。逐渐地，基督教徒因为互帮互助而吸引了大量成员加入，基督教文化也得以慢慢壮大和完善。

基督教奉耶稣基督为救世主，其中包含了天主教、新教等教派。《圣经》中记载，耶稣是上帝的独生子，为拯救世人来到人间，信耶稣则可被拯救。公元1世纪，基督教诞生于罗马帝国统治的巴勒斯坦地区，借鉴了犹太教的部分思想，很快独立于犹太教。因为其信仰与仪式迅速得到人民的认可，基督教成为一门独立的宗教。基督教的创世思想认为世界发源于某种神秘物质，认为上帝从无之中创造了世界，上帝是至高无上的；强调世界的中心是人而不是物质，就算是神，也要凭借人的肉身和形象来到人间管理和拯救世界。

基督教文化重视道德伦理，拥有完整的价值观体系，在各个方面指导着人的生活，并告知人应有的良知与责任，教徒在祈祷活动中感受耶稣对他们的道德指引。基督教的主要道德价值标准是上帝。上帝代表了爱与平等，所有尊敬、崇拜他的民族平等互爱。《马太福音》第五章中说：“虚心的人有福了，因为天国是他们的。哀恸的人有福了，因为他们必得安慰。温柔的人有福了，因为他们必承受地土。……”充分体现出了基督教的道德本质。基督教的道德积极性在于不仅要改造个人，更要改造整个社会，因此传教、传福音书被基督教徒视为己任，救赎是人存在的目的。每个人为了救赎自己、救赎他人、救赎社会，必须完善自己的精神，成为敬爱上帝的子民，不断纠正自己的错误，战胜错误的欲望和罪恶。

基督教与艺术长期的矛盾关系形成了独特的基督教艺术。基督教艺术作品的内涵与思想倾向必须符合基督教的基本原则与世界观。在鉴赏基督教艺术作品时，要考虑该作品在基督教崇拜体系中的位置。从广义上讲，基督教艺术表达了宗教思想，意在指引人们信奉上帝并恪守宗教戒律——如教堂建筑；从狭义上讲，基督教艺术须在宗教崇拜活动中具备一定功能，并且被列入宗教崇拜体系——如唱圣歌。基督教自诞生至今已有两千余年，在漫长的宗教历史中，形成了丰富的艺术类型，对欧洲乃至西方各民族的艺术发展产生了极大影响，救赎思想也成为西方文化繁衍生息的精神基础之一。

三、玛雅文化

公元前1500年左右，玛雅人就已经在中美洲地区（如今的危地马拉、洪都拉斯、萨尔瓦多、尤卡坦半岛等地区）繁衍生息，并创造了玛雅文化。玛雅人属于印第安人中的一个分支，他们的语言属于印第安语系玛雅-基切语族。玛雅人的居住范围东临加勒比海，南靠太平洋，西临墨西哥中部，北边与墨西哥湾相接，占地32.5万平方千米。

玛雅人主要从事农业生产，培育出了世界上最早的玉米，并且是土豆、棉花、番茄、可可等农作物最早的培育者之一。由于农业与祭祀密切相关，因此玛雅人为了观测分析天象，建设了美洲最早的天文观察台，建立了精确的太阳历法。玛雅人将一年定为365天，一年18个月，一月20天，年末五天为“禁忌日”。每四年一闰，增加一天。玛雅历法的精确程度足以说明玛雅文化极为发达。除此之外，玛雅人还创造了其他三种不同的历法。

古代玛雅人创造的象形文字从3世纪使用到17世纪，玛雅是美洲唯一留下文字记载的土著民族。玛雅象形文字形状为方形，一部分是音符，一部分是意符，与古代东方文字发展水平相近，目前所知的玛雅象形文字约有850个。玛雅文字的作品后来大多被西班牙传教士销毁，留存至今的4部作品也十分残缺。玛雅文字多用于石刻，记录了玛雅文明的历史与宗教。

古代玛雅的建筑以大量的神庙金字塔为代表，用来祭祀神灵和朝拜，和宫殿、广场共同象征着玛雅宗教的神圣。目前仍保存有80多个主要的玛雅遗迹、大量石头建筑遗址供世人瞻仰。神庙金字塔用泥土建成，表面垒以石块，用石板或泥土建成梯道，塔顶平台有庙宇，整座建筑上配以精美的浮雕。从外观上看，玛雅的神庙金字塔与古埃及的金字塔有些许相似，但是从建筑的意义和用途上看，两者有本质的区别。神庙金字塔带有明显的宗教色彩和政治意味，塔顶上的庙宇仅供统治者祈祷。目前发现的最大的神庙金字塔建筑群位于提欧提瓦的宗教中心，始建于公元前 3 世纪，包括太阳金字塔、月亮金字塔、城堡金字塔等。

玛雅艺术在西班牙人入侵后遭到损毁，曾经辉煌的玛雅文化中独特的艺术内容与其历法和文字一样先进。1946 年于墨西哥南部发现的“波南帕克巨幅壁画”是玛雅艺术的代表作，更是世界文化艺术的瑰宝。壁画创作时期约为公元 8 世纪，壁画画于一座神庙内，一共三个房间。壁画内容包含了游行队伍、战争场面、舞会等，反映了玛雅社会的风俗习惯，记录了当时的历史。玛雅神庙墙上和陶器上时常可见各种彩绘，从这些彩绘中可以看出玛雅人在公元前就已经掌握了较高的绘画与构图技巧。雕刻也是玛雅艺术中的代表形式，玛雅人擅长人像雕刻，在玛雅热带雨林中的纪念人像群十分壮观。玛雅人信奉多神教。除了人像外，玛雅人会将信奉的神灵如羽蛇神雕刻在大大小小的神庙金字塔和石碑上。

四、古埃及文化

古埃及文明诞生于约公元前 5000 年。古埃及位于尼罗河第一瀑布至地中海之间的地带。根据地理位置的不同，古埃及被划分为两个区域，从开罗至南部谷地的区域被称为上埃及，尼罗河三角洲附近区域为下埃及。古埃及是世界上第一个国家，政权稳定，人民完全服从统治。

说起古埃及的文化，不得不说古埃及的统治者与人民心中的神的结合体——法老。法老有至高无上的权力，是活着的太阳神。在古埃及，人民对法老的崇拜、信奉、神化的程度令人难以想象和理解。人们会去专门的寺庙为法老献祭。同时，人们将对法老的敬意雕塑在石头上，如举世闻名的狮身人面像、阿蒙霍特普三世的塑像等，象征着法老的伟大。古埃及的主神是太阳神拉。古埃及的每个城市都专门供奉几位神祇，如死神（也称冥王）奥西里斯、天空之神努特、战神赛特等。

古埃及人对神祇的信仰和崇拜使得他们不相信死亡，认为死亡不代表结束，相信人在死后会进入永生空间，因此建造了代表古埃及文明的建筑——金字塔，作为法老逝世后的住所。金字塔只为法老和名门望族修建，普通人无法享受进入金字塔永久居住的待遇，说明了古埃及社会中的不平等。金字塔是古埃及文化与精神文明的完美体现，其中包含着现代科学才可以解释的数学和科技原理，是世界古代文明中的奇迹。金字塔的阶梯形结构让人感觉可以沿着它走上去通往天空。埃及最大的金字塔胡夫金字塔高约 146.5 米，塔底面积 52906 平方米，每面长 230 米，共用巨石 230 万块，平均每块重约 2.5 吨。该金字塔的搭建没有使用泥灰，完全叠砌上去，缝隙密合，坚固无比。①凭借当时的劳动力水平，需要数十万奴隶用数十年时间搭建。金字塔屹立几千年不倒，可见当时的建筑技术是十分值得当代学者不断研究和探索的。

古埃及在文学、科学、建筑艺术、历法、数学等方面取得了不小的成就。在埃及的古王国时代就已经有了歌谣、诗歌等文学形式，多用于金字塔、墓碑的祷文和碑铭。埃及的文学在中王国时期达到鼎盛，这一时期创作的童话故事反映了农夫的世界观。古埃及的神话不仅影响了本国的宗教崇拜，同时流传到古希腊和古罗马，极大地影响了他们后来的文化、宗教的形成和发展。古埃及的科学成就主要用于祭祀礼仪服务，祭司是科学的庇护者。加减法、求基本图形的面积、求基本立体图形的体积等数学知识在当时已被广泛用于实践。在历法上，古埃及将每年尼罗河水泛滥之时定为新年伊始，按照河水涨落与庄稼生长将一年划为 3 个季节，一季 4 个月，一月 30 天，一年 360 天。埃及神庙建筑线条简单，以彩绘为主，保存至今的寺庙和陵寝十分完整。写满象形文字的石碑高耸入云，竖立在神庙与宫殿前面，也是古埃及建筑的代表。

五、美索不达米亚文化

美索不达米亚文化也称作古代两河流域文化，位于西亚的底格里斯河和幼发拉底河两河的中下游地区，这里被称作美索不达米亚平原。在这片土地上，经历了更迭迅速的多个时代：苏美尔、阿卡得、巴比伦、亚述、伊朗等。因此多种民族文化不断交替取代，同时在文化的交融中为人类文明做出了重要的贡献。

世界上最古老的文字出自苏美尔人之手，诞生于两河流域。这种文字刻在泥板上，起源于图画，形状像木楔，被称为“楔形文字”。这种文字用图画的形式来表达内容，既不是字母文字也不是音节文字，但其中包含大量多音节词汇，许多音节可单独表示某事物，因此后来发展成为一种音节文字。之后，楔形文字由巴比伦人传承，在贸易中传遍了西亚大陆。学者们在很长一段时间内认为楔形文字与其他语言没有任何共同之处，因此无法解释这个民族的起源。但是现在可以断定，苏美尔人的语言与古埃及

① 陈建宪：《文化学教程（第二版）》，150 页，武汉，华中师范大学出版社，2011。

人的语言都属于闪含语系。①

约公元前2000年，苏美尔人就制定了法典，后被巴比伦王汉谟拉比编纂为著名的《汉谟拉比法典》。这部法典是世界上第一部相当完备的法典，对当时的奴隶制关系、租佃雇佣关系、商业高利贷关系、家庭婚姻关系和财产继承关系做了详细的法律规定，共282条，其详细、严明的程度在古代法典中十分罕见。

古代两河流域的建筑物主要用砖建造，气势宏伟，经常绘以特殊的装饰图案。最能代表两河流域建筑文化的是空中花园。花园建于新巴比伦王国时期，共有7层，每层用石柱支撑，每一层都种满了各种花草，中间伴有潺潺溪水，如同人间仙境，被誉为古代世界七大奇迹之一。苏美尔王朝与阿卡得王朝时期修建了大量宫殿、寺庙、陵墓等，以纪念性建筑为主。

苏美尔人在数学和天文方面取得了巨大成就。他们已经观测出了太阳的运动轨迹，区分了恒星与行星，将1年分为12个月，1月分为4周；将圆周分为360度，发明了数学上的60进制计数方法，学会了计算不规则的土地面积。之后，巴比伦人继承了苏美尔-阿卡得的文化，区分出了黄道上的12星座，画出了黄道宫。

宗教信仰对美索不达米亚平原上的人民影响深刻，体现在他们的文学创作中。宗教传说、神话、宗教思想等在文学中得到演绎。苏美尔的民间口头文学涉及农业生产的习俗与美索不达米亚人民的价值观。其中的动物形象、寓言等都关系到原始社会的图腾崇拜。巴比伦文学中的史诗与神话故事内容相关，大多讲述世界的起源与创造的故事。

六、阿拉伯与伊斯兰教文化

阿拉伯文化是指西亚与北非地区的阿拉伯民族创造的文化，伊斯兰教是其中最典型的代表。7世纪初，伊斯兰教诞生于阿拉伯半岛，它结合了犹太教、基督教与阿拉伯民族的宗教。伊斯兰教的创立标志着阿拉伯半岛的氏族部落社会过渡到封建社会，意识形态得到了根本性的变革。

伊斯兰在阿拉伯语中的意思为“顺服”，即顺服真主安拉的旨意。伊斯兰教在中国也曾被称为回教、清真教等。伊斯兰教与基督教、佛教并称为世界三大宗教。伊斯兰教以《古兰经》和《圣训》为宗教经典，信仰安拉并认可他是唯一的神。安拉主宰世间万物与人的一切，因此穆斯林相信

① 吴克礼：《文化学教程》，129页，上海，上海外语教育出版社，2002。

“前定”思想。

阿拉伯文化发展的鼎盛时期是阿拔斯王朝，当时进行了将近200年的大规模翻译运动，这不仅是阿拉伯文化发展的里程碑，也是世界文化史上的重要节点。在这个运动中，亚里士多德的逻辑学著作、欧几里得的《几何学原理》等西方经典科学论著以及印度、波斯的文学作品等被译为阿拉伯语，其中一些著作正是因为保存了阿拉伯译本才得以流传。

阿拉伯文学的发展历经了四个时期。第一个时期是贾希里亚时期，也称蒙昧时期，产生于伊斯兰教诞生前100—150年。这一时期的“悬诗”打开了阿拉伯诗歌的大门。第二个时期是伊斯兰教初期和倭马亚王朝时期，此时的阿拉伯诗歌多与宗教和政治有关，大量的诗歌歌颂穆罕默德，或者歌颂统治者。这一时期，《古兰经》作为阿拉伯文学的精华问世，极大地影响了整个东方以及东非斯瓦希里语地区的文学。第三个时期是阿拔斯王朝时期，这一时期的文学由阿拔斯人主导，代表人物有穆太奈比，他的作品哲理性强，不少诗句被颂为经典。第四个时期是土耳其人统治时期，领土之争使得阿拉伯许多典籍遭到毁灭，阿拉伯文学在这一阶段也停止了发展。阿拉伯文学中的《一千零一夜》等小说流传至今，在世界范围内广受欢迎并产生深远影响。

清真寺作为阿拉伯建筑代表闻名世界，同时也是穆斯林宗教生活的中心与象征。清真寺在历史的发展中经历了不同的风格，也延续了一些共同的特点。清真寺最主要的特征是朝向麦加的正殿（礼拜堂），殿前有小间和水池供穆斯林在进行祈祷前小净。清真寺有三种类型：阿拉伯式、伊朗式、土耳其式。阿拉伯式清真寺呈正方形，平顶或圆顶，礼堂内有柱子支撑，院子较大；伊朗式清真寺是圆顶，礼堂内无柱子支撑，院子较小，有两个宣礼塔；土耳其式清真寺以萨马腊大清真寺为代表，流行于奥斯曼帝国时期，如今萨马腊大清真寺只剩下螺旋状的宣礼塔。

阿拉伯人重视观测天象，依靠星辰确定礼拜的方向和时间，促进了天文学和数学的研究。其中，代表人物花拉子密的《花拉子密天文表》《代数学》等一度成为世界研究天文和数学的范本与教程。花拉子密将印度的数字和计数法引入阿拉伯，后经人传入欧洲，欧洲将其称为阿拉伯数字，并演变成为世界各国通用至今的数字系统。

七、印度与佛教文化

公元前3000年，印度土著达罗毗荼人就已经建立了较为完备的古代城市，发展了繁荣的农业文化。印度文化发展至今，与当地的宗教信仰紧密相关。

古代印度最早的宗教诗歌与圣歌被雅利安人汇编成《吠陀》，它描写记录了雅利安人的文化。约公元前2000年，雅利安人的信仰演化成吠陀教。吠陀教崇拜的是各种神化的自然力和祖先以及英雄等，是一种多神教，后来逐渐向一神教转变，对之后形成的婆罗门教和印度教产生重要影响。

公元前6世纪，释迦牟尼（原名乔达摩·悉达多）创立了佛教，释迦牟尼的意思为释迦族的圣人，是信奉佛教的人对他的尊称。“佛”的意思为“先觉者”。佛对世间万物的同情与尊重、其遵循的道德标准逐渐得到印度人的认可与支持从而流行开来。目前，佛教在东亚及东南亚地区的多个国家广泛传播，信仰佛教、认可佛教的精神价值的人越来越多。佛教在汉朝时传入中国，再由中国向高丽、日本等地传播开来。

印度文化的价值基础在于“绝对精神”的概念，认为宇宙运行有序、世间存在着各种规律、任何事情都有解决的方法。印度文化重视轮回，所有的生命在三界六道里进行生死循环，永不停止。印度文化中另一个重要的价值是解脱，与佛教中“涅槃”的意思互通，指能够不再拘于业报轮回。

出土的文物可以证明，约公元前3000年的哈拉巴文化已十分繁荣。印度河河谷地区出土的哈拉巴文化的青铜与黄铜制品，多为劳动工具。出土的陶器和首饰工艺水准相当高。古代印度的艺术与宗教融合度较高，最为典型的就是佛教建筑和石窟艺术。佛殿和僧房内部有不少雕刻与壁画。最为著名的是南印度德干高原文达雅山上的阿旃陀石窟，有洞窟30所。

古代印度的文学以史诗《摩诃婆罗多》与《罗摩衍那》最为出名。两篇史诗以梵语写成，篇幅宏大，记录了古代印度社会的风俗与生活，歌颂神的伟大与无边的威力，带有强烈的哲学思考。

《吠陀》中记载了大量农业、医学、几何学等多种科学知识的内容。天文学和数学在古印度极受重视，古印度人发明了十进制与零。印度人在金属热加工、煅烧纯钙、蒸馏等技术方面做出了贡献。印度的科学发展不断与传统宗教思想抗争，逐渐突破宗教的意识形态去科学地认识自然世界。

第三节　文化的整合与多元化

一、文化的整合

本章第一节曾提及关于文化整合与本尼迪克特的文化模式论的相关问题，这一节重点介绍文化的整合。

整合一词起初是生物学与心理学领域的概念，后来通过新心理学派引入人类学、社会学和文化研究中。纵观世界文化的漫长发展与演变，各种文化保持着统一性和整体性。在文化的传播与变迁过程中，多种文化因素相融合，形成新的文化结构体系，这种过程就是文化的整合。

（一）文化整合的过程

文化在整合之前，必定经历过一定的文化冲突——两种或多种文化间不相容的部分发生对抗，文化模式规定的社会意识与价值观念等对不同于自己的文化模式产生排斥。文化模式之间的这种不相容性使得文化难以在两种模式内流畅传播，接收者产生了文化认同障碍，形成了文化冲突。

不同民族、地域、阶级、年龄的群体有着适合自己群体的文化模式，价值取向不同，会产生冲突，但是不同文化在长期的冲突与交流之中，或多或少会汲取他人文化的成分，尤其是自己不具备的某种特殊文化价值。如佛教与道教两种文化之间存在着排斥与冲突，但是在人生哲学、处世观等方面共享了一些价值因素，如佛教崇尚的与世无争与道教无为不争的观念相通。佛教在进入中国后对中国人的世界观产生了巨大的影响，甚至改变了许多地区的风俗习惯。由此可以看出，佛教在中国的发展中与道教产生了交融，中国的佛教已经与印度的佛教大不相同，这正是文化整合的结果。

文化对环境的适应使得价值体系不同的文化从互相排斥、涵化，到彼此修正、融合。文化为适应新环境和社会需要，需要和其他文化共同生存，因此不同的文化整合成新的文化体系。整合不是几种文化的简单相加，而是文化体系之间互相吸收、协调，有机结合成一种独立的新文化。整合形成的新文化结合了不同文化的特质，削弱甚至摒弃了不符合当时社会环境所需的部分。人在文化整合过程中的作用是将符合自己认知的文化观念和内容运用到生活生产等社会实践中，不符合自己认知的部分则被淘汰。例如，先秦诸子百家争鸣，儒家与道家文化在争鸣中相互吸收，直至宋朝，理学的形成就兼顾了儒、道、佛三者的思想成果。新文化的产生意味着文化的发展进入了新的阶段。通过文化的整合，文化体系之间的矛盾得以有机解决，新的矛盾统一体在新的阶段中继续向前运动。

可见，整合是文化的重要机制，它使得文化的移植、变迁与发展得以实现，展现了人类的创造力。每个民族的文化都是在传播与交流中不断累积的成果。通过融合进入文化体系的文化特质，必定会被改造来适应新的文化环境。这种对文化特质不断摄取、修正、涵化的动力就是整合，整合使得文化内部要素趋于和谐。

文化整合的过程是动态的，是逐步走向均衡、不断综合化的过程。整合不可能一蹴而就，也不会停止，只要人类继续存在，文化就会继续传播、冲突、融合。

（二）文化整合的形式

关于文化整合的形式，学术界有多种观点，这里我们主要了解一下当前较权威的观点，即美国《社会科学国际百科全书》中提到的文化整合的六种形式：[①]

第一，构型整合或主题整合，由本尼迪克特提出。本尼迪克特通过分析北美印第安人的守护神灵观念发现每种文化都有一种主题与主导观念，她认为文化是各个行为要素的构型，具有整体性。各种文化吸收外来文化要素时会潜移默化或有意识地根据这种主题与主导观念进行选择，并将新的文化要素与原有内容相组合。行为模式相同、所有文化要素的意义相一致是整合的前提。

第二，联系整合，指文化各部分直接连接。结构松散的文化不稳定，经常表现出以自我为中心的特点；文化各部分之间高水平的连接则说明了生活方式的持久性。

第三，逻辑整合，指文化的各部分倾向于互相对抗和冲突的整合形式。这种整合形式保持了逻辑上的连贯性，主要用于考察生存信仰与规范系统的整合，注重人的理性意识。

第四，适应整合和功能整合。这一形式是指一切习俗、制度在满足需要、适应环境的前提下整合。功能主义学派与文化适应论者认为，文化各部分的一致性体现在社会习俗中，而不能纯粹地从理性角度撮合矛盾中的文化。

① 转引自郭齐勇：《文化学概论》，278—279页，武汉，武汉大学出版社，2014。

第五，风格整合，指以满意的方式真实地表达经验的美学动机的整合形式。这种形式的整合注重自发性与创造性，通常与艺术相关，要求艺术形式与社会思想、政治和经济行为、科学和哲学的风格一致。

第六，调节整合，指文化中各个部分通过整合机制来直接消除可能导致崩溃的社会冲突的形式。

一个国家与民族文化整合的程度代表了它的文化生命力，文化体系整合的文化特质越多、整合能力越强，就越富有生命力。没有整合能力的文化体系会因难以承受其他文化的冲击与历史挫折而加速灭亡，如古巴比伦文化、亚述文化等，因环境的限制难以与其他文化进行交流与整合，最终走向了灭亡。相反，如中国文化与印度文化，经历了几千年的变迁与发展，融合接纳了各种外来民族文化特质，因此至今仍散发着无限的文化生命力。文化的整合使得文化体系不断得到更新，吸收各方营养，越来越强大。

二、文化的多元化

世界文化从多个源头发源，朝着多个方向发展。无论中国文化还是世界文化，每一刻都是动态变化的。

人们习惯于将世界文化划分为几个系统，如伊斯兰教文化系统（中东、阿拉伯半岛、北非等地）、基督教文化系统（欧洲、美洲、大洋洲等地）以及东南亚文化、中国文化等。这样的划分显然不足以涵盖世界范围内的所有文化，也无法概括世界文化的多元性。比如，美洲内部的文化就有明显差异，北美与南美的生活方式、社会价值观念与政治、经济等方面的表现极为不同；中国内部各民族之间的文化也各具特色。俗话说“千里不同风，百里不同俗”，正是对文化多元性的通俗描述。

以中国古代文化为例，文化发展达到高峰的标志是异说兴盛、百家争鸣，多元文化共存使得文化之间的交流更加密切和频繁。在先秦时期，我国的文化已呈现出多元的特点。蒙文通教授在《古史甄微》中提出了齐鲁、秦晋、荆楚三支文化之说，还有些学者将华夏文化划分出了邹鲁、燕齐、吴越、巴蜀等文化分支。司马迁的《史记·货殖列传》中记载了全国各地的自然条件以及物产、人口、风俗、人的性格等诸多人文特点、差异和来往关系。此后关于我国南北方文化差异以及南北方文化交流与融合等问题一直是人们谈论的焦点。

在当代社会，文化的多元化已是必然趋势。在坚持主流文化的前提下发展多元文化、允许多元文化共生共荣是中国乃至世界文化发展的理想状态。

文化多元化主要有四个特点：

第一，多元共存。各种文化之间没有高低贵贱之分，应当拥有平等的生存地位和发展空间，和平共处，共同繁荣。这是文化多元化的基本特征，也是文化发展的内在规律与要求。在当今全球化的背景下，一种文化选择另一种文化中可借鉴的部分，通过文化整合，提高文化多元化的可能性。每种文化都有其优势所在，有其他文化能够学习吸收、取长补短的优秀文化因素。如今，世界各文化之间已形成了一种相互依赖的共生关系。

第二，和而不同。世界上的不同文化之间应是和谐共处又各具特色的，在彼此不同的情况下求同存异，共同成长。每个民族的核心的价值观念是民族文化的实质和精神支柱。越是民族的，就越是世界的。没有任何文化比其他文化更优秀，也不能将自己的文化标准强加于他者。

第三，融合创新。融合的观念代表着有机的结合，而不是机械的相加。每种文化都有选择的权力和主动性，在文化交流中互相融合，吸纳其他文化中的精华为己所用，不断让本民族的文化更加先进和强大。某种文化想要在如今全球化竞争激烈的条件下持续获得生存的动力，就必须从外界吸收营养，不断创新，接受考验与挑战。

第四，长期稳定。每个民族的文化在人类的实践中形成，适应各自的生存环境，具有一定的价值体系。民族的文化是一个民族共同创造的，并随着民族的发展而不断发展。因此，多元的文化经历了长期的形成发展阶段，并且影响着民族的习俗、信仰、生活方式、价值观念，具有稳定性。①

多元文化是民族和国家的重要资源，文化多元化的意义在于：第一，有利于增强文化生命力，有利于不同事物的聚合，取长补短，产生创新。第二，有利于维护文化生态平衡。人类留下的每一种文化经历了历史的沉淀，凝聚了人类的智慧，保护文化中的特性部分就是保护文化的多样性。第三，文化多元化是反对文化霸权主义的软实力。一些西方发达国家强行的文化植入就是一种文化霸权，他们努力创造世界文化一元化；非西方国家不断加强文化自信与文化自觉，抵御文化霸权主义。第四，有助于化解民族冲突。世界追求和平，民族追求平等，各方和睦共处、互相理解和尊

① 张红霞：《论文化多元化的特点、实质和意义》，《国外社会科学》，2010（4），84—85 页。

重是处理国际与民族间关系的理想目标。①

马克思主义重视世界历史文化发展的统一性，同时又注重其具体表现形态的多样性。马克思和恩格斯认为，世界历史文化的发展在不同国家和民族有不同的特点，对文化的考察要比对自然的考察复杂得多。在历史上，文化出现重复的情况很少，研究文化要从历史发展的事实和人类社会生活的方方面面去考察，寻找各民族文化存在与发展的特定规律。与此同时，世界上的国家和区域不是绝对独立分离的，尤其在全球化的形势下，民族文化走向世界已是必然趋势。目前，我国处于社会主义初级阶段，在物质与精神有一个统一基础的条件下，从辩证的角度发展多元文化已成为必然趋势。树立多样统一的文化观有助于我们融合如今大量涌入国内的外来文化，有助于打破文化偏见，以开放的视野赋予中国文化源源不断的生命力。

① 张红霞：《论文化多元化的特点、实质和意义》，《国外社会科学》，2010（4），86—87页。

第六章 近现代文化研究与文化学（上）

近代以来，社会文化问题日益成为学术研究的焦点。大约18世纪开始，逐渐成熟的与新诞生的一些人文学科如人类学和文化人类学、历史哲学、社会学、心理学、文学艺术理论（批评）等，充任了文化研究的重要角色。人文社会科学的许多学科或学派先后投入了大量精力从事文化研究，去探索文化的发生、发展规律和模式。不仅如此，随着西方的文化研究日益深入，一些学者开始提倡建立一门以文化为研究对象的学科——文化学。德国学者率先提出了“文化科学”与“文化学”的概念。1838年，列维·皮格亨开始主张和呼吁建立专门的文化学学科。在开展系统全面的文化研究时，他第一次使用了文化科学一词。而文化学一词则出现在C.E.克莱姆于1843年出版的《普通文化史》和1854年出版的《普通文化学》中。20世纪是西方文化研究的重要时代，文化研究涉及的学科更加广泛，并且不断产生新的学派和观点。而构建文化学学科的思路也于20世纪中叶成熟起来，许多学者在综合以往研究成果的基础上，倾其毕生心血去尝试建设文化学学科。

在我国，关于文化问题的大讨论始于新文化运动前后的东西方文化论战、科学与玄学论战以及全盘西化与本位文化论战的过程中。[①] 20世纪50年代到80年代，国内先后出现的与文化及文化史相关的论著多达上百种，黄文山、陈序经等人推出了一系列文化学论著，而梁漱溟、钱穆、冯友兰等国学大师则从文化哲学的视角出发对文化理论展开研究。文化研究的另一个高潮发生在党的十一届三中全会后，思想领域和学术界的束缚减少，文化研究吸引了不少学者参与其中，成果丰富起来，极大地推动了我国文化研究的发展。随后，文化学学科的构建问题也进入了议事日程。

近现代文化研究具有多学科、多学派的特点，因此具备了生成一门综

① 叶志坚：《文化学发展轨迹研究》，1页，北京，民族出版社，2004。

合性极强的文化学学科的学术条件。文化学的产生既是人文社会科学的许多学科、学派的文化研究的必然结果，也是对众多文化研究成果的总结和系统的综合与提升。由此看出，文化学与人文社会科学的许多学科、学派的文化研究有着血肉相连的亲缘关系。因此，在文化学研究中，对于多学科、多学派的文化研究成果的阐述、分析和梳理是非常必要的。限于篇幅，本章只选取近现代历史上研究文化问题的或对文化研究有直接影响的一部分学派或经典理论进行阐述。

第一节　文化人类学中的文化研究

文化学形成的主要途径之一是人类学和文化人类学，甚至在某种程度上可以说，文化学脱胎于文化人类学。但是，文化学毕竟不同于文化人类学：文化学关注的更多是文化与人、与社会的关系。

关于人类学，爱德华·泰勒曾将其定义为研究“人与其文明”的科学，而马林诺夫斯基则定义为研究“人与其文化”在不同的水平线上发展的科学。最初，人类学仅是对原始社会的研究，随着这一学科的发展，人类学研究领域已经扩展到现代社会内部，并且尝试采用整体性方式对社会文化现象进行描述。

人类学根据其研究的侧重点不同又可以分成体质人类学、文化人类学等学科。19世纪，由于西方开始进行大规模海外殖民运动和传教活动，欧洲文化开始与亚洲、非洲以及美洲文化发生紧密接触，这一过程使得文化人类学理论不断完善。早期的文化人类学探究尚未开化的民族的独特风俗及宗教信仰，探究其综合的社会文化面貌。早期文化人类学的代表人物有巴斯登、拉策尔等。19世纪后半叶进化论学派成为文化人类学的主流，其代表人物有爱德华·泰勒、摩尔根和斯宾塞等。

文化人类学包括众多学派，如古典进化学派、功能学派、历史学派、结构主义学派等等，这些学派大多是站在人类学的视角对落后部落、未开化民族和原始文化的发生与发展展开研究的。[①] 直到20世纪，文化人类学的研究领域深入到了农业社会时代、工业社会时代以及当代社会的文化生活中。

---

① 叶志坚：《文化学发展轨迹研究》，1页，北京，民族出版社，2004。

一、泰勒的文化思想

英国人类学家爱德华·泰勒（E. B. Tylor，1832—1917）是古典进化学派的创始人之一。他在对美洲和欧洲部分地区的民族文化资料进行系统性研究后，于 1865 年出版了《人类早期历史和文明发展研究》，这本著作也是他早期文化进化理论的代表作。而 1871 年《原始文化》一书的出版则直接奠定了其作为文化研究领域鼻祖的地位。泰勒对文化学的一个重要贡献就是对“文化”下了一个经典的定义：“文化，或文明，就其广泛的民族学意义来说，是包括全部的知识、信仰、艺术、道德、法律、风俗以及作为社会成员的人所掌握和接受的任何其他的才能和习惯的复合体。”① 他把文化学的研究单位定位到各种精神及物质文化因子，文化则是精神与物质文化因子之和，是一个整体。对文化的界定显示出泰勒多元化地考察文化的思维方式，让我们可以从规范、价值、信仰和表意象征符号各个角度来把握文化。② 泰勒之后从事文化研究的学者在涉及文化概念时，都会或多或少地引用与借鉴泰勒对文化的界定。

泰勒在研究文化演化理论方面与其他古典进化论者的理论方法基本一致，但他又并没完全停留在当时以“文化进化”为主流的研究观点当中，反而概括性地指出，文化演化的过程不全是进步，也可能有退化。③ 泰勒对文化进化过程的研究充分体现出其兼具灵活性与整体性的理论思维模式。泰勒在其《原始文化》一书中曾提到他的研究思想，即：“为了完成纯理论民族学的伟大任务，对产生文化现象的原因和支配这些现象的规律进行研究，必须首先尽可能系统地研究文化在各方面的发展路线图。”④ 也就是在研究某一民族或群体的文化时，要先对其发展的历史进行了解。

在对文化概念进行考察时，泰勒努力地与人自身进行联系，研究人类的心理。在从事人类学研究过程中，泰勒一直专注于原始宗教问题研究，以便充分阐释原始人类内在的精神特质。他对原始人类的心灵世界有很独到与深入的研究，并在研究了原始宗教的发展过程后提出了“万物有灵

① ［英］爱德华·泰勒著，连树声译：《原始文化》，1 页，上海，上海文艺出版社，1992。

② 叶志坚：《文化学发展轨迹研究》，47 页，北京，民族出版社，2004。

③ 叶志坚：《文化学发展轨迹研究》，48 页，北京，民族出版社，2004。

④ ［英］爱德华·泰勒著，连树声译：《原始文化》，20 页，上海，上海文艺出版社，1992。

论”的宗教起源学说。他认为，“万物有灵论”是宗教的最初形式，是全部宗教史的基础。[①] 他运用民族志材料提出的宗教起源学说的划时代意义和影响力即使在今天也不容小觑。

在研究方法方面，泰勒开创性地借用了过去只有在自然科学研究中才会使用的理论方法。在其《原始文化》一书中，他把人类学定位成研究文化的科学，他对文化现象采用自然科学方式加以研究的主张被后代文化学研究者公认为具有里程碑式意义。在他的推动下，文化残存法、文化比较法以及统计法都被后人直接用于文化研究当中。这些方法中的文化残存法是由泰勒首创的，“文化残存”是指即使一部分特定的条件消失也会在某一个时间段内有此类文化现象继续存在。文化比较法被用于文化学研究的时间可以追溯到更早，泰勒将其系统化并加以推广。泰勒对世界各地大量的民族志材料都用文化比较法进行过研究，他提出人类文化具有相似性，认为不同文化之间的差异并不大、不同地区的人类进化轨迹高度相似。泰勒采用民族志资料进行跨文化比较的研究方法夯实了后世文化学研究的理论基础。泰勒对文化现象进行统计学分析，实现了文化研究的科学化，M. 哈里斯将泰勒视为在文化研究过程中运用统计学的开创者。

事实上，泰勒在整个西方文化学史上影响非常大。因为他在原始社会精神方面的研究极具开创性，他从原始宗教出发，对原始人类精神世界加以考察，这种研究思路对后世无数的文化研究者具有深刻的指导意义。并且，泰勒论述了其关于文化学的理论和研究方法，文化学因为泰勒的相关研究也开始向世人展现出一个基本的轮廓。美中不足的是，泰勒的文化观并未脱离时代的局限性，将人类的精神因素看作是文化演化的唯一动因，使他始终未能走出文化发展单一因素论的困扰。但是，其文化学说在后人不断丰富与完善之下到达了新的理论高度。

二、摩尔根的文化思想

L. H. 摩尔根（Lewis Henry Morgan，1818—1881）是美国人类学家、原始社会史学家。摩尔根最具代表性的著作是 1877 年出版的《古代社会》，该书极大地推动了文化进化理论的发展。书中提到的有关文明起源与进化的科学论述，其详尽与具体程度可谓前无古人，同时也对后世文化学研究者提供了重要的理论指导与参考意义。摩尔根与泰勒二人同属于古

① 叶志坚：《文化学发展轨迹研究》，51 页，北京，民族出版社，2004。

典进化学派，代表着两个不同的理论方向：泰勒的研究重点是原始人类精神文化，是以原始宗教作为研究的切入点，对人类深层心灵世界的进化路径进行梳理；摩尔根则是以原始人类的物质文化和社会组织为研究重点，从研究原始婚姻关系和家庭制度入手，对人类社会制度发展的规律性进行深度探讨。摩尔根对原始社会结构进行的四个层面的剖析构成了其理论体系的核心，其中蕴含着丰富的文化学思想。在摩尔根的整个学术研究生涯当中，他为了复原史前人类社会的进化史，坚持不懈地致力于构造原始社会结构图式。

摩尔根在进行人类学研究过程中与文化学有关的思想主要是以下四点：第一，摩尔根在对原始社会进行整体透视后，提出了区分人类社会进化阶段的标志，并指出："人类经历蒙昧阶段的时间比此后的全部经历还要长，而文明阶段所占据的时间不过是人类历史的一小片段，这一结论在人类学上是极端重要的。"[①] "人类在蒙昧阶段的进步，就其对人类整个进步过程的关系而言，要大于此后野蛮阶段三期中的进步；同样，人类在整个野蛮阶段所取得的进步要大于其后整个文明阶段的进步。"[②] 摩尔根还坚持认为在人类社会的发展过程当中，人类社会的发展程度和人类的生活状况是由生存技术即物质文化的发展决定的。《古代社会》上册中曾有"顺序相承的各种生存技术每隔一段长时间就出现一次革新，它们对人类的生活状况必然产生很大的影响"[③] 的论述。第二，摩尔根在分析了原始社会的社会组织后将人类的社会制度分为原始社会的"社会组织"氏族和晚出的"政治组织"国家，并指出氏族社会的基础是血缘关系，而晚期的国家则是以地域和财产为基础。第三，摩尔根将原始人类的观念形态归结为政治观念、家族观念、财产观念以及宗教观念四种初始观念。他在《古代社会》一书中提到："政治观念、家族观念、财产观念的发展，都表现出人类的进步，我的目的是想沿着这些进步的线索并通过人类顺序相承的各个文化阶段，提出一些证据。"[④] 第四，摩尔根在分析了原始社会的家族制度

① ［美］路易斯·亨利·摩尔根著，杨东莼、马雍、马巨译：《古代社会》（上册），35页，北京，商务印书馆，1977。

② ［美］路易斯·亨利·摩尔根著，杨东莼、马雍、马巨译：《古代社会》（上册），34页，北京，商务印书馆，1977。

③ ［美］路易斯·亨利·摩尔根著，杨东莼、马雍、马巨译：《古代社会》（上册），8页，北京，商务印书馆，1977。

④ ［美］路易斯·亨利·摩尔根著，杨东莼、马雍、马巨译：《古代社会》（上册），6页，北京，商务印书馆，1977。

后，把家庭在人类历史上的发展过程分为血缘家庭、伙婚制家庭、偶婚制家庭、父权制家庭以及专偶制家庭五个阶段。

摩尔根的理论大致有两个特征：一是对原始社会的内部结构是从社会组织、物质文化和制度文化三个方面展开剖析的；二是讲求社会和文化发展的整体性、规律性，社会形态、社会组织、家庭形式、物质文化以及制度文化各层面同步发展。在学术史上，摩尔根第一次用近代文化理论去科学地研究古代社会（原始社会）的结构体系，并全面建立了属于自己的理论框架，使古典进化学派成为完整意义上的文化学体系中的有机组成部分。因此，他对文化学史的发展做出了巨大贡献。①

文化研究从古典进化学派开始逐步形成了较为完整的学说。无论理论架构还是思维方式，古典进化学派都能以独立的学科姿态对复杂的文化现象进行系统的把握。这一学派在文化学史上的奠基者的地位，是由其本身对文化学学科发展的贡献所决定的。

三、文化功能学派的文化思想

文化人类学不断发展、影响力不断扩大的同时其学术分支也开始增多。1922 年，英国学者马林诺夫斯基的《西太平洋上的航海者》和拉德克利夫-布朗的《安达曼岛人》的发表标志着文化功能学派的创立。

（一）马林诺夫斯基的文化思想

马林诺夫斯基（Bronislaw Kaspar Malinowski，1884—1942）是波兰裔英国人，文化功能学派的创始人之一。他受客观因素和家庭环境的双重影响，拥有深厚语言学功底，精通七国语言，这为他从事人类学田野调查提供了语言学基础。马林诺夫斯基在其人类学研究生涯中先后发表了《西太平洋上的航海者》《文化论》《巫术、科学与宗教》等一系列人类学著作，由此奠定了他在人类学研究领域的崇高的学术地位。

在人类学早期的发展过程中，大多数的研究者都采用通过查阅已有的文件资料进行研究的方式，因此被后辈称为“扶手椅里的人类学家”。直到 20 世纪初，一批人类学者开始意识到过去那种传统的研究方式已经无法满足现实的研究需求，他们必须走出书斋，走向田野。与此同时，刚到大学任教的马林诺夫斯基作为 20 世纪初才进入人类学研究领域的后辈参与了远赴太平洋的冒险之旅。也正是这段为期 6 个月的田野工作让马林诺夫斯

① 叶志坚：《文化学发展轨迹研究》，62 页，北京，民族出版社，2004。

基充分意识到田野调查对人类学研究的重要意义，并基于此次经历开创了全新的人类学田野研究模式。马林诺夫斯基的这一创举极大地推动了人类学的现代性转变，为其人类学功能主义理论的提出提供了有效的研究方法。

作为人类学领域功能主义学派的主要创始人之一，马林诺夫斯基早期认为构成文化的因素之间存在着相互的联系与影响，而各个因素在保持均衡过程中形成的统一整体就是文化。在把文化的功能与满足营养、生殖等功能进行联系研究后，马林诺夫斯基又提出人类为了满足衣、食、住和生殖等生理需求而创造出了人类的环境，并在这一过程中派生出包括政治、经济、法律以及教育等各项制度和知识、宗教、艺术等各个部门，它们一起构成了文化这一整体。

同时，马林诺夫斯基对文化的研究还采用了更为科学的方法：一是沿着社会共同功能的脉络进行研究；二是对文化内部把文化组织起来的“制度”加以研究。①

其文化功能主义理论主要表现在两个方面：第一，文化是人类活动的某种有组织的静态和稳定的体系，组成这种体系的各个文化要素具有一定的功能，而且文化要素之间的关系也受文化功能关系定律的支配和控制。在文化的手段性功能上他创造性地提出了“文化迫力”的观点，即文化的产生使每个人联结为有组织的团体，要求每个人必须遵守法律和秩序，必须学习和服从社会的传统，从而使文化无止境地延续和发展，这就是“文化的手段迫力”。②

第二，组成文化的各个基本因素也都具有一定的功能，这些因素“一定都在活动着，发生作用，而且是有效的”③。譬如，风俗习惯、宗教信仰等能够起到调整社会成员行为的功能，乱伦和族内婚的禁忌则可以维持社区、家庭趋于稳定。此外，马林诺夫斯基还指出，同一种文化因素有时还兼具多种功能，如家庭就不只是一种生殖的制度。有了教育，文化可以在家庭中延续。同时家庭也是一个经济的、法律的有时甚至还是一个宗教的单位。由于人类的基本需要时常联结在一起，因而家庭就具备了生殖、教育、法律、宗教等多种不同的功能。

---

① 王祖望：《马林诺夫斯基的生平和学说》，《国外社会科学》，1980（6），59页。

② 杨玉好：《马林诺夫斯基文化思想简论》，《烟台大学学报（哲学社会科学版）》，1989（3），78页。

③ ［英］马林诺夫斯基著，费孝通等译：《文化论》，14页，北京，中国民间文艺出版社，1987。

当然，马林诺夫斯基的文化功能理论也并非全部都是可取的。他把人类社会文化看成一个稳定不变的系统，偏重于文化结构的横向分析和研究，缺乏对人类文化发展、进化和变异的基本规律的纵向的把握和探索，这是其思想认识的局限。①

（二）拉德克利夫-布朗的文化思想

A. R. 拉德克利夫-布朗（Alfred R. Radcliffe-Brown，1881—1955）也是文化功能学派的重要代表，其主要著作有《安达曼岛人》《澳大利亚各部落的社会组织》《原始社会的结构与功能》《社会人类学方法》等。

拉德克利夫-布朗认为，文化是一定的社会群体或社会阶级在与他人的接触交往中习得的思想、感觉和活动的方式，文化是人们在相互交往中获得知识、技能、体验、观念、信仰和情操的过程。他强调，文化只有在社会结构发挥功能时才能显现出来，如果离开社会结构体系就观察不到文化。例如，父与子、买者与卖者、统治者与被统治者的关系，只有在他们交往时才能显示出一定的文化。很显然，拉德克利夫-布朗把社会文化看成是由各个部分在功能上整合的系统，其结构功能理论重在分析社会结构的各个部分，以及这些部分在维持社会平衡和社会秩序方面的功能。与马林诺夫斯基不同的是，他认为文化是在社会层次上而不是在个人需求层次上发挥功能的。

以马林诺夫斯基和拉德克利夫-布朗为代表的文化功能学派推动着英国的人类学学科向前发展，并在第二次世界大战前给整个欧美学术界带来了深刻的影响，使得结构功能的观点成为英国文化人类学的一个传统。

四、结构主义学派的文化思想

文化人类学的另一个学派是结构主义学派，是由法国人类学家列维-斯特劳斯开创的。列维-斯特劳斯（Claude Levi-Strauss，1908—2009）是法国的哲学家、人类学家，其主要研究领域是人类亲属关系、古代神话以及原始人类思维本质等；他将语言学家索绪尔的结构语言学研究纳入自己的神话研究当中，从而形成了自己独特的结构主义神话学。1934 年列维-斯特劳斯到巴西圣保罗大学社会学系任教，正式进入人类学的研究领域，并于 1955 年出版了《忧郁的热带》一书，在随后的研究生涯中先后出版

① 杨玉好：《马林诺夫斯基文化思想简论》，《烟台大学学报（哲学社会科学版）》，1989（3），79 页。

了《亲属关系的基本结构》、《结构人类学》（第一卷）以及《图腾制度》等一系列人类学著作。在广泛吸收社会学与人类学传统的基础上，列维-斯特劳斯开创了人类学研究领域一个重要的分支——结构主义学派。

结构主义学派把各种文化看作不同的系统，认为可以根据它们之间不同成分的结构关系展开分析。在列维-斯特劳斯的理论中，文化系统的普遍模式被归结为人类思想中恒定结构的产物，人类的思想被视为自然物质的贮存库，从中选出的成分不同决定其思想结构的不同。列维-斯特劳斯的结构主义思想主要体现为两个方面，即亲属关系结构和神话结构。在分析亲属关系名称和亲属关系系统时，列维-斯特劳斯提出其基本结构包括父子、夫妻、兄妹以及舅甥四种关系类型，而剩余的所有亲属系统都是基于此而建立起的。他还强调，在分析亲属关系结构时，必须以人类意识为分析重点，切勿以客观的血统联系或者亲族关系为关注重点。

而在神话结构方面，按照列维-斯特劳斯的观点，世界各地都保留着大量的神话故事，而这些故事的情节及主题几乎没有本质区别，这说明神话本身是一个自足的符号系统，它可以在自身的结构中派生出不同的具体的神话。在对神话的结构进行分析时，列维-斯特劳斯将神话分成一个个小的片段，将这些片段按照预先设计好的顺序排列成表，并解释表中所体现的结构关系及其意义。在他看来，神话的功能主要是要解决原始人要克服的主要矛盾，或者说是调和或治理自然与文化世界中存在的对立。

五、美国历史人类学学派的文化思想

19 世纪末期的西方社会流行“欧洲中心说”和“白人种族优越论”等学术观点，而此时的美国以博厄斯及其学生为主的历史人类学学派兴起，并被认为是美国的第一个人类学思想流派。

博厄斯（Franz Boas，1858—1942）是美国人类学的奠基人，被尊为美国现代人类学之父。其文化人类学思想主要体现为历史特殊论和文化区域理论。博厄斯认为，人类学的一般任务是研究全部社会生活现象的总和，每一个民族都有自己的文化，每一种文化都是各个社会和民族独特的产物。这种观点继续发展的结果必定产生文化相对论。博厄斯拒绝承认传统的权威，文化相对论正是在他反对“欧洲中心主义”和“白人种族优越论”的基础上产生的，他也因此成为反对种族主义者。在《原始人的心智》一书中，博厄斯运用实证材料、严密而科学的逻辑论证，有力地批驳了白种人生来就在智力上比其他人种优越的谬论。

文化区域理论是博厄斯学说体系中的另一个概念，用于对不同地域的不同文化群体的考察。博厄斯认为，传播在文化发展过程中要比独立发明更为普遍。他的文化区域理论与德奥传播学派的文化圈学说相似又有区别。文化区域理论要求在一个共同单位区域内，强调文化的密集成批性。为了对文化区域理论进行较为深入的探讨，博厄斯还提出了“文化中心”和“文化边缘”的概念。

在博厄斯的带领下，美国的人类学研究领域相继出现了玛格丽特·米德和露丝·本尼迪克特等具有重要影响力的女性人类学家，并对全世界的现代人类学的发展起到了巨大的推动作用。

玛格丽特·米德（Margaret Mead，1901—1978）曾担任过美国人类学会主席。她一生著述颇丰，共撰写了44部专著，发表了1000多篇文章，此外还制作了43部音像作品。她的主要著作有《萨摩亚人的成年》《新几内亚儿童的成长》《原始人的合作与竞争》《文化进化的连续性》《文化与承诺》等。其中最著名的是她的第一部著作《萨摩亚人的成年》，该书问世不久便引起人类学界的轰动，长期以来作为大学人类学课程的教科书。米德先后提出了文化决定论、三喻文化理论与代沟理论。

本尼迪克特（Ruth Benedict，1887—1948）是美国著名的文化人类学家，她提出的文化模式理论成为后来文化研究的一个重要理论基础。她的文化模式理论是在博厄斯的文化相对论和弗洛伊德的精神分析方法的基础上形成的心理人类学理论，讲求人自身的内心对文化形成的作用，承认文化的多样性、差异性和平等性。其实，文化模式的研究始于博厄斯，他指出文化模式是一个特定的文化丛、一个由文化特质组成的文化统一体，而要对文化模式进行研究必须先对文化特质进行研究。本尼迪克特在积极吸收了老师博厄斯的思想理论精髓后，把文化模式理解为一种心理和价值的趋向，认为文化模式表现的是特定民族的心理和思维方式，是一个综合的文化有机体。在1934年出版的《文化模式》一书中，她认为：“个体生活的历史中，首要的就是对他所属的那个社群传统上手把手传下来的那些模式和准则的适应。……到他长大成人并能参加该文化的活动时，社群的习惯便已是他的习惯，社群的信仰便已是他的信仰，社群的戒律亦已是他的戒律。”[①] 可见文化模式对人类发展走向的重要影响。

---

① ［美］露丝·本尼迪克特著，王炜等译：《文化模式》，5页，北京，三联书店，1988。

除了以上学者外，美国文化人类学家中对文化学学科建设做出重大贡献的还有莱斯利·怀特、克罗伯和克拉克洪，前文多有阐述（见第一、二章），此处从略。

第二节　欧洲文化传播学派的文化研究

一、欧洲文化传播学派的形成

在欧洲，早期文化人类学中的文化进化学派与文化传播学派共同组成了较为完整的文化理论体系。文化进化论的学术思想形成更早并且具有一定的影响力，文化传播学派则是作为其对立的学说出现，其产生的原因可大致归结为以下两点：

首先，文化传播学派的形成与资本主义社会的发展密切相关。19世纪末，资本主义国家先后进入帝国主义时代，他们怕殖民地国家或民族独立与进步，因此，帝国主义者们希望把资本主义文化直接移植到殖民地，以便奴化殖民地人民的文化与思想。这种客观需求为文化传播学派的产生与发展提供了前提。

其次，文化传播学派的形成是文化学自身发展的必然产物。与古典文化进化学派通过时间轴展开的纵向文化研究相比，文化传播学派不再关注文化进化阶段的高低之别，而是更注重对文化的横向空间探索，尝试归结不同文化间冲突与联系和文化迁移与借用的程度。这一研究侧重点的转变弥补了古典文化进化学派理论的欠缺，二者的研究成果共同构成了时间与空间的横纵坐标系，文化进化学派在文化学理论研究领域的主导地位也开始发生动摇。

真正意义上的文化传播学派形成于20世纪初，这里的“传播”在文化研究领域是指人类文化或社会中的物质文化和习得行为从起源社会散播到其他社会。[①] 这一学派的理论观点最早由德国学者拉策尔提出并在弗罗贝纽斯、施密特等人的进一步研究推广下发展开来。传播论的主要观点认为，无论哪一种文化现象都只会是在一个特定的地点一次形成的，然后再以该地点为起源地形成由中心向四周的传播，且在传播过程中无法再造，当几种文化综合体彼此融合时才会产生新文化。所以，可以说人类的文化

① 叶志坚：《文化学发展轨迹研究》，66页，北京，民族出版社，2004。

史就是文化综合体在地球上移动、传播的历史。[1] 总体来看，文化传播学派的理论观点分为文化圈理论和极端传播论两大分支。

二、德奥传播学派的文化思想

德奥传播学派的创始人是拉策尔（Friedrich Ratzel，1844—1904），他于1886年至1904年在德国莱比锡大学任教，在此期间主要从事人地关系、人类迁徙以及文化借鉴等方面的研究，代表作有《人类的历史》《人类地理学》《政治地理学》《美国政治地理》等。在文化研究方面，拉策尔的主要成就是提出了两个观点：一是依据地理条件，描绘出人类的地面分布与文化发展关系的总图景；[2] 二是认为人类迁徙导致文化传播，民族迁徙使得与该民族相关联的文化财富迅速移植。同时，拉策尔还率先将实证研究法引入文化传播研究当中。其局限性在于归一论，即认为文化中心是唯一的，不同民族不同形态的文化都是源自这个文化中心的不同交流。

莱奥·弗罗贝纽斯（Leo Frobenius，1873—1938）是德国文化人类学家，继承和发展了拉策尔的思想。他的主要代表作有1898年出版的《非洲文化的起源》以及1933年出版的《非洲文化史》等。他在文化研究方面的主要贡献是：一是第一次提出"文化圈"概念。在《非洲文化起源》中弗罗贝纽斯将刚果河流域的下几内亚河和上几内亚河沿岸划分为"西非文化圈"。[3] 二是认为文化的本质是一个机体。"每一种文化都是作为一种活生生的机体在发展，因此，它经历着诞生、童年、成年和老年等各个时期，最后，归于死亡。"[4] 三是提出"文化形态学"，这是弗罗贝纽斯文化学说体系中的基干部分；并通过文化传播与生物学研究方法结合的方式，在其理论体系中划分出"文化解剖学"和"文化生理学"等门类。四是他第一次非常广泛和真正系统地提出了绘制文化地图的方法，《非洲文化的起源》一书所附的一套地图时至今日仍具有重要的研究价值。总之，弗罗贝纽斯为文化传播学派的发展奠定了理论基础。

弗里茨·格雷布内尔（Fritz Graebner，1877—1934）是德国著名的文

---

① 叶志坚：《文化学发展轨迹研究》，66页，北京，民族出版社，2004。

② 叶志坚：《文化学发展轨迹研究》，67—68页，北京，民族出版社，2004。

③ 叶志坚：《文化学发展轨迹研究》，69页，北京，民族出版社，2004。

④ ［苏］C.A.托卡列夫著，汤方正译：《外国民族学史》，143页，北京，中国社会科学出版社，1983。

化传播论者，也是文化传播学派中最重要的人物，其代表论著有 1905 年发表的《大洋洲的文化圈和文化层》、1909 年发表的《美拉尼西亚的弧形文化及其亲属关系》和分别于 1911 年、1925 年出版的《民族学方法论》与《原始人的世界观》。他在文化研究方面的主要贡献在于：一是第一次对“文化圈”和“文化层”进行系统的理论与方法性论述，并对全球文化圈的文化因素和文化层进行了具体划分。二是提出判定“文化亲缘关系”的“形式标准”与“数量标准”。他在《民族学方法论》中分别就这两个标准进行了阐述，形式标准即对象的形式相同，而数量标准是指多种文化特征的相似。他曾肯定地说，人类的发明创造能力不足以两次独立创造出同样的东西，只有传播才会使得不同地方出现同一种事物。

三、英国传播学派的文化思想

英国传播学派是文化传播理论学派的两大分支之一。随着该学派理论的不断发展，尤其是经过诸如威廉·里弗斯、埃利奥特·史密斯以及威廉·詹姆斯·佩里等人的发展后，形成了“极端传播论”。

英国人类学家威廉·里弗斯（William H. Rivers，1864—1922）是早期英国传播学派的代表人物，在进行心理学研究之后转向文化研究。其主要代表作有 1906 年出版的《托达人》和 1914 年出版的《美拉尼西亚社会史》。他早期坚持文化进化论的学术观点，直到对美拉尼西亚社会进行深入观察后，他发现了文化进化论的不足，从而开始转向文化传播论，这些观点主要体现在对大洋洲各民族的风俗文化的研究上。

英国人类学家、考古学家埃利奥特·史密斯作为里弗斯的追随者，受里弗斯邀请到埃及从事文化人类学研究。主要著作有《古埃及人》《早期文化之迁徙》《文化的传播》等。在埃及一段时间后，他提出了极端传播论，认为文明是由人类创造的，但并非每个民族都具有创造文明的内在冲动。[1] 并且他极端地认为古埃及是世界文明的源头，其他各地的文明都来自古埃及的对外传播。也正因为如此，他的理论被称为“泛埃及主义”。

里弗斯的学生威廉·詹姆斯·佩里直接继承了史密斯的理论，认为古代文化的代表就是埃及文化，并且坚称世界其他民族文化的提高都是通过吸收某些人从高级文化中带来的事物。很明显当代的科学研究已经证实这一观点是错误的。自 20 世纪 20 年代开始，极端文化传播学说因其理论之

① 叶志坚：《文化学发展轨迹研究》，79 页，北京，民族出版社，2004。

间的联系极其牵强，逐渐没落并衰亡。

第三节 历史哲学中的文化研究

人们对历史理论全面而系统的想法和观点就是历史哲学。黑格尔在《世界史哲学讲演录》中提到对历史思想的考察就是历史哲学。而历史又是一种文化现象，人类各个时代能够串联不仅仅是由于时间更是因为文化存在。19世纪以前的旧史学偏重于记载军事和政治，而19世纪下半叶以来的新史学则主要研究整个人类文化的发展。文化与时间一起赋予了人类历史独特的内涵。同时，作为一种历史现象，文化又是人类长期以来通过社会实践而积累下的产物；在历史的发展过程中，文化内容才向世人缓缓地展示出其全貌。所以，可以说文化学的发展离不开历史哲学，文化学研究需要历史哲学为其提供丰富的思想内容和具体的材料。西方的历史学者们的传统研究领域包括对文化的研究与探讨以及书写文化史。意大利哲学家维柯、德国哲学与历史学家赫尔德以及法国启蒙思想家伏尔泰等早在18世纪就开始对历史哲学展开相关研究，伏尔泰也被公认为“文化史之父”。事实上，人们后来发现维柯关于文化学思想的阐述要早于伏尔泰。此外，19世纪晚期至20世纪中叶，德国哲学家对人文科学问题极其关注，狄尔泰和新康德主义哲学代表文德尔班、李凯尔特、卡西尔等，从历史哲学、文化价值与符号论出发，将人文科学与自然科学区分开来，探寻人文科学的独立的研究方法，对于后来文化学的构建起到了重要作用。

一、维柯的历史哲学与文化思想

意大利近代社会科学的开创者詹巴蒂斯塔·维柯（Giambattista Vico，1668—1744）的代表作是具有哲学与社会科学总论性质的《新科学》一书。维柯并不认为文化是由神创造的，而是坚信文化是通过人类活动体现的。维柯在对一些原始民族的起源进行研究时发现，这些原始民族的历史全部是源自神话故事。他通过分析这些神话故事来剖析人类早期的历史。他将《荷马史诗》看作是希腊原始民族的历史，是希腊人民对本民族历史的书写，并认为荷马其实就是希腊各族人民。而之所以原始人能够书写自身的历史，靠的就是维柯在《新科学》一书中提到的“诗性智慧”。这一概念是维柯阐释其美学、历史学以及文化学思想时用到的基本概念。在希腊文中“诗”与“创造”同义，“诗人”就是创造者，是具有创造性也就是诗性智慧的人。“诗性智慧”是维柯进行文化研究的理论出发点。

在《新科学》中，维柯把人类历史看作有规律的发展过程。他认为历史的进程是社会各个方面相互联系与作用的有机过程，而人类的共同性就是历史发展规律的基础，各民族的文化当中“应有一种通用于一切民族的心头语言，以一致的方式去掌握在人类社会生活中行得通的那些制度的实质，并且按照这些制度在各方面表现出的许多不同的变化形态，把它们的实质表达出来”①。维柯的文化思想体系中还涉及了集体心理的论点。他认为，某一个时代或者群体的社会生活常常是由不同时代形成的集体心理及其变化所左右的，并且人类历史与文化的演变就是由这些集体心理共同决定的。维柯的集体心理学说也为文化研究提供了一种重要的理论方法。但是当时人们的理解能力与时代精神的包容范围还远远无法理解和接受他的“诗性智慧”以及“集体心理”等理论，因此他注定淹没在时代的无知中，直到德国哲学家赫尔德在18世纪末才将其重新展现在世人眼前。

二、赫尔德历史哲学中的文化思想

赫尔德（Johann Gottfried Herder，1744—1803）是德国著名的历史学家和哲学家，他继承并发扬了维柯的文化学思想，在其论著《人类历史哲学观念》一书中，就历史哲学视角较为详尽地阐述了他的文化学思想。

赫尔德视人类历史为文化史，他从文化的视角来考察历史，这种研究方法充分体现在他的《人类历史哲学观念》一书中。在此书中他对人类文化在14世纪以前的发展历程进行了考察与分析，得出了亚洲起源的观点。他反对欧洲中心说。同时他认为文化积累与时代继承是人类社会向前发展的重要推动力。赫尔德把人类历史看作是由“诗的时代”“散文时代”“哲学时代”组成的发展过程。此外他还认为人性是多样性的，正是人性的不同使得我们生活的世界具有各种各样的文化形式。

简言之，赫尔德将文化看作是历史研究的对象之一，他认同维柯的“将人类各个时代串联起来的不仅仅是时间更是文化”的大胆假设。赫尔德的历史哲学思想缺乏整体性，研究的深度还不够，但他在文化研究方面的独特方法以及开阔的文化视角，都给文化研究开辟了新的天地。

三、伏尔泰的历史哲学与文化思想

伏尔泰是18世纪法国伟大的思想家、启蒙运动的领袖。伏尔泰本名

① ［意］维柯著，朱光潜译：《新科学》（下册），109页，北京，商务印书馆，1997。

弗朗索瓦-马利·阿鲁埃（François-Marie Arouet，1694—1778），伏尔泰是他的笔名。由于伏尔泰的研究领域几乎遍及所有人文社科领域，并且都颇有建树，所以欧洲知识界称其为“无冕之王”。

历史哲学一词最早是由伏尔泰提出的。[①] 在西方思想史发展过程中，兴起于18世纪的历史哲学被认为是归纳探讨历史发展规律、探索历史的认知方法与性质的理论。伏尔泰提出了历史哲学的基本思路，并运用于史学研究中。他的史学研究包含着丰富的文化思想，其研究成就主要体现在以下几个方面：第一，伏尔泰改变了希罗多德、修昔底德等古希腊历史学家确立的历史编纂以政治、军事史为主要内容的传统，其历史学著作《路易十四时代》仅用了不到一半的篇幅来记载相关的政治和军事，极大地拓宽了历史研究的宽度。同时他还是第一个将文化史引入历史学研究范畴的学者，开创了西方文化史研究的先例。虽然在他的书中，很少见到“文化”“文明”二词，但是他的史学研究代表作品《风俗论》为后人进行文化史研究提供了范例。伏尔泰在《风俗论》中对撰写文化史的重要性进行了阐述，其思想影响力之大使得人们称之为“文化史之父”。第二，伏尔泰以人类精神为文化史观的总纲，并在其史学论著中加以体现。《路易十四时代》一书开篇就指明：“本书拟叙述的，不仅是路易十四的一生，作者提出一个更加宏伟的目标。作者企图进行尝试，不为后代叙述某个个人的行动功业，而向他们描绘有史以来最开明的时代的人们的精神面貌。”[②] 这本书深深地影响了此后历史学者研究历史的文化视野。第三，在研究人类历史发展过程时，伏尔泰率先引入了比较研究的方法，提出了“任何民族都无权嘲笑另一民族”[③] 的观点。第四，伏尔泰冲破“西欧中心论”的束缚，对人类历史具有独到见解，通过对人类历史的整体考察，伏尔泰强调了各民族历史发展的统一性。

四、狄尔泰与新康德主义的文化思想

威廉·狄尔泰（Wilhelm Dilthey，1833—1911）是德国哲学家、精神

---

① ［英］柯林武德著，何兆武、张文杰译：《历史的观念》，27页，北京，商务印书馆，1997。

② ［法］伏尔泰著，吴模信、沈怀洁、梁守锵译：《路易十四时代》，5页，北京，商务印书馆，1982。

③ ［法］伏尔泰著，梁守锵译：《风俗论》（上册），132页，北京，商务印书馆，1995。

哲学的奠基人。其主要著作有《精神科学导论》《诗人的想象力》《体验与文学》《黑格尔青年时代的历史》《论德国的文学和音乐》《施莱尔马赫的一生》等。

狄尔泰的学术贡献主要有三个方面：一是他继尼采之后讨论生命问题，并与齐美尔、柏格森、威廉·詹姆斯等在与古典哲学论战中造成了20世纪哲学的转向；二是他提出的“历史理性批判”的历史哲学观具有重要价值；三是他提出了精神科学的独立方法论。

狄尔泰标榜历史主义（或历史的相对主义），以“体验”（erilebnis）这一概念作为理解历史的关键，即历史是要从主体内部加以认识的。为巩固历史主义基础，狄尔泰研究了历史哲学。他仿效康德，认为在确定科学知识之前须有理性批评，以作为巩固科学知识的根据。据此，他将历史哲学研究称为“历史理性批判”。由此狄尔泰开辟了现代新历史主义，主张历史与史学之自动性与独立性，主张在历史过程中分析和研究人类社会之事——将生命与历史合并起来。狄尔泰倡导“历史意识”，试图树立史学独立的方法逻辑，拒绝科学与哲学对历史的干涉。他的历史哲学与旧的不同，他并不研究历史发展的原则、规则，而注意对历史知识本身种种问题（性质、方法）的检讨。[①]

狄尔泰的历史哲学思想与精神科学的独立方法论是联系在一起的。在《精神科学导论》一书中，他区别了精神科学与自然科学的研究方法的不同（德国人所谓精神科学包括人文科学与社会科学，由狄尔泰提出）。他认为，精神科学并不是为了寻找预先假定存在的真实性或规律，而是用描述、判断或规定等理论工具研究人的活动中的价值或意图。

狄尔泰也强调经验在形成认识中的重要作用，但与英国经验主义及实证主义不同，他将经验当作生活和历史的产物，更加强调经验的“体验”意涵。通过经验，精神科学与生活本身相连；生活因此不但是人的活动平台，也是认识目的。无论研究人的活动还是活动的效用，人并不是某个普遍法则或规律的产物，人是在其活动中内在地创造了历史和人的生活。狄尔泰所理解的历史并不是简单的时间维度，而是人与时间维度产生的联系，包括人的活动及其背后的价值和意图。

在狄尔泰看来，自然科学所采用的实验或实证方法并不适用于精神科

① 张文杰：《20世纪西方分析或批判的历史哲学》，《史学月刊》，2007（9），85—86页。

学，后者也呼唤一种更能顾及人的主观性的科学方法。人的心理因素因此成为精神科学研究中不可忽视的部分。人不是完美的理性机器，不能将精神科学的科学性建立在对感性机制及其功能的否定上。无论在实践中还是在科学研究中，“移情”能力使人可以内化外部的实践并联系自我和他者，使观察者得以把握现象中的价值和意图，实现精神科学研究的目的。

狄尔泰所提出的精神科学概念从本体和认识两个方面强调了价值和意图在人的活动中的重要性，既反对在研究人和人的生活时采用自然科学的客观性研究，也反对形而上学的主观性研究。这给后来的思想家们提供了一种新的文化研究的视角。[①]

狄尔泰的历史哲学后来被新康德主义哲学家们进一步加以发挥。自19世纪60年代开始，德国兴起了新康德主义哲学。在这一哲学思潮中，以威廉·文德尔班（Wilhelm Windelband，1848—1915）、亨利希·李凯尔特（Heinrich Rickert，1863—1936）为代表的西南学派倡导历史哲学的价值论，而在马堡学派中有恩斯特·卡西尔（Ernst Cassirer，1874—1945）提出以文化符号为基础的文化哲学论。这些对于后来的文化研究和文化学学科构建都起到了积极的作用。

新康德主义最重要的贡献是进一步明确了人文科学研究的方法，并演变成为一种不同于传统思辨哲学的思维方式。新康德主义认为，由于自然科学与历史（文化）科学的研究对象不同，因此在研究过程中应采取不同的方法。在自然科学的研究中，思维是从个别事物的特殊关系中进行经验的概括和总结，进而掌握一般的关系；而在历史和文化研究中，思维则始终关注着特殊的个体事物。自然科学思想主要是倾向于抽象，相反历史思想主要是倾向于直观。这是对德国古典哲学的重大突破，是对传统哲学思维方式的颠覆。为了克服传统思辨哲学的普遍化、统一化、抽象化研究方法的缺陷，新康德主义者直接关注特殊性、个体性的存在。[②]

同时，新康德主义对文化哲学范式的生成起到了重要的推动作用，把道德的彼岸神性基础置换为此岸的自然人性基础，建构了新的价值哲学。[③]

文德尔班注重描述具备普遍意义的价值，即思想中的真理、意愿与行为中的善以及感觉中的美。他在原则上分清了历史与科学的界限。

李凯尔特追随文德尔班，试图把康德的先验哲学运用于社会历史领

---

① 王赟：《狄尔泰论“文化科学”》，《中国社会科学报》，2014-7-29。

② 刘振怡：《新康德主义与哲学研究的两种范式》，《中国社会科学报》，2013-1-7。

③ 刘振怡：《新康德主义与文化哲学范式的生成》，《求是学刊》，2016（3），8页。

域，他进一步发展了文德尔班的基本观点并使之系统化。李凯尔特的代表著作是《文化科学和自然科学》，书中强调人文科学同自然科学的差异，以历史为基础、以价值观为导向探讨了文化科学的划界问题。他认为自然科学和历史科学有着根本的区别，这种区别不在于研究对象不同，而在于认识兴趣和方法不同。自然科学的兴趣在于一般的东西，它所运用的是一般化的方法，以便形成普遍的规律；历史科学的兴趣在于个别的东西，运用的是个别化的方法，以便记述特殊的事件。自然科学中的个别东西可以被看作一般概念或普遍规律的特例，历史科学中的个别东西则绝不能这样理解。

他还进一步利用价值学说论证历史哲学。他认为，既然历史科学的任务在于记述个别的历史事件，那么历史学家就必须掌握一个标准——价值，用以筛选历史材料，把本质的东西挑选出来，把非本质的东西抛掉。李凯尔特力图在价值基础上构建历史认识论的逻辑结构。在他看来，有了这个先验的价值概念及与价值联系的原则，就不仅能够克服历史认识中主观性与客观性、个别性与普遍性的矛盾，克服相对主义，确立历史的客观性，而且能够解决历史的统一性和文化科学的系统性问题。

我们立足于文化学来审视上述观点，会认清一个事实：一方面各种类型的文化具有一定的普遍性，另一方面特定的历史文化现象具有个别性和特殊性；也就是说，在特定历史时期和特定地域条件下的文化现象是独特的和唯一的，因而才体现出其特有的价值和内涵。通过这一点可以看到，新康德主义者关于历史和文化的特殊性、个体性的观点，对于研究历史文化现象的特性及其价值问题具有特别重要的意义。

卡西尔的贡献是提出了一套系统的文化哲学理论。卡西尔不仅是新康德主义哲学的代表，还是美学家和文化哲学的创始人，主要著作有《自由与形式》《康德的生平与学说》《语言与神话》《符号形式的哲学》《人文科学的逻辑》《人论》等。

《符号形式的哲学》是卡西尔在文化哲学方面的重要著作。此外，他还撰写了系列论著进一步阐述、丰富其文化符号的哲学理论。他提出符号化的思维和符号化的行为是人类生活中最富于代表性的特征，"所有文化形式都是符号形式"。他从新康德主义出发，通过其符号形式的哲学，将康德的知识论视角和马堡学派对自然科学的关注扩展到文化哲学的层面。①

① 霍桂桓：《论文化哲学研究重新探讨卡西尔符号论的意义》，《学海》，2010（4），32页。

《人文科学的逻辑》探讨了人文科学的对象、自然与人文的不同感知方式、自然概念与人文概念的差异性、文化形式、文化价值与现代文化悲剧等重大问题，旨在从其符号形式的哲学出发解答人文与人文科学的可能性基础问题。《人文科学的逻辑》与稍后的《人论》（1944）一起构成卡西尔晚年文化哲学思考的代表性成果，也是现代西方文化哲学经典。在《人论》中，卡西尔提出了关于人的定义：人与其说是“理性的动物”，不如说是“符号的动物”，亦即能利用符号去创造文化的动物。他从空间和时间这两个最基本的范畴入手，着重论述了“符号功能”对人类生活的决定性作用，强调人与动物虽然生活在同一个物理世界之中，但人的符号世界是完全不同于动物的自然世界的。卡西尔强调以符号为基础的文化对于人类自身发展的重要性，并在全书结尾揭橥其主张：“作为一个整体的人类文化，可以被称之为人不断自我解放的历程。”[①]

综上所述可以看出，文德尔班的“描述性”原则、李凯尔特的“个别化”原则、卡西尔的文化符号理论，都力图把人文科学从自然科学方法压制下解放出来，恢复哲学的个体性价值关注和具体的历史存在境遇。这样就在哲学研究中引入人的历史领域的特殊性和个别性的描述，进一步拓宽了主体的认识视域，把价值世界纳入人的认知范围。

与传统的思辨哲学不同，新康德主义努力探寻一种以价值和意义为目的的人文科学范式。此后20世纪兴起的解释学、存在哲学和文化哲学都发端于此。毫无疑问，新康德主义是价值哲学和文化哲学的开创者。价值哲学、存在哲学、解释学和文化哲学探讨的是人和文化价值的普遍有效性，其本质是人类对自己生活于其中的文化环境的一种关怀。[②]

第四节　社会学中的文化研究

社会学是一门对人类社会进行总体性综合研究的社会科学。具体地说，社会学是把社会作为一个整体来研究社会各个组成部分及其相互关系，探讨社会的结构、功能、发生、发展及其规律的一门综合性的社会科学。社会学所研究的问题十分广泛。在研究内容上，社会学与文化学存在一定的内在联系，孔多塞、孔德、斯宾塞、迪尔凯姆等人的社会学理论中

---

① ［德］恩斯特·卡西尔著，甘阳译：《人论》，288页，上海，上海译文出版社，1985。

② 刘振怡：《新康德主义与哲学研究的两种范式》，《中国社会科学报》，2013-1-7。

包含着丰富的文化学思想。19 世纪到 20 世纪法国的社会学派迅速崛起，与德国和奥地利的弗洛伊德心理学派观点不同的是社会学派学者坚决反对任何把文化归结于个体因素的说法，而是坚持把文化现象首先看成群体现象，其主要研究对象是作为社会现象的文化现象。以下对社会学派代表人物著作中蕴含的文化学思想加以简要分析。

一、孔多塞的文化思想

孔多塞（Marquis de Condorcet，1743—1794）是法国著名的哲学家和社会学家，同时也是法国著名的革命家。作为启蒙运动的代表人物之一，他一生中最重要的代表作是在其辞世后出版的《人类精神进步史表纲要》，书中孔多塞总结了人类精神进步的相关规律，指出人类的历史是不断进步的历史，也是人类本身不断趋于完善的历史。

孔多塞有关文化学的思想主要体现在：（1）人类历史的进步是由人类理性、知识的进步所决定的。孔多塞在《人类精神进步史表纲要》中写道："毫无疑问，这种进步所经历的行程可能或快或慢；但是，只要大地在宇宙的体系中仍将占有同样的地位，只要这个宇宙体系的普遍规律不会在这个大地上产生一场整个的天翻地覆，或者产生那样一些变化，以致人类在其中不再能保存并运用他们的这些能力或者再也找不到同样的这些资质，那么这种进步就决不会倒退。"① 孔多塞认为历史是不断进步的，历史的进步就相当于人类理性的不断解放。人类自觉进步的意义在于扫除在下者的愚昧与偏见和在上者的专制主义与等级制度这两大阻碍人类历史前进的障碍，并且这二者都可以也应该经由政治的和知识的革命而被扫除。他相信自然科学方法就是可保证人类获得真理的方法，它不仅适用于自然科学研究，而且适用于社会科学研究。在他看来，探究自然界知识的方法和探究人类社会的道德和政治生活的方法是密切相通的，知识是统一的，有了全面的知识就可以驱除无知和迷信，从而就有人类文明的全面进步。（2）充分认可印刷术对人类社会发展的重要推动作用。孔多塞的《人类精神进步史表纲要》把印刷术的发明单列为一个时代，因为印刷术既可用来保存古籍，又可以促进文化的普及。他还认为，印刷术能够把人民的教育从一切政治和宗教的枷锁之下解放出来。孔多塞还多次举例说明 17、18

① ［法］孔多塞著，何兆武、何冰译：《人类精神进步史表纲要》，2—3 页，北京，三联书店，1998。

世纪的欧洲科学迅速发展都与印刷术有着直接的联系，同时印刷术还扩大了人们的交往和联系，促进思想自由，他把地理大发现、宗教改革运动视为印刷术发明结出的硕果。

二、早期马克思主义的社会文化思想

19世纪40年代在西欧诞生了马克思主义。卡尔·马克思（Karl H. Marx，1818—1883）和弗里德里希·恩格斯（Friedrich Engels，1820—1895）是马克思主义的创始人。他们的历史唯物主义思想无论在东方还是在西方都是影响极大的。20世纪的法兰克福学派的文化批判理论、葛兰西的文化霸权理论以及英国伯明翰学派的文化研究，都直接起源于马克思主义创始人的有关学说。

仅就文化研究来看，虽然他们没有留下系统完整的文化理论，但是他们在研究哲学、政治经济学和科学社会主义的过程中，论及文化产生的原因，说明了文化对经济发展的反作用，揭示了人类在什么阶段就有什么性质的文化，提出了共产主义的文化功能在于造就出自由而全面发展的人等重要思想。他们的文化思想是建立在唯物史观的基础之上的，他们对文化的理解是建立在生产力和生产关系、经济基础和上层建筑的相互关系的基础上的。他们从唯物主义的历史观出发来解释文化，从而揭示出各历史阶段的文化性质。

马克思、恩格斯研究过人类社会的全部历史，从人类社会劳动实践活动出发来考察文化发展的轨迹，科学地分析文化产生和发展的历史过程。马克思、恩格斯肯定过人类学家摩尔根的研究成果，并赞成摩尔根的文化分期法。摩尔根的文化分期法的主要依据是社会生产力的发展程度。恩格斯依据人类生产力发展水平来判断人类古代世界文化发展阶段，得出了与摩尔根相同的结论。[①]

马克思从其创立的“新唯物主义”或“实践的唯物主义”出发，将文化的本质定义为创造性的对象化活动。在《1844年经济学哲学手稿》中，马克思的新世界观理论虽然处在形成的过程中，但是其基本思想和基本观点已经奠定。尽管没有专门提到文化的概念，但在其劳动异化理论中，他对文化本质做了十分深刻和精练的阐述。[②]马克思认为，物质生产劳动创

① 陈飞龙：《关于马克思恩格斯的文化思想》，《文艺报》，2014-11-24。

② 左亚文：《马克思文化观的多维解读》，《学术研究》，2010（3），31页。

造了人化自然，创造了人的行动器官和思维器官，因而也创造了人的精神文化生产能力和主观世界。人类赖以形成精神文化世界的身心条件只能是漫长物质生产实践的结晶，人类生物进化、心智发展与物质生产劳动、社会实践具有一种历史发生学的因果关系。劳动、实践创造了人类一切文明因素。文化作为人类生活尤其是物质生活方式的精神综合和观念表征，其存在状态实际上取决于文化所表现对象的性质以及与此相应的文化自身的表现方式。[①] 马克思指出，“劳动只有作为社会的劳动”，或者说，“只有在社会中和通过社会”，“才能成为财富和文化的源泉”。[②] 在马克思看来，劳动不是哪一种超自然的创造力，它必受其社会关系所制约；换言之，劳动成为财富和文化的源泉，只有在人类社会错综复杂的关系中才能实现。[③]

在马克思的著作中，文化包含着社会发展特定阶段物质生活和精神生活的总体特征，具有丰富的物质生活的内涵；文化本身同样也是社会存在的一个组成部分，而且是举足轻重的组成部分。对于精神文化来说，“个人所产生的观念，或者是关于他们对自然界的关系的观念，或者是关于他们之间的关系的观念，或者是关于他们自身的状况的观念……这些观念都是他们的现实关系和活动、他们的生产、他们的交往、他们的社会组织和政治组织有意识的表现”[④]。可以说，文化是上层建筑，也是社会生活的基础之一，这是马克思文化思想留给后世的意味深长的启示。[⑤]

三、迪尔凯姆的社会文化思想

埃米尔·迪尔凯姆（Emile Durkheim，1858—1917）又译杜尔凯姆、涂尔干，是法国著名社会学家。在先后撰写了《社会劳动分工论》《社会学方法的规则》《自杀论：社会现象的研究》等著作后，1902 年迪尔凯姆在索邦大学成为法国第一位社会学教授。但此后迪尔凯姆的研究兴趣和工

① 胡潇：《“从地上升到天上”的文化学理式——马克思文化唯物论思想探赜》，《马克思主义研究》，2009（4），99 页。

② ［德］马克思：《哥达纲领批判》，《马克思恩格斯选集》第三卷，359 页，北京，人民出版社，2012。

③ 陆扬：《重读马克思：文化也是社会存在》，《杭州师范大学学报（社会科学版）》，2013（5），50 页。

④ ［德］马克思、恩格斯：《德意志意识形态》，《马克思恩格斯选集》第一卷，151 页，北京，人民出版社，2012。

⑤ 陆扬：《重读马克思：文化也是社会存在》，《杭州师范大学学报（社会科学版）》，2013（5），53 页。

作精力开始向文化人类学领域倾斜。1912年，迪尔凯姆完成了他的人类学著作《宗教生活的基本形式》。在其学术生涯早期，社会学是他的研究重点，至晚期才转到文化人类学，这种双重性使得迪尔凯姆的理论在文化人类学界和社会学界都产生很大的影响力。迪尔凯姆在文化学方面的造诣主要可以归结为"社会现象"理论、"集体意识"理论以及"宗教现象"理论三个部分。

"社会现象"理论是迪尔凯姆的理论基石，他认为社会现象是："所有'活动状态'，无论固定与否，只要是由外界的强制力作用于个人而使个人感受的；或者说，一种强制力，普遍存在于团体中，不仅有它独立于个人固有的存在性，而且作用于个人，使个人感受的现象，叫做社会现象。"① 这个定义也完全适用于文化，怀特就在其《文化科学》中将迪尔凯姆列为文化学的先驱。但迪尔凯姆的社会现象含义几乎包括了所有的文化现象，未单独区分社会和文化。社会现象理论集中体现了迪尔凯姆的一个最基本的观念，即社会绝不是个体的总和，它是一个特殊的现实。在迪尔凯姆看来，文化就是一种客观存在的社会现象，并且不可用个体的心理现象来解释。

对于文化人类学来说，迪尔凯姆学说中最重要的部分是"集体意识"理论。在对个人与社会二者关系进行研究后，迪尔凯姆提出了集体意识理论，并得到法国社会学派成员的广泛引用。对集体意识或集体观念，迪尔凯姆做了较为详细的论述。第一，他认为个人意识与集体意识是相互结合、相互渗透的。"社会是由各个个人结合而形成的，但是由这种结合所形成的系统却表现出一种特殊的情况，具有本身特有的性质。没有个人意识当然就没有集体意识。……个人意识在通过互相结合，相互渗透，相互融合以后，形成了一种新的集体意识。"② 这种集体意识具有世代相承的性质。"在个人之外，存在着一个由集体的行为和思维所组成的实体，个人在每时每刻都与之相适应。这些集体的思维和行为方式按它们自身的权力而存在着。集体的表象乃是无穷无尽的协作的产物，……通过集体的表象，无数的世代积累起他们的经验和知识。"③

---

① ［法］埃米尔·迪尔凯姆著，胡伟译：《社会学方法的规则》，12页，北京，华夏出版社，1999。

② ［法］埃米尔·迪尔凯姆著，胡伟译：《社会学方法的规则》，84页，北京，华夏出版社，1999。

③ ［美］怀特著，曹锦清等译：《文化科学——人和文明的研究》，85页，杭州，浙江人民出版社，1988。

对宗教现象的研究也是迪尔凯姆文化人类学研究的集中体现。他的宗教社会学是其一般文化理论在宗教现象领域的自然延伸。迪尔凯姆对宗教的定义是："宗教是一种与既与众不同，又不可冒犯的神圣事物有关的信仰与仪轨所组成的统一体系，这些信仰与仪轨将所有信奉它们的人结合在一个被称之为'教会'的道德共同体之内。"[①] 迪尔凯姆认为，宗教是一种社会现象，也是一种集体意识，并将其当作理论依据来处理原始精神文化的起源问题。迪尔凯姆批判了古典进化论对于宗教起源的两种解释，他从仪式活动的角度展开对宗教的社会功能的研究，认为原始人类宗教意识的产生是由于每个个体自身感觉到他无法认识的社会性力量的强制力或压力而产生的一种观念。

总体而言，迪尔凯姆的文化学说是从人类群体的视角严格地按照一定的社会学原理对文化现象加以阐释的理论。虽然其理论也存在一定的缺陷，但其学说的影响力很大。尽管社会学派之外的人类学家不赞同迪尔凯姆的具体理论，但把文化现象首先看作是一种社会现象、从人类群体的意义上认识文化的观点已经得到了多数学者的认同与接受。

在迪尔凯姆之后，法国社会学派的马歇尔·莫斯、列维-布留尔等人也先后著书立说，继承并发扬了社会学派的相关理论。作为近代法国文化研究领域出现的第一个学派，社会学派奠定了法国文化研究的理论特色。该学派的学术思想和研究方法还深刻影响了英国学者马林诺夫斯基、法国学者列维-斯特劳斯等人，因而社会学派还被认为是功能学派和结构学派的先驱。同时，法国社会学派还对西欧和美国的文化学研究产生了一定的影响，英国的文化人类学家与美国的文化心理学家都不同程度地借鉴过他们的某些理论和思想。直到 20 世纪中叶，随着众多新的文化理论流派的兴起，法国的社会学派才略显颓势。

四、马克斯·韦伯的社会文化思想

马克斯·韦伯（Max Weber，1864—1920）是德国著名的社会学家、政治学家、经济学家和哲学家，是现代社会学和公共行政学的最重要的创始人之一，被后世称为"组织理论之父"。韦伯一生的研究领域极为广泛，在社会学、政治学、法学、历史学、经济学、哲学、宗教学、教育学、文

---

① ［法］爱弥尔·涂尔干著，渠东、汲喆译：《宗教生活的基本形式》，58 页，北京，商务印书馆，2011。

艺学及社会科学方法论等领域都有重要建树。他在各种学术上的重要贡献通常被通称为“韦伯命题”。

从严格意义上说，韦伯的第一部社会学著作是《新教伦理与资本主义精神》。这是现代西方社会科学名著中最著名然而争议也最大的论著之一。促使韦伯写作这部著作的动因，是探讨近代理性资本主义的起源，亦即现代化的起源。韦伯在这本书中主张，宗教的影响是造成东西方文化发展差距的主要原因，并且强调新教伦理在资本主义、官僚制度和法律权威的发展上所扮演的重要角色。

韦伯在探索西欧资本主义起源的过程中，对东西方文化进行了大量的比较研究，写下了《儒教与道教》等论著。作为“汉学家”，韦伯由于不懂中文，主要依赖第二、三手的资料，因而时常受到人们的非议；但作为社会学家，韦伯凭借他的敏锐洞察力，对中国传统文化有许多独到的见地。

韦伯对社会组织理论研究的主要贡献，是他的权威结构理论。这一理论使他得以根据组织内部的权威关系揭示各种组织所具有的特性。韦伯根据使权威得以合法化的方式对各种组织进行了分类，共分成三种类型：“超凡魅力组织”“传统组织”“合理化、法律化组织”。每一种类型都有其独特的管理机构或管理体制。在现实生活中，任何组织都可能综合了这三种组织形态。① 韦伯的社会组织思想的经典之处主要在于他分析社会行为系统的方法：在这个系统中，对行为发挥影响的不光是经济力量，而且还有理想和价值观。从这个角度可以说，是韦伯首先将价值观在决定人类社会行为时的作用问题提到了理论高度。②

在韦伯的社会组织理论体系中，科层制（bureaucracy，又译官僚制）理论占有重要位置，这是韦伯独创的社会学理论。他认为，科层制作为一种特定的组织形式，已日益成为现代工业社会的鲜明特征。③ 所谓科层制，是指一种具有专门化的功能和固定的规章程序、权威分等、工作效率最高的正规组织。韦伯对科层组织形成和发展的精辟分析，使科层理论成为西

---

① ［美］古尔德纳著，唐亮译：《韦伯和他的权威结构理论》，《现代外国哲学社会科学文摘》，1986（7），11页。

② 阎克文：《韦伯眼中的古典资本主义和现代资本主义》，《博览群书》，2007（11），7页。

③ ［印度］哈拉兰博斯、希尔德著，王建华译：《韦伯论科层制》，《现代外国哲学社会科学文摘》，1986（1），6页。

方管理学和社会学发展的重要理论来源。[①] 科层制不仅是一个组织管理现象，还是一种深刻的文化现象。韦伯之后，西方许多学者对此进行了探讨。例如，当代法国学者米歇尔·克罗齐埃强调现代社会组织中权力的核心地位以及科层现象作为文化现象的真正意义。克罗齐埃明确提出将科层现象作为一种文化现象来对待，认为这种体现法国文化特征的科层模式在组织体系之外的其他社会体系中同样存在。这一观点完成了从科层组织到科层现象再到文化现象的跨越，从而将一种僵硬而持久的科层模式与整个工业社会的运作模式密切联系起来。[②]

探究社会组织制度和宗教、政治的同时，韦伯力图解释社会文化现象，并专注于文化科学问题。韦伯认为文化科学范围兼顾社会科学和人文科学两大领域，其基本观点来源于威廉·狄尔泰和亨利希·李凯尔特。韦伯基本上接受了李凯尔特的划分自然科学和文化科学界限的原则；同时也吸收了狄尔泰关于意义和理解的学说，把它与李凯尔特的价值学说、特殊性和个别性学说结合起来，形成他自己关于文化和文化现象的观点。在《社会科学认识和社会政策认识中的“客观性”》一文中，韦伯指出，社会科学（文化科学）的对象是文化事件，文化事件包括两种基本要素，这就是价值和意义。韦伯强调：“任何文化科学的先验前提，……是指我们是文化的人类，并具有意识地对世界采取一种态度和赋予它意义……”[③] 他认为在社会科学领域不应仿效自然科学的方式建立某种可以从数量上来把握的合乎规律性，或者依照规律的设想通过历史归纳法对其他事件加以简化；文化科学的研究目的在于对人们的理性行动做可能的因果分析，并认识文化事件或实在的独特性质。[④]

① 王焱：《马克斯·韦伯：一位思想家的肖像》，《读书》，1985（12），41页。

② 杨甜甜：《从“权力”到“文化”：双重视野下的科层制——阅读克罗齐埃〈科层现象〉札记》，《社会学研究》，2006（5），239页。

③ ［德］马克斯·韦伯著，韩水法、莫茜译：《社会科学方法论》，3—11页，北京，中央编译出版社，1999。

④ 曾令华：《文化科学的意蕴：意义理解和价值判断——马克斯·韦伯〈社会科学方法论〉对人文社会科学研究的启示》，《华中农业大学学报（社会科学版）》，2008（6），76页。

第七章　近现代文化研究与文化学（下）

第一节　20世纪的心理学与文化研究

19世纪晚期西方产生了实验心理学，心理学最终脱离了哲学的藩篱成为一门独立的学科。此后几十年里，心理学迅速发展，学派林立，如德国冯特、铁钦纳代表的构造主义，美国威廉·詹姆斯、杜威代表的机能主义和华生、斯金纳代表的行为主义，俄国巴甫洛夫的条件反射学说，德国韦特海默、柯勒和考夫卡代表的格式塔心理学派，还有弗洛伊德和荣格代表的精神分析学派、维果茨基代表的文化历史心理学派、皮亚杰代表的结构主义心理学等等。研究领域扩展到社会心理、儿童发展心理、人格心理、文化心理、认知心理等方面。就心理学与文化研究的关系来看，有许多心理学分支学科和派别都涉及文化问题，这里只选取19世纪末至20世纪中叶与文化问题最密切相关的两个派别——精神分析学派、文化历史心理学派进行介绍。

一、弗洛伊德的精神分析学及其文化思想

西格蒙德·弗洛伊德（Sigmund Freud，1856—1939）是享誉世界的奥地利心理学家、精神病医师、精神分析学派的创始人。1873年冬至1881年，弗洛伊德在维也纳大学医学院攻读并获得博士学位，在此期间，他分别在比较解剖学教授卡尔·克劳斯（Carl Claus）的实验室、的里雅斯特（Trieste）的动物实验站和生理学与高等解剖学教授恩斯特·布吕克（Ernst Brucke）的实验室中工作。1882年，弗洛伊德离开布吕克的实验室，成为一名开业医师。[①] 此后，他的研究生涯正式拉开了序幕。

---

① 参见［美］亨利·艾伦伯格著，刘絮恺等译：《弗洛伊德与荣格：发现无意识之浪漫主义》，19—30页，北京，世界图书出版公司，2015。

弗洛伊德最重要的思想理论是精神分析理论，可以说他的一生都致力于此，他将这门原本属于医学和心理学范畴的理论推广到了包括科学技术、艺术、宗教哲学、文化学等多个方面理论的分析中。1896年，“精神分析”（psychoanalysis）这一名称开始正式被弗洛伊德使用，以区别于“心理分析”理论。这成为弗洛伊德深度心理学（depth psychology）的开端。深度心理学声称可以提供钥匙去探索无意识心灵，而且可以因此获得对意识层面心灵的全新知识，可以将之广泛地应用到了解文学、艺术、宗教以及文化之上。① 精神分析理论主要包括梦理论和误失论两部分，其代表作分别为《梦的解析》和《日常生活的精神病理学》。这一理论仍有许多方面需要随着经验和知识的发展不断地完善。

弗洛伊德理论对个体人格心理深处所潜藏的本能的挖掘，让我们深刻地意识到在这个因技术的快速发展和广泛运用而获得“发达”称号的社会中，人与自然之间和谐关系所遭到的严重破坏以及人本身的自由和天性所受到的极度的束缚和严苛的压抑。就像计算机的普及，在带来方便与快捷的同时，使人沦为技术控制之下的一种达成目的的手段，人的独立思考、自由选择彻底地丧失，人的生活成为一种机械化和复制式的存在，创造力也逐渐被抹杀。这种对“自我、超我、本我”的弗洛伊德式的思考，不失为对当下科学技术带来的生产、生活方式巨大转变的批判型研究方法，让我们从自己的内心世界开始审视，寻找一种更为符合人性和自然之道的发展方向。②

弗洛伊德的潜意识概念、自由联想和梦的分析等理论对美学产生了重要且深远的影响，对艺术和文学领域都具有划时代的意义。文学艺术领域像达达主义、超现实主义这类运动的兴起在很大程度上都要归功于弗洛伊德。③ 文学领域还诞生了“意识流”小说，如普鲁斯特的《追忆似水年华》、乔伊斯的《尤利西斯》、弗吉尼亚·伍尔夫的《到灯塔去》、威廉·福克纳的《喧哗与骚动》、杰罗姆·大卫·塞林格《麦田里的守望者》等。弗洛伊德认为潜意识、自由联想和梦都是对自由愿望的显性满足，而艺术

① ［美］亨利·艾伦伯格著，刘絮恺等译：《弗洛伊德与荣格：发现无意识之浪漫主义》，128页，北京，世界图书出版公司，2015。

② 陈俊：《技术文明与人的解放——马尔库塞论弗洛伊德及对技术的批判》，《湖北大学学报（哲学社会科学版）》，2013（4），16页。

③ ［英］安东尼·斯托尔著，尹莉译：《弗洛伊德与精神分析》，130页，北京，外语教学与研究出版社，2015。

家则能够将这些愿望通过自己的作品如绘画、雕塑、小说等表现出来，从而使自己以及接受自己作品的普通人的此类愿望得到满足。此外，他还认为，艺术作品中表现出的痛苦是它们存在的魅力所在，而人们需要通过艺术欣赏使这痛苦的情绪得到发泄，从而使精神振奋以获得慰藉和享受。这些理论，经过弗洛伊德的临床实践，为美学划分出了以潜意识为基石而存在的心理分析美学，也为人类的非理性找到了心理学基础。①

弗洛伊德的文化思想大致可以从《文明及其缺憾》《一个幻觉的未来》《图腾与禁忌》中得以展现。在《文明及其缺憾》中，他是这样定义文明的：文明这个词描述了人类全部的成就和规则，这些成就和规则把我们的生活同我们的动物祖先的生活分开来，并且服务于两个目的——保护人类免受自然之害和调节他们的相互关系。② 在《一个幻觉的未来》中，他说："我不屑于对文化和文明加以区分"，所谓人类文明是指，人类生命从其动物状态提升而来，从而不同于野兽生命的所有那些方面。人类文明常常向观察者展示两个方面：一方面，它包括人类为了控制自然的力量和汲取它的宝藏以满足人类需要而获得的所有知识和能力；另一方面，它还包括人类为了调节人与人之间的相互关系，特别是调节那些可资利用的财富所必需的各种规章制度。③ 通过这些观点，我们可以总结出弗洛伊德对文化的一些主要看法：首先，文化与文明没有实质的区别；其次，文化是将动物和人类加以区分的尺度；最后，文化包括人与自然和人与人两个方面的内容。另外，根据《图腾与禁忌》一书的内容，我们又发现弗洛伊德推断文明始于图腾时代，建立于需要和爱欲之上。将人类文明的起始点定位于图腾时代，虽然符合精神分析的要求，但与弗洛伊德在文明定义中所说的"万物有灵"阶段即是文明的观点出现了冲突，④ 这里不再赘述。

弗洛伊德的精神分析为我们打开了一扇从心理学考察科学技术、文学艺术以及文化等学科的大门，给我们提供了分析问题的全新视角。同时，他的贡献不仅在于对学术问题的理论分析，更在于其对人类自我意识的发掘和研究，让我们每个人都更理性地对待自己的行为和内心，这一点对后

① 参见陈静：《论弗洛伊德潜意识概念的美学意义》，《湖北社会科学》，2015（5）。

② ［奥］弗洛伊德著，车文博主编：《弗洛伊德文集》第八卷《文明及其缺憾》，183页，长春，长春出版社，2004。

③ ［奥］弗洛伊德著，车文博主编：《弗洛伊德文集》第八卷《一个幻觉的未来》，118页，长春，长春出版社，2004。

④ 陆丽青：《论弗洛伊德的文化观》，《东岳论丛》，2010（8），95页。

世的影响极其深远。

二、荣格的分析心理学及其文化思想

卡尔·古斯塔夫·荣格（Carl Gustav Jung，1875—1961）是瑞士著名的精神病学家、心理学家、精神分析学者，同时也是原型概念、集体无意识概念的提出者和分析心理学派的创始人。

荣格曾就读于巴塞尔大学医学院，并热衷于研究哲学、心理和神秘主义等问题。1900年，荣格正式成为一名医师。此后很长一段时间，荣格深受弗洛伊德精神分析思想影响，并为其思想进行辩护；但是随着他对潜意识未知领域的不断探索，他发现了"原型""集体无意识"等新的概念，随后与弗洛伊德决裂。不过，他晚年逐渐与自己的学派疏离，其思想也开始具有越来越浓厚的个人色彩，被称为"蛰居在库斯纳赫的智慧老人"。①

荣格最重要的理论成就是分析心理学（analytic psychology）或称情结心理学（complex psychology），主要包括：精神能量学、集体无意识和原型概念、心灵结构、人类个体化、梦、精神病和神经症。荣格的一系列理论不仅对心理学和精神病学的历史进程产生了巨大的推动作用，而且使美学体系、文艺批评以及宗教哲学观都发生了翻天覆地的改变。这里着重介绍其集体无意识和原型概念。

荣格并不认同弗洛伊德将性欲作为人类一部分意识行为的解读，他提出人的无意识可以分为两个方面：一方面是个体无意识，另一方面是集体无意识。其中，集体无意识处于人类心灵的最深处，很难被察觉，但是人的一些重要行为或思想都来源于它。集体无意识不会直接地作用于人的思想或行为，需要一种过渡的手段或者介质作为两者之间的桥梁，于是就产生了"原型"的概念。荣格的集体无意识理论在思想史上有着重要地位，但人们基本上是将其作为一个假说来看待，因为集体无意识这一概念既不能从科学上加以证实，也不能加以证伪。② 而且，来源于荣格本人和其病患神秘精神体验的集体无意识观念太过于独特，以致在一般人而言根本无法理解；同时，由于意识容易受外界——社会、家庭、他人等等的影响而具有多变性，所以它到底是否像荣格认定的那样拥有遗传性也就无从考

① 参见［美］亨利·艾伦伯格著，刘絮恺等译：《弗洛伊德与荣格：发现无意识之浪漫主义》，229—251页，北京，世界图书出版公司，2015。

② 杨文臣：《荣格的集体无意识思想新探》，《廊坊师范学院学报（社会科学版）》，2013（5），14页。

量。另外，根据荣格的理论，"原型"又常常以一种变形、扭曲的梦境或无意识形态出现，它的真实性也就受到了一些质疑。但是，这些质疑仍无法撼动荣格的分析心理学尤其是集体无意识和原型理论对心理学、美学、文化学乃至宗教哲学等方面的研究所产生的不可估量的作用。

荣格认为，艺术是让处于人性深层的集体无意识通过"原型"得以升华，从而形成一种美的感受。其中，作为基石的集体无意识强调人体本我与自我的斗争在历史的漫长发展中积淀成的心理意象。[①] 在《美学中的类型问题》中，荣格根据沃伦格耳的理论，将美学划分为两种基本形式，即抽象和移情。而这两种基本形式在彼此对立的同时又可依据人们心态的不同而被分成内倾和外倾两种类型，抽象与内倾相对应，移情与外倾相对应。根据以上理论，他提出是无意识对审美对象的否定作用使得意识能够深入审美对象完成移情；而抽象创造了艺术形式，也使得主体认识了对象，抽象的对象则是源自集体无意识中对现象世界的把握。[②] 除了对美学类型进行心理学的划分，荣格还认为美学就其性质而言乃是应用心理学，它不仅能处理事物的审美属性，而且还能处理审美态度的心理问题。[③] 在此，他将审美的本质归结成一种能够使审美主体脱离精神上的痛苦和分裂、达到心灵复原的一种心理活动，这使艺术成为人类进行自我灵魂修复乃至拯救心灵困苦的有效途径，也从心理学的角度为我们定位美学的价值开启了全新的视角。

荣格的集体无意识思想亦透露着深厚的人文情怀。不同于前人那些抛开人的本性、追求机械化、只将人看成一种手段或是工具的所谓科学哲学，他将自己的理论建立于人的内心情感之上。他认为集体无意识源于人心灵的最深处，是一种在文化的刻印和积淀过程中迸发出的心灵感受。因为处于无意识层次，发挥的是本能性的作用，影响的是人类文化的潜在假设，它是文化心理的核心、决定各种文化现象和表现形式的最终层次。[④] 而集体无意识的这种强大作用力并不能直接地呈现在人的意识中，遑论外化为活动或行为了，因此，它需要依靠原型这一介质的力量，达成自己通

---

① 张法：《荣格理论的美学特色与全球视野》，《河南师范大学学报（哲学社会科学版）》，2013（1），92页。

② 杨雪：《论荣格的美学类型观》，《边疆经济与文化》，2012（2），第174页。

③ ［瑞士］荣格著，吴康译：《心理类型》，247页，上海，上海三联书店，2009。

④ 商士杰：《荣格思想的文化心理学解读》，《湖北成人教育学院学报》，2008（4），70页。

向外部世界的理想。而原型作为集体无意识的直接表现，与文化的关系十分密切。比如荣格通过自己与“阿尼玛”（男性心中的女性原型）这一原型意象的接触，发现文化在人身上尤其是人格方面的表现形态。通过对一系列案例的研究和对古典文献的解读，荣格笃定地认为，集体无意识和原型就是人类文化在心理层面的源头和基础；一旦离开了集体无意识和原型，人类文化的参天大树必将动摇，而这棵树的种子正埋藏在我们每个人的心灵深处。

荣格的思想作为一种无法被证实又无法被证伪的“假说式”理论，成为一种具有神秘特征的心理学研究方式。但是，经过不断的探寻，我们发现他的分析心理学尤其是构成其学说基础的集体无意识和原型概念无时无刻不在彰显着他独特的人文关怀和批判意识。无论是具有审美态度的美学观念还是反对忽略人性的文艺批判，还是发掘于人类灵魂深处的共同文化理念，荣格的分析心理学都启发着我们对艺术、对文化更深入的思考以及对人类内心世界的探寻。

三、维果茨基的文化历史学派心理学

Л. С. 维果茨基（Л. С. Выготский，Lev Vygotsky，1896—1934）是苏联杰出的心理学家，文化历史学派心理学的创始人。20 世纪 20 年代中期，在维果茨基的带领下，他的学生、合作者们（A. A. 列昂节夫、A. P. 鲁利亚、A. B. 查包洛塞茨等人）与他一起建立了文化历史学派心理学。经过半个世纪的风雨历程和几代心理学家不懈的努力，这一学派直到 20 世纪 70 年代才全面形成。它在苏俄心理科学的建立和发展中扮演了重要的角色，不仅对苏俄心理学产生了深远的影响，而且成为当代国际上一个有重要影响的心理学派。20 世纪 60 年代以来，维果茨基的著作在欧美国家重新出版，欧美学者对维果茨基的理论进行研究，到 20 世纪 80 年代后形成了世界范围的“维果茨基研究热”，使维果茨基所创建的学派重现光芒。①

1930—1931 年，维果茨基撰写了《高级心理机能的发展》一书，首次提出了文化历史理论。维果茨基把历史主义的原则运用于心理学之中，认为人类文化历史发展过程就是心理的“人化”过程；同时认为，在人类历

---

① 参见张丹华：《Л. С. 维果茨基及其社会文化——历史学派》，《外国教育研究》，1993（2），25—27 页；王光荣、杨晓萍：《文化的阐释：维果茨基学派心理学解读》，《宁夏大学学报（人文社会科学版）》，2009（4），172、174 页。

史发展过程中形成的物质文化和精神文化，对人的心理发展起着决定作用。维果茨基将人的心理机能区分为既有联系又有区别的两种形式：一种是自然的、直接的低级心理机能，另一种是社会的、间接的高级心理机能。维果茨基的文化历史发展论就是关于人的高级心理机能的学说。他认为，低级心理机能是非中介性的，是直接发生作用而不借助于任何辅助手段的；高级心理机能则不然，它们毫无例外地都是借助于各种辅助手段而发生作用的，这些辅助手段就是语言或符号。语言或符号并不是空洞的，它们总是代表着某种具体的现实的东西，总是在人们的社会活动中含有某种意义。①

作为心理学研究对象的人的各种高级心理机能以社会文化的产物——符号为中介，就像人的实践活动以劳动工具为中介一样。人正是借助于符号特别是语词系统的中介从根本上改变着一切心理活动，从而形成了人类特有的心理机能。然而人所特有的心理机能最初并不是从内部自发产生的，而是在人们的协同活动和人与人的交往中形成的，然后才能转至内部，成为人的内部心理过程的结构。这就是维果茨基的“中介”和“内化”的概念，它们是高级心理机能产生与发展的机制。可见，在维果茨基那里社会文化决定个体心理具有下列图式：集体（社会）活动→文化→符号→个体活动。研究个体心理的形成必须先探索这个图式各个环节的转化。②

维果茨基以符号为中介提出的高级心理机能的社会文化起源说，第一次明确了社会文化因素在人的心理发展中的作用。维果茨基文化历史理论批评冯特的主观心理学、美国的行为主义以及俄国的反射学对文化发展特点和规律性的忽视，强调社会文化因素在人的心理发展中的作用。③ 维果茨基的文化历史理论力图证明人的心理发展的源泉和决定因素是人类历史发展过程中不断发展的文化，这对消除把心理过程理解为精神的内部固有属性的唯心主义观点的影响、克服无视动物行为与人的心理活动的本质差异的自然主义倾向起了积极的作用。

---

① 龚浩然：《试论 Л.С. 维果茨基的文化历史发展观》，《心理学探新》，1981（3），48—49页。

② 王光荣、杨晓萍：《文化的阐释：维果茨基学派心理学解读》，《宁夏大学学报（人文社会科学版）》，2009（4），172、174页。

③ 郑发祥、叶浩生：《文化与心理——研究维果茨基文化历史理论的现代意义》，《心理学探新》，2004（1），9页。

文化历史理论立足于马克思主义的唯物史观，其基本出发点与德国的文化派完全不同。这一理论所依据的基本原理是：人的心理是在人的活动中发展起来的，是在人与人的社会交往过程中发展起来的；人的各种高级心理机能都是这些活动与交往形式不断内化的结果。因此，维果茨基对人的心理的历史观是与他的活动观和内化观紧密地联系在一起的。①

正如俄罗斯心理学家穆·克·雅罗舍夫斯基所说，维果茨基在寻找心理学研究的“细胞”时遵循的路线为：言语反射、反应、工具性行为、心理机能、意义、理性、感受、整体的个性；在维果茨基研究体系中有三个坐标：个性、交往、文化。从中可以看出，维果茨基心理学研究的对象或单位就是在文化背景中的人的整体个性；他以开放的眼界和胸襟，于喧闹的文化生活中揭示人类完整的心理，这与后现代的精神基本是一致的。具体地说，这为具有后现代倾向的社会建构主义心理学奠定了基础。社会建构主义心理学认为，人格、态度、情绪等心理现象并非存在于人的内部，而是存在于人与人之间，是社会文化的产物，是社会建构的结果。总之，维果茨基第一次明确提出了文化历史因素在心理发展中的作用，对心理发展的文化机制的研究具有开创性的历史意义，同时对当今研究文化与心理关系问题有重要的启示。②

第二节　文学艺术理论（批评）与文化研究

近现代文学艺术理论（批评）是指从 17 世纪末期到 20 世纪中后期出现的文学艺术理论（批评）。在近现代西方文学艺术理论和观念发展史上，先后出现了启蒙主义、古典主义、浪漫主义、现实主义、马克思主义、新批评、现代派运动以及解构主义、后现代派运动等理论或思潮，对西方文学艺术的发展以及现代文化批判和研究产生了深刻的影响。

一、从启蒙运动到现实主义：文学艺术中的文化思想

17 世纪末期，欧洲各国的资产阶级开始发展壮大，他们要求摆脱封建生产关系的束缚和封建专制的政治统治，意欲确立资产阶级的统治地位，

① 龚浩然：《试论 Л.С. 维果茨基的文化历史发展观》，《心理学探新》，1981（3），48—49 页。

② 郑发祥、叶浩生：《文化与心理——研究维果茨基文化历史理论的现代意义》，《心理学探新》，2004（1），9 页。

由此催生了启蒙运动。启蒙运动本身是一场思想文化运动，“18 世纪奠定了各门社会科学的基础。经济学、社会学、历史研究、政治科学、心理学、人类学等后来在现代世界得到发展。他们都脱胎于启蒙运动，他们的创始人是当时那些全能的启蒙者”①。启蒙运动间接地为资产阶级发动革命提供了思想理论基础。这一时期的文学作品着重批判封建专制制度和宗教迷信，宣扬启蒙思想，具有鲜明的政治倾向和强烈的战斗气息。启蒙运动的文学作品涉及民族志材料，其中包括大量的非西方文化知识和见解，这就为开启文化批判奠定了基础。卢梭的《论人类不平等的起源和基础》中提出了“高尚的野蛮人”的假设，试图用这种想象改变人们认识社会的方式。孟德斯鸠的《论法的精神》更明确地使用了非西方文化的常识，有针对性地对现有的社会进行了更直接的文化批判，并进行了跨文化对比研究。

古典主义文艺创作开始于文艺复兴时期，其美学理论则产生于18 世纪末的德国，从康德到黑格尔形成了德国古典美学理论体系。德国古典美学理论是在系统地研究古希腊以来的哲学美学和文学艺术基础上建构起来的。康德在“美是不涉及利害”“纯粹美”“依存美”及崇高理论的基础上，论述了文学艺术的自由本质以及天才与理想艺术的创造。在康德看来，“美根源于人的主体审美能力。美绝非单一维度，而是多种属性的审美文化过程”②。席勒则在康德的理论基础上把文学艺术的作用和地位提到前所未有的高度。黑格尔作为德国古典美学的集大成者，第一次自觉地把辩证法引入文学艺术理论，论述了艺术与时代、环境与人物、共性与个性的辩证关系。德国古典美学艺术理论为后世的审美文化的多维性提供了理论基础，为文化研究建构了多重认知主体的审美视角。

19 世纪初产生了浪漫主义文艺思潮，着重批判新古典主义教条，召唤新的自由的文学艺术。英、法两国在浪漫主义文学上成就最高，主要代表人物有英国诗人拜伦、雪莱和济慈，法国的拉马丁和维尼等。到 19 世纪 30、40 年代，以浪漫主义文学的集大成者维克多·雨果为代表。这一时期，浪漫主义思潮的影响已经扩大到俄国、东欧和美国，并产生了梅尔维尔、惠特曼等浪漫主义大师。浪漫主义诗人主要是对文学作品的创作观方面加以改变，他们改变了以往的创造风格，打破了古典主义的“陈规陋

---

① 张经纬、李红伟：《人类学、文化批评与欧洲启蒙运动》，《中央民族大学学报（哲学社会科学版）》，2008（1），49—54 页。

② 张政文：《从文艺学、美学到文艺美学建构——论康德对近现代文艺美学的理论贡献》，《文史哲》，2006（1），97 页。

习”的创作模式。由于文化本身的发展样式依赖于国家意识形态，浪漫主义文学侧重于发掘不同国家风格迥异的诗歌传统，在充分了解并借鉴其他国家的文化特色与精髓的前提下，达到保持本国文化独特性并推动本国文化向前发展的目的。华兹华斯的诗歌作品就具有鲜明的地域文化风格，并且具有浪漫主义色彩，并未采用反复说教的表达方式，而是通过发掘英国文化中未被人重视或认识的潜在元素展现出独特的国家魅力，还通过极具想象力的意象来表现英国文化。这种积极的浪漫主义文学创作方式具有一定的文化表征意义。①

现实主义文学艺术思潮出现在浪漫主义之后，这是一种要求真实反映生活、批判社会现实的文学艺术理念。司汤达的《拉辛与莎士比亚》重点是批判现实主义；巴尔扎克的现实主义原则包含真实性和典型性原则；福楼拜强调文学作品要坚持客观性原则，要忠于现实；俄国的别林斯基则主张艺术应创造典型，真实地反映现实。现实主义主张艺术要真实地反映客观世界的现实本质，真诚地表现艺术主观世界的审美情感和审美理想。这些理论强调对文化现实性的诉求，要求文艺作品的创造要符合真实生活中的文化现象，反对浪漫主义，其文学艺术作品是对现实社会生活和文化的真实再现、理解与认知。可以说，19 世纪的现实主义和批判现实主义是 20 世纪文化批判理论的先声。

二、文学批评与文化批判理论：马修·阿诺德和利维斯主义

现代英国文学批评和文化批判理论对推动西方文化研究具有重要的作用。马修·阿诺德是现代英国文学批评和文化批判的开创者之一，其思想直接影响到 20 世纪的利维斯主义、德国法兰克福学派和英国伯明翰文化研究中心的文化学派，这三者的共同源流都出自马修·阿诺德的文化精英主义传统。

马修·阿诺德（Matthew Arnold，1822—1888）是英国维多利亚时期著名的文学评论家兼诗人，在文化研究领域有着重要的地位。他倡导的文化批评理论不仅奠定了其在英国思想史和文学史上的显赫地位，而且对以后西方世界的思想文化发展及文学创作和批评都产生了深远的影响。②

① 陈许：《作为批评家的雨果——论雨果对浪漫主义文学的理论贡献》，《上海师范大学学报（哲学社会科学版）》，2003（4），99 页。

② 吕佩爱：《科学精神与人文关怀——论马修·阿诺德的文化观》，《英美文学研究论丛》，2009（1），330—336 页。

作为英国19世纪思想领域的代表人物，阿诺德将社会道德批评与文化理想结合起来，把文化作为直接进行社会批判的武器，认为文化是修复社会、实现完美个体的主导力量，对工业资本主义时代的英国社会进行了深刻的批判。

阿诺德的批评论著主要有《评论集》《文化与无政府状态》《文学与教条》《批评在当前的作用》等。他认为，批评的职责就是"看清事物的本相"。批评为文学创作提供了一套新思想，在社会上引起了轰动和发展，为创作者营造出合适的智力局面和社会氛围。

阿诺德的批评是广义的批评，文学批评与社会批评、宗教批评之间没有严格的分界线。《批评在当前的作用》从文学批评谈起，转向广义的社会批评，最后又回到文学批评。①

阿诺德的文化观全面、系统地反映在1867—1868年连续发表的6篇批评文章中。后来，这6篇文章于1869年结集出版，名为《文化与无政府状态》。在该书的前言中，他宣称："全文的意图是大力推荐文化，以帮助我们走出目前的困境。"19世纪的英国社会盛行着地方主义、功利主义和庸俗风气，表现出一股狭隘的"岛气"。诞生在这样一个时期的社会批评家阿诺德提出了人类全面、和谐、普遍地走向完美的目标，并倡导以"美与智"的文化作为追求人类完美的途径和手段，以期抵制个人主义与工业主义所导致的混乱与迷惘的无政府状态。

阿诺德指出，文化的动因中既有科学求真的精神，又有道德向善的热情；文化既致力于获取知识，又重视采取行动，它渴求的是美好与光明的统一。人类精神的理想在于不断地扩展自身的能力和智力，使自身变得更加完美；要实现这一理想，文化是不可或缺的帮手。"文化引导我们构想的真正的人类的完美，应是人性所有方面都得到发展的和谐的完美，是社会各个部分都得到发展的普遍的完美。"②

阿诺德的文化批评理论是大众文化研究的滥觞。尽管阿诺德并没有对大众文化做过具体、直接的研究，但他在文化领域内给大众文化设定了一个专属的范畴。阿诺德关于文化与文明区别的论述触及了文化层次问题，与大众文化密切相关。到了20世纪，欧洲产生了经典的大众文化批判理论，主要包括英国传统的精英主义文化理论和法兰克福学派等的大众文化

---

① 蒋显璟：《阿诺德与批评》，《国外文学》，2013（1），28—35页。

② 陈曦：《马修·阿诺德的"完美"文化批判》，《山东文学》（下半月），2009（3），60—61页。

批判理论，它们都在历史和现实中产生过重大而深远的影响，并成为大众文化研究的基础性理论。[1] 追溯起源，不能不说阿诺德是大众文化研究的“导夫先路”者。

阿诺德批评理论的继承者是 F. R. 利维斯。F. R. 利维斯（Frank Raymond Leavis，1895—1978）是英国当代著名文学批评家和文化批判家，主要著作有《大众文明和少数人文化》《再评价：英诗的传统和发展》《伟大的传统》《我们时代中的英国文学和大学》《有生的原则：作为思想训练的英国文学系》等。

利维斯主张文学要有社会使命感，要能够解决 20 世纪的社会危机。因此，民族意识、道德主义和历史主义以及一种侧重文学自身美感的有机审美论，成为利维斯文学批评的鲜明特征。在《英国诗歌新方向》中他呼吁以现代诗来摹写现代社会，为此高度评价 T. S. 艾略特的《荒原》，认为《荒原》揭示现代世界真相有如但丁《神曲》的地狱篇，写出了希望之泉怎样枯竭又写出了新生。

利维斯继承了阿诺德的文化政治理念，其文化理论集中见于他早年的一本小书《大众文明与少数人文化》。这本书的标题不折不扣地来自阿诺德把文化和文明断然分开的思想。利维斯在卷首引了阿诺德《文化与无政府状态》中的一段话作为题词：现代社会的整个文明比起希腊和罗马的文明远要机械和外在得多，而且还在变本加厉地发展下去。利维斯的时代与阿诺德有所不同：随着工业革命的推进，大众文明和大众文化全面登陆，传统价值分崩瓦解、溃不成军，少数文化精英发现自己处在一个敌对环境之中——这是利维斯深感忧虑的。利维斯对当时大众文化的忧虑和思考，开启了大众文化批判中的利维斯主义。[2]

利维斯对大众文化提出质疑的同时，也对贵族和资产阶级的某些文化现象提出了批评。正如托尼·本内特（Tony Bennett）指出的，利维斯主义的贡献在于第一次将原本专属于“严肃”作品的分析方法运用于大众文化样式的研究，这是具有开创性意义的。同时，利维斯主义对“高雅文化”“中产阶级文化”“大众文化”的批判同样尖刻严厉。这种文化批判理论所关怀的是如何解决社会文化的进步问题，希望为文化的优化与发展寻找可行的出路。

① 于文秀：《经典大众文化批判理论评析》，《学术界》，2003（4），241—251 页。
② 陆扬：《利维斯主义与文化批判》，《外国文学研究》，2002（1），10—15 页。

三、现代派思潮对现代文化艺术观念的巨大影响

19世纪末，欧洲出现了反传统的、非理性主义的、力主创新的现代派艺术思潮，后扩展至北美等世界各地区。现代派是20世纪先后出现的众多艺术派别的总称，遍及各艺术领域。例如，在文学、戏剧中有象征主义、意象派、意识流、超现实主义、存在主义、新小说派、魔幻现实主义等小说和诗歌流派，以及荒诞派、黑色幽默等戏剧流派。在绘画等造型艺术领域，现代派的源头可以追溯到前期和后期印象派，20世纪初诞生了真正意义上的现代派绘画，有野兽派、立体派、未来派、达达派、表现派、超现实主义、抽象主义、波普艺术等流派。在音乐领域有印象主义、表现主义、十二音音乐、新古典主义、序列音乐和偶然音乐等流派，在摄影、电影、装饰艺术和建筑艺术等领域也有许多流派。现代派艺术思潮声势浩大，后来影响到了工艺设计、产品创意、广告设计、服装、时尚、家居和生活日用品等方方面面。

从历史背景来看，19世纪后半叶至20世纪是西方民族、社会、文化由传统向现代转变的重要时期，这一转变迅速延伸至世界其他国家，不仅促成了世界范围的国家和民族的独立或解放运动，还使其社会文化格局发生了剧烈的变革。现代艺术是当时社会生活的一种精神折射，正如英国现代艺术理论家赫伯特·里德（Herbert Read，1893—1968）所说，如果不能理解和欣赏现代艺术，就无法理解20世纪生活的真实意义。①

现代派艺术家一方面用他们的作品对世纪之交社会文化剧烈变革做出直观的、敏锐的反应，另一方面又以其天才的想象力拓展着未来的文化艺术形式，做了各种尝试来改进他们的艺术技巧和表现力。

现代派艺术主张"形式即内容"，将现实题材抽象或变形，探求心灵的艺术境界，以揭示"纯艺术"的理念和艺术创造力，与传统艺术的方式大相径庭，创作和欣赏两方面都不符合传统习惯，因而对于那些未经过专门的现代艺术训练的人们来说是看不懂的或不易理解的。从表面上看，现代派作品似乎是荒诞离奇、不可思议的，却由内而外地凸显了艺术本体的构成形式、构成要素、创作材料、表现方法，以及艺术本体的生成规律性等；从创作的题材和思想表层看，现代派作品似乎是非理性的、狂妄的或

---

① 参见［英］赫伯特·里德著，朱伯雄、曹剑译：《现代艺术哲学》，天津，百花文艺出版社，1999。

颓废的，从艺术创作的根本动机看则是对社会现实的叛逆、对传统文化艺术的叛逆，意在强调自我本体的价值的更新，凸显自我的创造力或生成力。

从现代派艺术运动中，艺术理论家不断总结和提出新的艺术理论，其中克莱夫·贝尔的理论是较有影响力的。克莱夫·贝尔（Clive Bell，1881—1964）是英国艺术理论家，他提出了一个著名的命题"艺术是有意味的形式"，概括了现代派艺术的一个重要特征。贝尔认为，艺术品具有"唤起我们审美感情的一切审美对象中普遍的而又是它们特有的性质"，"艺术品的基本性质，即将艺术品与其他一切物品区别开来的性质"。由此，贝尔提出："在各个不同的作品中，线条、色彩以某种特殊方式组成某种形式或形式间的关系，激起我们的审美感情。这种线、色的关系和组合，这些审美的感人的形式，我称之为有意味的形式。'有意味的形式'，就是一切视觉艺术的共同性质。"① 这一理论对于理解现代派艺术是很有帮助的。贝尔认为艺术和审美感情是纯粹的，是与生活感情完全不同的东西，他说："鉴赏家都正处身于艺术本身具有的强烈特殊意义的世界里。这个意义与生活意义毫不相关。"② 当然，说艺术本身的审美感情完全与生活感情无关，这一论断失之偏颇，但换个角度看，也能引导人们转换艺术视野，感悟新的创作理念。

赫伯特·里德则认为，整个艺术史就是一部关于视觉方式的历史，是人类采用不同方式观看世界的历史。现代艺术正是一种观看世界的新视角。例如，现代艺术中的表现主义主要描绘的不是世界的客观真实，而是事物、事件在艺术家心理上唤起的感觉的主观世界的真实，它抛弃了美的传统观念。③ 对于人们最不可理解的现代抽象艺术来说，里德指出，艺术表现世界"不仅包括忠实地再现正常知觉所投射出的形象的尝试，而且还包括由于我们称之为理想主义、表现主义、超级现实主义等等的特殊的理解状态而被扭曲或选择出的那些形象。同样，抽象也将包括无需现象形象，而是依赖于概念的、形而上的、玄妙的、绝对的表现因素的任何表现

① ［英］克莱夫·贝尔著，周金环、马钟元译：《艺术》，3—4页，北京，中国文联出版公司，1984。

② ［英］克莱夫·贝尔著，周金环、马钟元译：《艺术》，17页，北京，中国文联出版公司，1984。

③ ［英］赫伯特·里德著，朱伯雄、曹剑译：《现代艺术哲学》，45页，天津，百花文艺出版社，1999。

形式。这些形象被表现为具体的符号或象征（线条、体积、色彩等等的组合），这个事实并不妨碍‘抽象’一词的使用”①。

我国在20世纪80年代以前由于思想封闭和意识形态等原因，对西方现代派艺术有种种偏见，对其进行排斥和否定，现在看来是不恰当的。应当说，与古希腊古罗马艺术、文艺复兴、近代欧洲文学艺术以及中国唐宋诗歌绘画等艺术一样，现代派运动创造了辉煌的艺术成就，达到了新的艺术高度，是人类艺术发展史上的重要里程碑。现代派创作观念和艺术理论与19世纪末至20世纪的生命哲学、直觉主义哲学、非理性主义哲学、现代心理学（如格式塔心理学、弗洛伊德精神分析学等）、现象学、存在主义有着密切的关系。这无疑是那个时代社会文化转型的产物，它对于促使人们深入反思传统与现代、继承与创造等的关系，努力探索文化艺术多元化的问题起到了积极的作用。

四、结构主义、解构主义与后现代主义的文化观念

20世纪60年代出现的结构主义文学批评理论是科学主义的结构理论在文学批评方面的运用，旨在以语言的结构揭示文化系统的内在结构。“结构主义致力于探究文化意义的产生，以及认为文化的结构相似于语言的结构，都可追溯到索绪尔的《普通语言学教程》。”② 罗兰·巴特在索绪尔的语言符号系统基础上增加了一层指意系统，并定义了文化代码的概念。列维-斯特劳斯在《结构人类学》中指出，所有的文化都表现了人类心灵中与生俱来的那些二元对立结构的逻辑转化。霍尔的编码与解码理论标志着文化研究从文化主义到结构主义的范式转换。③ 总之，结构主义的出现为文化研究学者提供了一种新的文化研究范式。

后现代主义发源于20世纪60年代，它对现代主义和现代文化采取怀疑、否定和批判的态度，尤其表现在对现代建筑与艺术作品的批判上，追求不稳定性，向绝对的观念挑战。后现代主义思潮不仅影响到西方文化艺术领域如文学、绘画、雕塑、建筑、音乐、舞蹈、影视等，还深入到哲学、美学、心理学、语言学、社会学、史学和考古学等学术领域。它在各

① ［英］赫伯特·里德著，朱伯雄、曹剑译：《现代艺术哲学》，80—81页，天津，百花文艺出版社，1999。

② 陆扬：《结构主义与文化研究》，《郑州轻工业学院学报（社会科学版）》，2005（2），29—32页。

③ 陆扬：《文化研究导论》，53页，北京，高等教育出版社，2012。

个领域的表现和影响程度有所不同，而在文化理论领域中后现代主义的声势最为浩大。如果说，“现代主义是一种有限的思维方式，它总是从某种给定（或假定）的东西出发”，那么，“后现代主义则是一种无限的思维方式，它反对任何的‘前提’‘基础’‘中心’‘视角’”①。可见，后现代主义的怀疑和批判要比现代主义更加彻底。

后现代主义是在现代主义和结构主义的基础上发展而来的，其核心特点是“解构”，从对文学作品的解构，到对传统二元对立的整体理性文化的解构。法国思想家罗兰·巴特是从结构主义到解构主义的关键人物，他对作者权威提出否定，并发展出一种新的文本理论。福柯在《疯癫与文明》中写道“疯癫是一种文化建构的结果”，他还提出权力话语理论。1967 年法国哲学家雅克·德里达出版了《声音与现象》《论文字学》《文字与差异》三本著作，这标志着作为西方现代哲学思潮重要组成部分的解构主义理论的产生。德里达对逻各斯中心主义提出批判，对文本中心提出质疑。“耶鲁学派”在分析欧美文学的过程中运用解构主义思想，形成颇有声势的解构批评，其中保罗·德曼提出解构修辞学理论，揭示出文本自身包含的自我解构性质。解构主义文学理论与实践，深刻影响着西方后现代主义思潮，“因为后现代文化思潮的核心命题仍旧是对于西方传统文化尤其是哲学文化和理性精神的反叛”②。因而，解构主义文学作品出于反传统、反意识形态的动机，必然导致其对文化的消解，从而不可避免地产生了对文化的批判。

五、早期西方马克思主义与后殖民主义的文化思想

19 世纪马克思主义学说诞生，初步提出了自己的文艺理论。而更加系统的西方马克思主义文艺理论则是 20 世纪 20 年代由卢卡奇与葛兰西等人共同开创的。1923 年，匈牙利的卢卡奇发表了《历史与阶级意识》，标志着西方马克思主义思潮的产生，并被后来的西方马克思主义者奉为圭臬。此外，意大利的葛兰西提出摧毁资产阶级“文化霸权”的思想，认为资产阶级统治体现在国家机器的暴力统治与对市民社会的文化霸权两个方面。西欧工人阶级革命要想成功应首先进行文化阵地的争夺，努力夺取文化领域的领导权。第二次世界大战后，随着科学技术的飞速发展和国家对经济

① 王治河：《论后现代主义的三种形态》，《国外社会科学》，1995（1），31 页。

② 苏宏斌：《走向文化批评的解构主义》，《外国文学评论》，1996（1），10 页。

生活的干预，当年为卢卡奇所揭露的物化现象非但没有消失，反而更加广泛和严重。垄断资本、科学技术与国家干预的共同作用，使当代资本主义社会里工人阶级采取激进手段进行政治变革的希望更加渺茫，因此西方马克思主义者更加注重从西方各种传统哲学和现代学术中吸取思想资源，借以展开对当代资本主义的文化批判。“在西方马克思主义的视域中，上层建筑中的固有文化实践和文化产品本身受到了重新审视，其理论话语的主旨试图直接透过文化表征看到背后的文化政治寓意。”①

20 世纪 60 年代后期到 70 年代，随着各种形式主义文论流派的相继衰落，文学研究的重心开始转向对读者接受过程的研究。到了 70 年代末期，后殖民主义批评兴起，它是一种跨学科跨文化的文化批评理论，在 20 世纪 80 年代中后期到 90 年代初期发展成为一种影响广泛而深远的学术思潮。后殖民主义理论受葛兰西“文化领导权”“文化霸权”理论影响很大，同时，弗朗茨·法农《黑皮肤、白面具》和《地球上的不幸者》对后殖民理论的兴起有着重要的开拓作用。② 后殖民主义与 1968 年巴黎的“五月风暴”之后兴起的解构主义有密切的关系。后殖民语境中的“主体文化身份认同”和“主体地位与处境”为文化研究学者对东方主义与西方主义、文化霸权与文化身份、文化认同与阐释焦虑、文化殖民与语言殖民等问题的研究提供了新的思维视野和研究思路。

第三节　法兰克福学派的文化研究

在 20 世纪西方众多的文化理论思潮当中影响力最大的当属德国的法兰克福学派。法兰克福学派的社会哲学是一种宏观的社会批判理论，是围绕霍克海默领导的法兰克福大学社会研究所及其机关刊物《社会研究杂志》形成和发展而来的。法兰克福学派的发展历史可大致分为以下五个阶段：前法兰克福学派、欧洲时期、美国时期、西德-美国时期、第二代法兰克福学派。③

① 王晓路：《西方马克思主义文化批评的理论指向》，《外国文学》，2011（5），137 页。

② 王岳川：《后殖民主义文化批评》，《人文杂志》，1997（3），100 页。

③ 陈振明：《法兰克福学派与科学技术哲学》，5—6 页，北京，中国人民大学出版社，1992。

一、社会批判理论的形成

第一次世界大战后，西方政治经济文化的发展催生了法兰克福学派。它的形成与20世纪国家垄断资本主义趋势加强以及法西斯主义的出现密切相关。科技的发展打破了原有的脑力劳动者和体力劳动者的数量比例平衡，资本主义国家中的阶级结构与关系开始发生转变。与此同时，马克思主义理论阵营的分化也是法兰克福学派产生和发展的社会历史原因之一。法兰克福学派的社会批判理论融合了各种不同的理论要素。马克思学说、卢卡奇等学者开创的"新马克思主义"理论框架、德国古典唯心主义尤其是黑格尔哲学、弗洛伊德的精神分析学、存在主义哲学等共同促使其社会批判理论的形成。

1937年霍克海默（Max Horkheimer，1895—1973）撰写的《传统理论与批判理论》奠定了法兰克福学派的社会批判理论的基础和价值取向。1947年霍克海默和阿道尔诺（Theodor Adorno，1903—1969）在《启蒙辩证法》一书中对资产阶级的启蒙和启蒙运动进行了全面的反思，揭示了启蒙倒退为一种神话，"启蒙在为现实社会服务的过程中，逐步转变为对大众的彻头彻尾的欺骗"①。法兰克福学派不仅认识到现代工业文明和工具理性所导致的人性堕落和人的异化，并极力对资产阶级的意识形态及其表现形式即文化工业产品进行批判，而且他们还认为与科学对立的是艺术，只有真正的艺术才能够拯救被控制的、麻痹的、丧失了自我的无思想的人们。

二、对大众文化的思考

大众文化是诉诸感官的没有深度的文化。法兰克福学派成员对大众文化即大众艺术的批判集中于机器大生产时代产生的电影、广播、电视、广告、艺术复制品等。大众文化凭借各种技术手段，服从于同一套虚假的程式即所谓文化工业的总体性，漠视对内容的即时即地性的追求，向大众提供具有各种娱乐成分的文化工业产品。人们的注意力不断地被分散掉，于是大众文化瓦解了所有人的思考能力和抵抗能力，大众在大众文化面前只能束手就擒。

---

① ［德］霍克海默、阿道尔诺著，渠敬东、曹卫东译：《启蒙辩证法》，40页，上海，上海人民出版社，2003。

大众文化是一种标准化的、丧失了韵味的批量生产的文化工业产品。本雅明认为，自19世纪以来，文化工业不断采用各种先进的技术，使得各种艺术品都出现了大批量的复制品。复制品是一种标准化的工业产品，它不具有原艺术品的即时即地性和永久性，破坏了原艺术品的原真性和权威性，最终导致艺术品的韵味和光韵的丧失。它不具有对大众的审美救赎和彼岸理想的功能以及对社会现实的否定功能，但是“文化工业把自己造就成蛊惑权威的化身，造就成不容辩驳的既存秩序的先知”[①]，因此大众文化的意识形态就是一种欺骗，一种被编造出来的赤裸裸的谎言。

同时，大众文化是资产阶级的一种商业文化。法兰克福学派认为，前资本主义时代的艺术创作更多地遵循一种自律的要求，“存在着创作、再创作和即兴创作的连续体”；而资本主义时代的艺术更多地服从于市场机制和商品的价值观念，并已经成了一种用于交换的商品。大众文化不是真正的艺术，追求利润是它的本质：“商业就是他们的意识形态。……晚期资本主义的娱乐是劳动的延伸。人们追求它是为了从机械劳动中解脱出来，养精蓄锐以便再次投入劳动。”[②] 大众文化给大众带来娱乐与消遣，提供给大众的是虚假的消费和满足，其最终目的只是为了使大众能够重新投入到生产资料再生产过程中。大众文化失去了艺术的实质的意义，反而成为统治集团运用先进技术和传媒来控制大众的手段。

法兰克福学派的社会批判理论蕴含着一种深沉的人文主义精神和犀利的价值批判态度，他们从哲学高度对异化、启蒙、工具理性、大众文化的本质等问题进行了深刻的考察和批判，打破了事物的欺骗性表象。他们对当下资本主义社会现状的关注、反思和批判为文化批评提供了精英主义立场的思辨性哲学批评范例，同时也揭露了文化工业作为启蒙的欺骗性以及大众被异化的社会处境。法兰克福学派对大众文化的复制性、庸俗性和救赎功能的缺失进行了尖锐的批判，对资本主义文化工业追求利润的商业性意识形态做了深刻揭示，但是其乌托邦式的艺术观和对大众文化的片面否定及浓厚的悲观主义情绪也需要后来的文化批评者加以警惕。

---

① [德] 霍克海默、阿道尔诺著，渠敬东、曹卫东译：《启蒙辩证法》，165页，上海，上海人民出版社，2003。

② [德] 霍克海默、阿道尔诺著，渠敬东、曹卫东译：《启蒙辩证法》，153页，上海，上海人民出版社，2003。

第四节　英国伯明翰学派的文化研究

一、伯明翰学派的兴起

从理论来源来看，英国的文化研究起源于20世纪初广泛的社会政治教育过程，它也与当时去理解大众文化的理论意义的知识分子的努力相关，这些知识分子试图把日常生活的文化领域用政治立场来加以分析。这其中既有抱着工人革命意识的激进知识分子，也有诸多抱着更为广泛的民主意识的知识分子。

就文化研究的形成及其对世界范围的理论影响来看，霍加特于20世纪60年代主持成立的伯明翰大学当代文化研究中心（Center for Contemporary Cultural Studies，简称CCCS）有着重要的地位。在英国文化研究形成与发展的过程中，理查德·霍加特（Richard Hoggart，1918—2014）、雷蒙·威廉斯（Raymond Williams，1921—1988）、汤普森（E.P. Thompson，1924—1993）和斯图亚特·霍尔（Stuart Hall，1932—2014）都起到了重要作用，他们在伯明翰大学当代文化研究中心不同时期的研究为英国文化研究打下了坚实的理论基础。

在霍加特的《识字能力的用途》一书中，我们可以看到英国文化研究的萌芽。霍加特认为社会知识精英是通过他们的文化形式参与权力的，并且主张将对大众文化传媒等的研究视为文化研究的必要内容之一。从霍加特的理论出版物和访谈材料看，他一直认为带有批判意识的文化研究才有意义，文化批判使思想更锐利，以达到更仔细地观察社会并提出疑问的目的。霍加特认为将相关政策纳入文化研究范畴可以使文化研究产生一定的社会效应。此外，在英国文化研究的经典文本——英国历史学家、社会学家汤普森的《英国工人阶级的构成》一书中，作者巧妙地区分了为工人阶级创造的文化和工人阶级创造的文化。雷蒙·威廉斯的《漫长的进化》《文化与社会》等也对英国的文化研究起到了积极的引导作用。

雷蒙·威廉斯对英国文化研究的主要贡献是对马克思主义“基础和上层建筑”理论的重新理解，从而把文化研究拓展到了新的维度。在威廉斯看来，“社会存在决定社会意识”命题比“基础决定上层建筑”更合理，因为后者可能存在理论上的误读。威廉斯认为，已有的马克思主义文化分析基本是从预先控制的视角展开的。对上层建筑的重新理解很必要，但是，"如果要理解文化过程的现实，'基础'是更重要的需要考察的概念"。威廉斯认为卢卡奇巧妙地认识到了基础和上层建筑关系的问题所在，他的整体性概念就是一种对基础和上层建筑关系加以重新理解的尝试，并且这种尝试是"一个非常重要的发展"。从社会实践看，社会整体性都有一个具体的组织和结构，这可以看成是与某些社会意图之间的直接联系。

二、霍尔的文化研究

斯图亚特·霍尔认为并不存在理论正统的伯明翰学派，但从理论的内在逻辑分析看，霍尔的文化理论还是在修正传统马克思主义文化理论的逻辑中运行的，而这正是伯明翰学派能够成为一种理论正统的基础。他的理论具有解构霸权的内在因素。霍尔一直在尝试超越威廉斯的传统马克思主义"基础和上层建筑"分层理论，不过这种超越还需要严格地限定。也正因为如此，霍尔承认自己的理论属于后马克思主义理论范畴，其基本立意在于建构一种意识形态理论，这是早期西方马克思主义未尽的意愿；虽然在理论上多少表现出了无产阶级革命意识的缺失，但是意识形态与特殊主体的整合依旧是理论的主题，这个主题被霍尔的"接合"理论所言说。

霍尔曾经分析过文化研究的两种基本范式，分别是文化主义的研究范式与结构主义的研究范式。他认为霍加特的《识字能力的用途》、威廉斯的《文化与社会》以及汤普森的《英国工人阶级的构成》都属于文化主义的研究范式之文本。这些文本基本上都力求摆脱传统的文化论争，这种论争的焦点在于高雅与低俗文化之间的区别标志；同时这些文本试图把文化研究与社会生活方式结合起来以开启文化与社会关系研究的新模式。霍尔通过分析认为，"文化主义与结构主义共同的地方是突破基础-上层建筑的模式，赋予上层建筑以建构性的力量"①。在对新的文化研究路径进行建构的过程中，霍尔认为葛兰西给他提供了一种理论参考。

霍尔对英国的文化研究的另一主要贡献在于他对文化编码和解码的程式研究。这种研究强调了受众的主体能动性，开启了微观政治分析文化研究，由此才有了其后发生的由法兰克福学派文化哲学观到费斯克的"理解大众文化"的理论转换。编码与解码理论是霍尔在研究信息传播过程中展开的，从宏大叙述的角度来说，其理论意图在于消解传统经济基础对上层

① ［英］斯图亚特·霍尔著：《文化研究：两种范式》，载于罗钢、刘象愚编：《文化研究读本》，北京，中国社会科学出版社，2000。

建筑的决定模式。霍尔认为，传统的理解模式只关注信息交流的层面而没有把整个交流过程当作一个整体来理解，所以应该受到批判；合理的做法是把信息交流分析为相对自主的多环节的结构性过程，整个过程包括“生产、流通、分配/消费、再生产”四个基本环节，而其中流动的是各种意义和信息，它们以符号作为载体，这种载体又按语言的基本规则构成。在信息传播的过程中，作为人工制品或行为的符号与符码共同构建了传播基础。霍尔认为由于编码者（生产者）与解码者所处的位置之间建立的对称和不对称程度不同，在现实中信息的实现方式就不完全一样，这不但取决于编码者，而且取决于解码者。为此，在不否定信息传播中社会关系、实践条件客观性与复杂性的限制性意义的前提下，霍尔提出了三种不同的信息解码模式。在霍尔看来马克思原有的文化哲学思想不过是遥远的参照点，文化传播理论研究则开启了文化哲学发展的新维度，它所切入的是当代社会的微观政治层面，其影响力在当代社会批判理论领域日益表现出来。

三、伯明翰学派对大众文化与文化霸权问题的关注

伯明翰学派文化研究是对法兰克福学派文化精英主义大众文化理论的现实反应，伯明翰学派“研究文化作品和实践是为了重建诸如经历、价值观念等——特殊群体或阶级或整个社会的情感结构，是为了更好地理解那些体验过这类文化的人群的生活”[①]。伯明翰学派拒绝走向理论的极端，他们从霍尔的文化思考开始经由葛兰西文化霸权理论和阿尔都塞的意识形态理论走向视域更广的当代文化研究。

因此，伯明翰学派既保留了文化研究的现实面及批判维度，又与法兰克福学派文化批判的主题相一致。伯明翰学派用肯定大众文化的态度和现实的微观政治文化分析方法脱离了法兰克福学派对文化理论绝望的悲观主义情绪。伯明翰学派认为大众在文化实践过程中是积极且具有创造性的，这种现实的主体性一直在与自上而下的意识形态进行对抗。他们对大众文化的考察和分析开始倾向于注重从政治制度和思想意识角度出发，重视大众文化及其理论建构，并希望在政策与制度两个新的维度对大众文化进行重构。[②]

---

① ［英］约翰·斯道雷著，杨竹山、郭发勇、周辉译：《文化理论与通俗文化导论（第二版）》，93页，南京，南京大学出版社，2001。

② 陶东风：《超越精英主义和悲观主义——论费斯克的大众文化理论》，《学术交流》，1998（6），92—98页。

在文化研究上，早期的伯明翰学派同样关注工人阶级的整体性缺失以及阶级意识淡化问题。其认为大众文化是工人阶级阶级意识被整合到资本主义社会的重要因素之一，同时还认为文化是意识形态再生产和文化霸权得以延伸的重要场所。

威廉斯曾指出，高雅文化本身是反抗资本主义文化霸权的特殊文化形式，但梳理伯明翰学派文化研究的历程会发现其对微观政治层面的关注已经超越了法兰克福学派文化理论所设定的意识形态局限。英国文化研究从来都没有放弃挖掘媒介文化、大众阐释以及媒介产品的反抗成分，并且聚焦于亚文化圈所具有的抵抗潜质研究，赞扬工人阶级的文化潜质以及青年亚文化反抗资本主义文化霸权的新模式。

第五节　20 世纪以来中国的文化研究

辛亥革命结束了清王朝的统治。辛亥革命前后，一股呼吁改造国民性的社会思潮开始席卷中国，其着重批判了两千多年封建时代造成的种种国民劣根性，并描绘了以近代资产阶级思想意识、精神面貌为基调的新国民性，探讨了实现国民性改造的途径。这股思潮旨在救亡图存，实现中国人心理、思想、价值观念的根本变革，追求人的近代化的进步，成为中国近代文化观的重要组成部分。

一、新文化运动时期中国文化观的选择与探索

1915 年 9 月，陈独秀创办了《青年杂志》（自第二卷起改名为《新青年》），在当时的中国舆论界首倡“民主”与“科学”。通过《新青年》杂志，一大批青年学者开始对以孔学为代表的旧文化展开了猛烈的抨击。新文化的倡导者们高举“德先生”与“赛先生”两面大旗，为尚处在封建文化中的国人传播先进的西方文化，欲使民主和科学的思想成为新文化时期的精神支柱。

新文化运动在精神领域实现了划时代的变革，在思想领域的变革涉及哲学体系的更新——唯心主义理学、心学和神学等遭到了来自马列主义理论传播者的彻底批评；以儒家经典为核心的封建思想体系也遭到民主、科学信仰者的强烈抨击；旧的思维方式、伦理道德观念和传统心态等，经受了新文化运动的变革与洗礼。同时，积极改革教育体制和教学方式，提出“学术自由”与“科学救国”的口号，标志着现代学术环境的初步形成。

另外，报纸、杂志和其他新型文化产品的出现，与新的文化阶层一同构建着新时代的文化体系。随着新文化运动的开展，人们开始争论东西方文化优劣问题。在20世纪50年代之前就有三次影响较大的争论：第一次是《青年杂志》创刊带来的思想文化界对东西方文化的对比与争论；第二次发生在“五四”运动之后的20世纪20年代，争论两派的代表人物有梁漱溟与杨明斋，两人分别出版了专著《东西文化及其哲学》和《评中西文化观》；第三次是30年代中期，又发生了“本位”与“西化”的争论：以“十教授”为代表的学者强调中国文化“本位”建设，要“存其所当存，去其所当去”，同时对西方文化要借鉴性地吸收；而自由学派的代表胡适、陈序经则主张全盘西化与世界化。

二、现代中国三大文化流派的形成

现代中国在新文化运动之后逐渐形成了三大文化流派，即保守主义的现代新儒家学派、自由主义的西化派和马克思主义的唯物史观派。产生于20世纪20年代的现代新儒家学派曾经希望通过发动一场儒学复兴运动来使我们民族摆脱近代以来所遭遇的文化危机。自由主义的西化派则一直在呼唤人的个性解放、独立人格、精神自由，追求民主政治和科学的发展，积极吸收资本主义文化中的一切对我有用的东西，表现出强烈的文化再植意识和工具理性意识，但缺少价值理性的终极关怀。另外，在“五四”运动之后，一批曾经接受或信奉自由主义的知识分子转而接受马克思主义，并提出了既不同于自由主义也不同于保守主义的文化主张，形成了马克思主义文化学派。在中国思想界，三大文化流派既有争论又在某些方面相互补充与妥协。这三大文化流派的文化坐标体系在20世纪40年代末之前几乎在中国大陆的东西方文化比较研究中呈现出三足鼎立之势。三大文化流派从不同的角度为中国现代文化学的发展夯实了基础，表现出了中华民族精神在寻找救国救民、走向现代化道路上的伟大凝聚力。

中国现代文化学说主要研究了什么是文化、文化的民族性与时代性的关系、本位文化与世界文化的关系、文化发展道路等问题。通过求解这些问题，中国现代文化学说出现了以下理论倾向：

一是从哲学的观点看什么是文化。不同文化流派对这一问题的回答同中有异。例如，梁漱溟认为文化不过是民族生活的样法，生活是没尽的意欲，这是以柏格森的生命哲学为基础去阐释文化。胡适同意其“文化是民族生活的样法”的观点，但又以杜威的实用主义理论去解释生活，认为生活是生物。

二是文化的民族性与时代性的特殊关系问题。胡适等西化论者片面地强调文化的时代性，梁漱溟、熊十力、冯友兰、贺麟等现代新儒家则更多关注文化的民族性。毛泽东及其战友则在唯物史观的基础上，在“新民主主义的文化”标题下，科学地总结了民族性与时代性问题的争论，明确指出中国现代文化具有鲜明的民族性、科学性和民主性的特征。

三是本位文化与世界文化的关系问题。胡适等人认为，中西之争就是古今之争。瞿秋白在运用唯物史观进行文化研究时，更注重文化的通性。而现代新儒家方东美则坚持“以价值为中心”的文化取向，他从各民族的优秀文化之互融互补来寻找人类文化的现代出路和未来前途，这对进一步探讨文化的特殊性和文化的普遍性关系问题是十分有帮助的。

四是文化发展道路的问题。梁漱溟建立了以意欲为动因的文化发展论；冯友兰建立了以类型为基础的文化发展论；方东美建立了以科学文化为基础、以哲学为核心的文化发展论；熊十力建立了中西文化融合论，提出了“中西学术，合之两美，离之两伤”的观点，希望找到中西文化及传统与现代的结合点，以建设民族主体性的、吸收西方的新的文化系统；瞿秋白提出了未来属于“社会主义的艺术文明”的初步构想；侯外庐希望在中西文明的源头处寻找文化发展的轨迹；毛泽东《新民主主义论》的发表让当时几十年来对文化发展道路问题的思考取得了初步性的成果。

三、胡适与自由主义文化思想

作为具有民主主义思想的知识分子，胡适 1917 年在《新青年》杂志上发表了《文学改良刍议》一文，倡导国人使用白话文，引发了人们对文化变革的深层思考。胡适把人作为文化的主体，他的文化批判口号是“重新估定一切价值”，而估定价值需要一个尺度，这个尺度在胡适看来就是人及其自由。在胡适的文化思想中自由主要是指幸福。受其老师杜威的影响，胡适以实用主义哲学为武器冲击传统的封建主义思想体系，宣传科学精神，具有一定的历史合理性。在文化价值观方面，胡适哲学的实用论、真理论和方法论都内在地蕴含着以人的幸福为中心的价值观念。追求幸福的价值取向同样决定着胡适对待和处理中西文化的态度。

在《我们对于西洋近代文明的态度》一文中，胡适阐明了他的文化观：文明是一个民族应付他的环境的总成绩；文化是一种文明所形成的生活方式；“凡文明都是人的心思智力运用自然界的质与力的作品，没有哪一种文明单是精神的，也没有一种文明单是物质的。”[1] 尽管胡适基本上否定了中国的传统文化，但其文化观也存在一定的合理性：它强调人的主体性，主张从人和人的自由出发去理解文化问题，突出了自由内容中的幸福价值，这与当时的时代要求相一致。此外，胡适的文化观还包括从人与环境的关系上把握文化，以便更好地克服文化的抽象性。他还主张物质文化和精神文化、灵与肉的一致性。

在胡适的积极推动下，自由主义在“五四”以来的中国衍化为一种富有影响力的文化思潮。中国的自由主义是从以儒家为正宗的中国传统文化的束缚中解放出来的一股文化思潮，所以是不可能与西方自由主义一模一样的；自由主义在中国之所以能够发展成为一股文化思潮，除了胡适、陈序经、傅斯年等一批知识分子的大力推动之外，还与当时世界文化发展的多元化趋势和国内民主主义运动高涨有关。但与成熟的保守主义相比，自由主义又显得基础薄弱、理论浅薄，仍停留在对外来文化思想的引进和评价方面，对自我意识的深层研究与独立创造文化思想的能力不足。这就导致了其发展后期在中国思想界备受冷落。

四、现代新儒家的文化思想

现代新儒家产生于“五四”时代。第一代新儒家包括梁漱溟、熊十力、张君劢、冯友兰、贺麟等学者。“五四”运动后不久，梁漱溟在1921年出版了《东西文化及其哲学》一书，指出只有以儒家思想为基本价值取向的生活才能使人们尝到“人生的真味”；贺麟则更注重文化和人生态度问题，用生命哲学的观点对儒家的天命观、天理观进行了新的诠释；张君劢率先提出并深入阐释“人生观问题之解决，决非科学所能为力，惟赖诸人类之自身”。随着抗日战争的爆发，民族危亡问题推动了那些主张发扬民族精神、复兴民族文化的思想学说的发展，这一时期冯友兰创造了蕴含着地理环境决定论、文化进化论以及文化相对主义三种文化观的“新理学”哲学体系，在现代新儒学思潮发展史上占有重要的学术地位。

如果说梁漱溟、熊十力等第一代现代新儒家学者主要解决儒学面临的深刻危机和回应来自文化的挑战，那么，现代新儒家的第二代人物牟宗三、唐君毅等以及现代新儒家第三代人物的重要任务则在于对新儒学体系

---

① 忻剑飞、方松华编：《中国现代哲学原著选》，59页，上海，复旦大学出版社，1989。

的构建，以解决当时中国现代化的问题。此外，现代新儒家对于20世纪中国的主要贡献还在于对当时的中西古今之辩提出了围绕着传统与现代的关系的有价值的见解，这些见解对后来的中国文化研究学者产生了深远的影响。

五、现代中国文化人类学与费孝通倡导的“文化自觉”精神

赫胥黎的人类学著作《天演论》在中国翻译出版标志着人类学思想传入我国。在中国“民族学”成为20世纪前半期人们公认的学科之名，也有人用文化人类学作为民族学学科名称。新中国成立后，学科调整将人类学限定在体质人类学研究范围，而用民族学作为研究各民族的学科的名称，后者侧重我国少数民族研究；20世纪80年代后学科重建过程中将人类学与民族学分别作为现行学科名称使用。在我国的人类学发展过程中，涌现出了一大批像吴文藻、杨堃、凌纯声、费孝通、林耀华等享誉海内外学术界的民族学或人类学学者。

费孝通是我国著名的文化人类学家和社会学家。他师从吴文藻和马林诺夫斯基。20世纪人类文化精神研究出现了新的理解和突破的可能性，这其中就包括费孝通提倡的“文化自觉”精神。文化自觉就是生活在一定文化背景下的人对其文化有自知之明，并能够认识到自身文化发展的历程和预测到其未来。文化从属于人的生存需要又满足人的生存需要，文化与人类既有外在关联又有内在联系。文化本身就是人类生存发展的标志。我们要理性地对待自己生活于其中的文化，要积极探讨、思考和发现自身所处的文化的问题，协调好文化的民族性与时代性的关系，在尊重文化多元性的前提下以我为主、博采众长。在此基础上要认清文化的发展脉络和规律，大胆接纳外来文化，不断促进文化交流与融合，以便在不同的优秀文化中寻找适合本民族文化的未来出路与发展方向。

第八章　文化学的应用领域

在当代社会，文化已成为国家发展的软实力，它是发展经济、政治、外交、教育以及建设法制社会和文明社会、提升国民道德素质的核心要素之一。随着人们对文化的认知和对文化需求（消费）的不断加深，“文化地生活”逐渐成为当代及未来民众日常生活的主要方式。文化实力的强与弱关系到一个国家发展的兴与衰。正因为如此，我国在建设社会主义物质文明的同时也积极推进社会主义先进文化的建设，在加快改革步伐的同时实施文化兴国战略，这已成为我国发展的基本国策。文化的研究与实践越来越重要，文化学的价值越发凸显了——它不仅担当了构建和完善文化研究科学体系的学术使命，还肩负着探究文化经济、践行文化兴国、提高社会文明和全民素养的重要历史使命。

就研究领域来看，文化学一方面以研究文化现象、规律和人们对文化问题的认知为目标，另一方面也注重探究其相关的应用领域、探究文化兴国和提高全民素养的科学途径。文化学的应用研究是十分重要的，需要不断探索文化与其他领域的关系，推进文化与其他领域的共同发展。本章主要从文化与经济、管理、艺术、当代人的生存发展以及国家文化软实力几个方面介绍文化学应用领域的基本情况。

第一节　文化与经济

一、经济发展与文化发展的互动

文化和经济是人类社会发展必不可少的两个部分，文化与经济存在着千丝万缕的关系。经济是社会发展的基础，而文化既是上层建筑也是社会生活的基本方式，文化与经济共生、同构、互动。随着人类社会的发展，当人们的需求达到物质经济已经无法满足的程度后，必然会转向非物质经济，实现文化与经济的一体化。①

可以说，经济本身就是一种文化。经济体中的产品、货币、制度等，无不属于文化的范畴，各种经济现象更是人类社会独特的人文风景。② 当代经济发展与文化息息相关。比如，各类新兴产品的竞争力，更多地体现在其功能和服务上；一个企业的生存竞争力，主要体现在它的企业文化以及管理制度方面；市场的活力则取决于广大消费者的观念和需求。文化价值与经济价值的关系十分密切，特定文化资源具有独特性和独特价值，这与经济学中边际效应与价值关系的原理正好是关联在一起的。这就使得以地域或历史文化的特色资源来搞经济、发展文化产业具有巨大的、稳定的增值空间。而且，作为消费品的文化内容，或者包含着丰富的知识和信息，或者能提供认知和审美等精神意义的享受，可以不断被复制和传播，从而形成了广阔的、可持续的消费空间，使其产业具有巨大的潜在附加值，并且可以形成以文化为核心的产业链。因此，以信息传播、智能技术、知识品位等为特征的文化的价值极大地促进了文化经济的发展，文化经济的发展也使人们的文化消费和文化生活更加活跃和充实。

与此同时，经济全球化促进了对文明碰撞的研究。资本要把全世界纳入资本市场之中，要把全世界每一个角落变成商品市场，于是文明冲突成为全球性的问题。社会发展的不平衡性是客观存在的，各地区经济文化发展水平不一，各国各民族文明仍有很强的个性。因此，伴随着经济交流，文化会互动；伴随着经济冲突，文化会冲突。③ 很明显，如何处理文化的冲突，是当代经济发展的一个重要课题。

从国家层面上看，国家经济发展越好，其文化事业和文化产业也越容易建设；而经济发展的速度和水平又与其文化基础密切相关，文化基础越雄厚，则经济发展越快。从个体层面上看，个人或群体的收入水平影响着其消费观念和文化观念，而一个人的文化水平又在某种程度上影响其收入水平。

文化与经济是同构互动的。在创意经济、信息社会快速发展的新时代，文化对经济的发展不能简单地理解为“有反作用”，而是具有某种程度的决定作用。文化在综合国力中的地位越来越重要，文化可以创造巨大

---

① 胡惠林：《文化经济学（第 2 版）》，17—20、33—34 页，北京，清华大学出版社，2014。

② 陈华文：《文化学概论》，89 页，上海，上海文艺出版社，2001。

③ 王玉德：《文化学》，208 页，昆明，云南大学出版社，2006。

的经济价值。文化对经济的决定作用具体表现在：文化可以提升劳动者的素质，是经济发展的原动力；文化可以增进社会知识，是经济发展的催化剂；文化塑造良好形象，是经济发展的大磁场；文化提供不竭需求，是经济发展的动力源。经济与文化呈现出相互融合的发展趋势，这主要表现在：文化产业的迅速兴起；科技文化在经济增长中的决定作用越来越大；文化创意成为经济发展的内生元素；创意产业具有无限的发展前景。经济发展越来越依赖于文化，这已经成为当今世界不争的事实。

二、文化产业

（一）什么是文化产业

文化产业最初称为“文化工业”，该术语出现于法兰克福学派的霍克海默和阿道尔诺在 1947 年出版的《启蒙辩证法》一书中。该书批判了工业化的文化产品生产模式破坏了文化的“个性的、一次性的、独一无二的存在”的本质。然而，1950 年以后随着社会经济的发展和历史语境的变化，以及人们对文化经济认知程度的加深，“文化工业”（culture industry）逐渐被其复数形式“文化产业”（cultural industries）所替代，并由贬义概念渐变为中性概念。这一概念扩展至全世界范围，与大众文化、通俗文化、媒体文化等经常联系在一起使用。当前，文化产业正在逐渐成为各国国民经济的支柱产业。作为新的财富创造形态，文化产业能够产生巨大的经济效益和经济价值，因此被视为 21 世纪的朝阳产业。

文化产业的形成是一个漫长的过程，现代文化产业是在工业文明时期形成的，市民阶层的产生、城市文化的形成、近代工业革命以及文化发展的内在动力促成了文化产业的形成。文化产业与文化、产业有着紧密联系，但又不是二者的简单相加。文化产业是文化的产业符号形态，是文化要素的综合形态。①

联合国教科文组织把文化产业定义为：“按照工业标准生产、再生产、储存及分配文化产品和服务的一系列活动。”2004 年中国国家统计局对“文化及相关产业”的界定是：“为社会公众提供文化、娱乐产品和服务的活动，以及与这些活动有关联的活动的集合。”2012 年修订后，又把文化及相关产业的定义进一步完善为“为社会公众提供文化产品和文化相关产

① 胡惠林：《文化产业学（第 2 版）》，28—29、47 页，北京，清华大学出版社，2015。

品的生产活动的集合”，并在范围的表述上对文化产品的生产活动（从内涵）和文化相关产品的生产活动（从外延）做出解释。

根据国家统计局《文化及相关产业分类（2012）》，文化及相关产业包括四个方面的内容：以文化为核心内容，为直接满足人们的精神需要而进行的创作、制造、传播、展示等文化产品（包括货物和服务）的生产活动；为实现文化产品生产所必需的辅助生产活动；作为文化产品实物载体或制作（使用、传播、展示）工具的文化用品的生产活动（包括制造和销售）；为实现文化产品生产所需专用设备的生产活动（包括制造和销售）。其中文化产品的生产活动构成文化及相关产业的主体，其他三个方面是文化及相关产业的补充。

文化产业具有多重属性：经济性、社会性、政治性和意识形态属性。文化产业结构的层次性和复杂性是文化产业多重属性的形成因素。文化产业是以文化内涵为主旨进行市场化运作的，这是文化与经济融合的发展模式。发展文化产业必须重视文化在文化产业中的作用，遵循文化发展的规律，符合文化的本质和特征。①

（二）文化资本

文化自身并不是资本，但是在现代产权制度的作用下文化被塑造成了文化资本。根据现代产权理论，财产权是一种排除他人使用某一资源而在法律上可被强制执行的权利，且不需要与该资源的潜在使用者缔结合约就可禁止其使用。在财产权的作用下文化有了被塑造为文化资本的前提。文化资本包括知识产权、人力资本和组织资本这三种形式。文化资本是文化产业的核心，投入文化资本转而进行生产和运营是文化产业的运作模式。

澳大利亚经济学家大卫·索罗斯比最早通过文化资本来分析文化产业。他认为文化资本是贡献文化价值的资产，兼具文化价值与经济价值。文化资本存在有形和无形两种形态。有形的文化资本是具有客观存在形态的，存在于具体的地点或者艺术品之中；无形的文化资本即文化资源，是以群体共有的习性、观念、信仰及价值的形式存在的。②

文化资本的运作能够促进经济的增长，主要体现在两个方面：一是文化资本具有收益递增的特征；二是文化资本制约着人们对制度、资源、技

---

① 薛永武：《关于文化与文化产业研究的几个理论问题》，《中国海洋大学学报（社会科学版）》，2008（3），23—28 页。

② 牛宏宝：《文化资本与文化（创意）产业》，《中国人民大学学报》，2010（1），145—148 页。

术等相关要素的选择。文化资本投资主要包括开展教育改革、文化交流等，它是促进经济增长的重要方式。①

（三）文化生产

人类的一切生产实践都是价值生产的过程；文化生产是特殊的生产形态，是文化内容和意义的产生活动及过程，是精神生产，是把精神活动的观念载体化的过程。② 在文化生产中文化是产品的内核，文化价值则是产业的活性剂。

现代文化生产有两种生产形态，即原创性文化生产和物态化文化生产。原创性文化生产的产品是以非实物形态存在的，物态化文化生产是原创性文化生产的物态化成果。原创性文化生产具有很大的随意性，物态化生产因为受到市场选择的影响而具有很强的客观性。

现代文化生产具有较高的知识技能综合性、文化和知识的再生产性、高度的创新性、过程和结果的双重存在性。同时现代文化生产受到价值规律和文艺规律的双重制约：价值规律是指价格通过市场调节，围绕价值上下波动；文艺规律是对文化艺术品的文化艺术价值的认定，满足了社会的选择之后才能进行物化生产，然后进入商品流通阶段。③

（四）文化市场

文化市场是市场的一种特殊形态，是市场的重要组成部分。文化市场是由多个要素组成的：文化市场的基础和主体是参与文化产品和服务交易活动的经营者，包括自然人、法人、国家法人；文化消费者和文化消费对象是文化市场的客体，其中核心是文化消费者；文化消费对象是由文化消费者的需求决定的，包含文化产品和文化服务。文化市场的主客体关系并不是一成不变的，可以相互转化，使得参与者具有双重身份。④

文化市场是文化商品的流通领域，是文化商品必需的资源配置方式。文化市场的资源配置是通过价值决定机制、竞争机制、供求机制、社会约束机制这四个互相联系的机制实现的。通过这四种机制，文化市场发挥了重要作用：文化市场要求文化企业有竞争实力和灵活的市场意识；文化市

① 高波、张志鹏：《文化资本：经济增长源泉的一种解释》，《南京大学学报（哲学·人文科学·社会科学版）》，2004（5），102页。

② 胡惠林：《文化经济学（第2版）》，60—61页，北京，清华大学出版社，2014。

③ 胡惠林：《文化经济学》，25—43页，上海，上海交通大学出版社，1998。

④ 胡惠林：《文化经济学（第2版）》，169—172页，北京，清华大学出版社，2014。

场发挥调控作用，并与政府的宏观管理一起对市场进行调节；文化市场形成供求动态平衡，实现文化生产力要素、文化消费品的优化配置；文化市场形成优胜劣汰的竞争机制，对文化企业形成压力和动力；文化市场要求形成一套与之相适应的制衡和保障机制。①

（五）文化营销

文化营销是一种发掘产品或企业文化中能够满足消费者需求的文化内涵的营销方式，这种营销方式使消费者对产品本身的物质需求、产品或企业文化所带来的文化需求都得以满足。文化营销是为企业营销服务的，文化营销的作用主要有沟通功能、差异化功能、提升品牌价值，文化营销对企业文化的建设也有促进作用。

文化营销中的主要受众是消费者。企业要让文化营销发挥作用，需要发掘产品文化或者企业文化与消费者文化相切合的地方，使消费者认可乃至追随产品文化或企业文化，形成产品的差异化优势，让竞争者难以模仿。②

现代企业进行文化营销的层次结构主要表现为产品文化营销、品牌文化营销和企业文化营销这三个层面。（1）产品文化营销应包括产品的生产、定价、分销及促销等环节。（2）品牌文化指的是某一品牌所特有的标记或名称或这两者的组合，以其为载体的利益认知、情感属性、个性形象或文化传统等观念的总和能够使消费者区分这一特定产品或服务。品牌文化营销应将焦点由产品诉求转向文化诉求，满足消费者文化价值心理上的需要。（3）企业文化营销指的是企业依据本身文化内涵的特色，选择恰当的方式在消费者心中树立个性鲜明的企业形象，从而达到经营目标的一种营销方式。③

（六）文化消费

文化消费是人们满足精神心理需求的过程，狭义上的文化消费指的是人们对文化消费品和文化服务的消费。④

文化消费结构指的是在文化消费过程中，不同文化消费品和文化服务所占的比例构成。第一类消费主体多为个人和家庭，其消费对象主要是廉

---

① 胡惠林：《文化经济学》，100—108页，上海，上海交通大学出版社，1998。

② 张党利、哈乐群：《营销文化与文化营销的概念界定及功能比较》，《企业改革与管理》，2013（8），49—50页。

③ 仇立：《论现代企业文化营销》，《经济研究导刊》，2010（31），29—30页。

④ 胡惠林：《文化经济学（第2版）》，120页，北京，清华大学出版社，2014。

价的文化商品；第二类消费主体向更加群体化的方向扩展，其消费对象中有了多样的文化消费品和文化服务；第三类消费对象则扩展到了生活中的方方面面，群体性的参与者占有较大比重，人们的消费态度开始由被动接受变为主动参与；第四类消费对象表现出更加多样化的特点，消费活动不只是简单的欣赏，也包括参与和创造，人们的消费态度主要是主动参与。而影响文化消费结构变动的因素主要有文化消费品的发展、社会收入的提高、消费方式的选择。①

文化消费具有十分重要的作用：扩大文化消费需求可以增强经济结构弹性，拉动内需，促进产业结构调整，促进经济健康发展，拓宽文化市场，扩大文化生产规模。

（七）文化产品

文化产品是文化产业价值的核心，文化产品的生产和消费都是为了满足人们的精神文化需求，但不同的载体所造成的文化产品的表现形式不同。

文化产品定义大致可以分为三类：一是广义上的文化产品，即人类创造出来的一切物品；二是狭义上的文化产品，即承载观念的产品；三是介于两者之间的文化产品，即与人们日常物质生活密切相关的精神产品。②

文化产品由思想产品、艺术品和文化用品构成。文化产品的核心形态是思想产品，指的是社会科学的研究成果，这一类文化产品往往通过思想解决问题；艺术品一般指造型艺术的产品，它不是实用型的物品，也不是为了商业用途而制造的产品；文化用品是文化产品生产的工具，如文具、乐器等，它本身不具有意识形态属性。

文化产品具有特殊性，虽然外在表现形式千差万别但是内在保持着统一。文化产品的价值具有两重性，即文化生产者的价值判断和社会整体的价值判断。某一文化产品越能满足人们的精神文化需求，其社会功效就越大。如果艺术家很满意自己的作品，却不受到社会的广泛认可，那么这时文化生产者价值判断和社会整体价值判断之间就存在着差异；不过，从整体上看，文化产品的市场认可度会逐渐向文化生产者所付出的劳动价值量靠拢，从而使文化生产者取得相应的市场回报。③

（八）企业文化

企业文化指的是企业在生产经营和管理实践中创造出的具有本企业特

① 胡惠林：《文化经济学》，82—90页，上海，上海交通大学出版社，1998。
② 胡惠林：《文化产业学（第2版）》，70—71页，北京，清华大学出版社，2015。
③ 胡惠林：《文化经济学》，122—124页，上海，上海交通大学出版社，1998。

色的物质形态以及精神财富，其中包括价值观念、文化观念、企业精神、行为准则、道德规范、历史传统、文化环境、企业制度和企业产品等。①

企业文化也是一种经济文化。企业文化既注重提高生产力、实现企业的健康经营与发展，也注重发展社会文化、统一员工思想，并激发员工的积极性和创造性，从而实现文化与经济的交融。企业文化的经济特性主要表现在企业的文化行为对经济活动的导向作用，前后一致的企业理念能够降低生产和经营成本，文化市场可以激活企业人力资源，品牌文化可以带来更多的利润。②

企业文化对于企业的建设与经济发展有着重要的作用，主要表现在：企业之间的合作双赢必须有文化的沟通，企业独特的文化促进企业战略的差别化与企业核心竞争力的形成，企业文化建设与形象设计结合能够保证企业的可持续发展。规范的企业文化是建立在满足企业各层次员工的需求以及适应企业发展需求的基础上的。判断企业文化是否很好地发挥了作用，关键在于企业文化是否促进了企业的发展。③

（九）文化传媒

著名新闻史学家迈克尔·舒德森认为新闻是文化的一种形式。新闻是记者建构的故事，其趣味性和重要性建立在特定的文化价值观之上；并且记者遵守专业的叙事规范，以特定的方式讲故事，而叙事规范和方式又受特定社会文化价值观的影响。④

在文化的生成与发展中，需要重视制度安排以引导文化发展的方向。新闻出版工作是文化建设的核心领域，具有十分重要的地位，发挥着重要的作用。在文化不断推动国民经济发展的过程中，要针对新闻出版行业文化价值的现状，明确新闻出版价值追求的内在含义，解决价值结构不平衡的问题，同时探索新闻出版价值追求的实现途径，保证其方向的正确性。要健全新闻出版内容创新机制，不断满足人民群众的精神文化需求。⑤

---

① 贺毅：《企业文化与企业经济发展》，《经济问题探索》，2004（11），52页。

② 李俊英：《论企业文化的文化特质和经济特性》，《河北学刊》，2005（3），197页。

③ 贺毅：《企业文化与企业经济发展》，《经济问题探索》，2004（11），52—53页。

④ 田秋生：《作为文化的新闻及其研究路径——基于迈克尔·舒德森和詹姆斯·W.凯瑞新闻观的探讨》，《新闻大学》，2015（4），87—88页。

⑤ 葛军燕：《从文化大国到文化强国：新闻出版行业的价值追求与实践路径》，《中国出版》，2013（12），9—10页。

（十）文化产业的新业态

文化产业新业态正凭借其深入融合创意与创新资源的优势，有效推动着文化产业与相关产业的发展升级。文化产业的新业态有如下几个特征：以创意为灵魂，赋予文化及相关产品文化个性；以科技为支撑，用现代科技推动文化的生产创新；跨领域产业融合并衍生出新的业态。

文化产业新业态是文化创意、科技创新融合催生的产物，它具有低资源消耗、高知识含量、高附加值的特征，并且对传统产业具有改造提升的功能。文化产业新业态正在逐步成为经济增长的新亮点。①

三、文化创意产业

文化创意产业与文化产业有很大的相似性，存在着一定的交叉和重复，但是两者不是同一概念。文化创意产业是创意类的文化产业，在文化产业中最具创造性和创新活力；它将创意产业与文化产业结合在一起，是文化产业发展到一定阶段的产物。

《国家“十一五”时期文化发展规划纲要》明确提出了国家发展文化创意产业的主要任务。从当代社会的经济活动、产业和产品运营，到广电、新闻、影视、网络、信息传播以及各项服务业，乃至人们的餐饮、家居、休闲娱乐等日常生活，到处都体现出文化创意的因素。文化创意几乎无处不在，它已经渗透到了现代生活的方方面面。

（一）文化创意产业的概念

美国“艺术、文化与国家对策”项目研究报告认为，文化是智慧和创造精神积聚而成的一种资本，是人类创造力和创新精神的源泉。② 作为资本的文化可以产业化，文化创意也可以产业化，文化创意的产业化形成了文化创意产业。

文化创意产业化就是以文化创意为基本元素和核心内涵，整合文化资源，运用多学科、多种载体创新再造文化理念和文化产品。而文化创意产业是指依靠创意人的智慧、技能和天赋，借助于高科技对文化资源进行创造与提升，通过知识产权的开发和利用，产生出高附加值产品、创造财富

① 李惠武、郁宏辉：《推进文化创意与科技深度融合，培育壮大文化产业新业态》，《广东经济》，2015（4），12页。

② 丛海彬：《城市创意竞争力研究述评与展望》，《浙江万里学院学报》，2011（6），17—21页。

和就业潜力的新兴产业。① 文化创意产业的核心是创意、创新，根本是知识产权和原创设计，文化创意贯穿于生产、流通、消费等过程中，满足大众的文化、艺术、精神、心理及娱乐等消费需求。②

文化创意产业是创意产业的主要部分，在各国的名称有所不同，有的称为创意产业、创意知识产业、内容（涵）创意产业等。最早针对文化与创意方面制定产业发展政策的国家是英国，1997 年由首相布莱尔和工党内阁率先推动、发展了创意产业。同一时期，韩国遭遇亚洲金融风暴，在总统金大中主导下也开始从电影与数字化等产业开始发展文化内容产业，成立了文化内容振兴院，并通过文化内容振兴法律。此后许多国家迎头猛追，相继发展其创意产业，如美国、日本、芬兰、法国、德国、中国、意大利、澳大利亚、新西兰、丹麦、瑞典、荷兰、比利时和瑞士等。

文化创意产业这个概念较早地活跃于台湾，而后香港沿用了这一概念。作为新兴的产业，文化创意产业在台湾和香港备受重视，产业规模急剧扩大，发展速度较快，并取得了良好的经济效益。

目前，我国内地一线城市受国际创意产业浪潮的影响，先后引进创意产业概念，出台产业发展政策。沿海地区依托当地文化传统和民族资源，以文化为核心，通过融入新技术发展文化创意产业。在智慧、技术与创意产业相结合的当代经济发展中，文化的地位与作用日益凸显。

（二）文化创意产业的分类

文化创意产业主要包括视觉艺术、表演艺术、广告装潢、服装设计、软件和计算机服务、工艺与设计、动漫、音像、广播影视、传媒、雕塑和环境艺术等方面。

目前，文化创意产业形态主要有文化创意产业园区、体育产业、会展业和旅游创意产业。

文化创意产业园区有创意产业（工业）园区、艺术产业园区和动漫动画创意产业园区等多种形式。创意产业（工业）园区以北京“798”艺术区、上海工业建筑老厂房仓库（如“8 号桥”创意工业园区）为典型代表，将工业历史建筑与流行文化元素结合，吸引了大量外地游客慕名而来，打造了工业时尚旅游园区的品牌，并为有创意天赋的人才提供了聚集的机

① 何洁：《后危机时代上海发展文化创意产业的 SWOT 分析》，《科技和产业》，2014（8），79—83 页。

② 金元浦：《文化创意产业的多种概念辨析》，《同济大学学报（社会科学版）》，2009（1），47—48 页。

会。艺术产业园区的典型代表是深圳大芬油画村，大芬油画村已成为深圳的品牌标志，世界60%的油画出自此地，吸引了各地游客前来参观，使艺术与市场良好对接。此外，新兴的动漫动画创意产业园区各具创新特色，更符合当下的流行文化。

体育文化创意产业作为文化创意产业中的重要分支，近年来也呈现出良好的发展趋势，并产生了客观的经济效益。各国凭借国际资源和人才优势大力发展体育产业。以2008年北京奥运会为例，奥运吉祥物作为该体育盛事的文化标志与符号，其设计与开发赋予了体育运动活泼的形象和文化元素，并将体育精神嫁接于形象设计中，使二者充分结合。仅奥运会吉祥物销售的利润就达3亿多美元，电视转播授权费近16.9亿美元，奥运会使北京市体育产业产值突破其GDP的3%。大型体育赛事、运动会、体育文化传播及体育彩票等体育娱乐业涵盖了文化创意产业的特点。

上海世博会可谓会展业的经典案例。上海世博会是全球规模最大的主题性国际展会之一，是世界会展经济和广告业的代表性实践。[①] 上海世博会展示了世界各地190个国家与数十个国际组织的多彩风貌。其精美恢宏、极具特色和民族韵味的建筑造型设计以及后续展览场馆的利用带动了建筑业的发展，还为旅游业、酒店餐饮业、交通运输业、设计及制造业等相关行业创造了巨大的收益。上海世博会同时带动了上海影视、动漫产业与表演艺术产业的发展，如上海时空之旅演出得到世界观众的认可，有利于其未来发展成为设计创意中心。

世博会还拥有种类齐全、时尚新颖、创意十足的衍生品，从材质、做工到造型、色彩，再到设计理念、文化内涵和功能价值，无不倾注着设计师和制作师们的心血，向世界游客展示与传播着中国文化，打造着世博品牌。

世博会有利于品牌的塑造和创意团队的建设。世博会高度依赖文化的创新意识，对文化创造力和创造型人才有迫切的需求，由此产生了相当大的文化吸附力与文化扩张力。[②] 世博会的举办为上海市提供了更多就业岗位，吸引了更多有丰富创意经验和开阔视野的专业人才，促进了创意消费市场的扩大。

---

① 金元浦：《上海世博会：文化创意产业发展的重要契机》，《探索与争鸣》，2009(4)，47页。

② 金元浦：《上海世博会：文化创意产业发展的重要契机》，《探索与争鸣》，2009(4)，48页。

旅游创意文化产业通过不同思路设计出风格不同的主题，有效地整合景区资源，并赋予其更多文化内涵与时代元素，增强体验功能并拓展服务。影视基地旅游和演艺旅游是旅游创意产业的重要形式。影视基地旅游通过影视作品对拍摄地文化的传播吸引游客进行专线旅游，如《乔家大院》《大染坊》等作品和横店影视城掀起的影视基地旅游热潮。实景演出是当下旅游景点颇具吸引力且拥有高票房的新演艺形式，极佳的视听盛宴使奔波的游客在欣赏艺术化的民俗风情时获得精神上的慰藉。

迪士尼公司不仅发行动画片，其衍生品如卡通玩具、服饰、生活用品等的开发营销也做得尽善尽美，并在全球范围内建立迪士尼主题公园来带动品牌消费。上海迪士尼乐园在美食方面的本土化改进中尽显创意，在迎合中国游客的同时，还向海外游客大力推广中国传统美食的独特魅力。菜品的开发体现了迪士尼美食与创意的完美融合，如米奇烤鸭比萨、米奇鲜肉月饼、米妮红豆包、米奇大圆蹄、上海酥饼、上海炒面、香醇陈酿凤尾虾、虾饺河粉、麻婆豆腐、担担面、漫月轩烧卖、红烧牛肉面、京味焖羊腱、蒙古牛肉饭等，西方卡通的造型配以中国南北方特色小吃的食材，当迪士尼遇上中国八大菜系，中西合璧满足了消费群体的更多需求。迪士尼小镇除了国外知名品牌，还聚集了上海小南国等国内餐饮品牌。上海迪士尼还融入了新技术，各餐厅均使用电子菜单，方便、高效且新鲜。

（三）文化创意产业的特点

第一，高知识性。文化创意产业以文化、创意理念为核心，体现了人的知识、智慧、审美能力、艺术技能和灵感，并将其在特定行业中物化为产品或转化为文化服务。文化创意产业与信息技术、传播技术和自动化技术等的广泛应用密切相关，呈现出高知识性和智能化的特征。如电影、电视等产品的创作是通过与光电技术、计算机仿真技术、传媒技术等相结合而完成的。[①]

第二，创新性。文化创意产业把与文化有关的艺术、设计、传媒、影视、软件、体育、休闲娱乐、审美欣赏内容等纳入其范畴，特别注重产品自身的创新性（原创性）、独特性、多样差异性和审美欣赏性（品位）。文化创意产业突出了信息服务技术在其产业和服务中的地位和作用，增强和扩大了产业中的创意工作雇员队伍，从而为文化创意产业的发展提供了创

① 姚树：《青海文化创意产业发展的思路》，《企业技术开发》（下半月），2011（2），27页。

新视角、创新方式、创新渠道、创新内容和广阔市场前景。

第三，高附加值，升值快。文化创意产业处于技术创新和研发等产业价值链的高端环节，是一种高附加值的产业。文化创意产品价值中科技和文化附加值的比例明显高于普通的产品和服务。[①] 文化创意产品的价值随着使用次数的增多而升高，增速也会加快。创意产业的形成离不开创意活动、生产流程及产业链的共同作用。具有规模化和产业化特性的创意活动使现代创意产业区别于早期创意活动。如动漫产业涵盖了出版、影视、音乐、绘画、服装、设计、旅游等多个领域，市场效益与发展空间巨大。通过产业链的不断完善和延伸，创意活动、产品及服务在文化内涵的挖掘中得以迅速升值。

第四，强融合性。文化创意产业作为一种新兴的产业，是经济、文化、技术等相互融合的产物，具有高度的融合性、较强的渗透性和辐射力，为发展新兴产业及其关联产业提供了良好条件。文化创意产业在带动相关产业发展、推动区域经济发展的同时，还可以辐射到社会的各个方面，全面提升人民群众的文化素质。[②]

第五，高风险性。文化创意产业具有高风险性，这首先是因为创意产品需求具有不确定性，导致市场的不确定性。创意产品具有创新性、主观性和个性化色彩，与消费者精神需求之间可能存在偏差。文化创意产品的需求与工业产品如电饭锅、电视机等不同。工业产品因其功能而被消费者购买，相对容易预测其需求；而文化创意产品重在观念价值和精神需求，这类需求就难以预测。[③] 其次，创意项目回报周期较长、价值难以评估，所以投资风险较大。再次，信息时代产品不断创新、创意产品快速更新换代的挑战，要求时刻引领创新的最前沿，否则将面临落伍和被淘汰的风险。最后是面临强大的市场竞争，包括来自本土市场和国际市场的冲击；并且随着经济全球化趋势的加强，创意市场的垄断趋势日趋明显。

第六，产业化、国际化。文化创意产业已上升为许多发达国家的支柱产业，是有利于经济发展的重要产业门类。随着中国文化创意产业的发展，本土文化创意产业在全球化的趋势中逐步走向国际市场。“文化创意

① 张晓宓：《略谈文化创意产业》，《理论观察》，2009（2），148—149页。

② 翟冬平、张为付、周长富：《南京都市圈文化创意产业发展的基础条件及其战略定位》，《江淮论坛》，2011（3），27—31页。

③ 厉无畏：《文化创意产业的投融资与风险控制》，《毛泽东邓小平理论研究》，2011（2），2页。

产业卖设计、卖理念、卖心理享受、卖增值服务，这是由其自身特点所决定的。”大多创意艺术家渴望从国际市场中获取素材和灵感，并将其创意产品推向国际市场，因而创新与创意是双向的：“知识产权是创意人士与公众之间的一份合同。创意人士既想得到好主意，也想使用好主意，并且使之私有化。”①

（四）文化创意产业的发展趋势

文化创意产业促进了更多资源的合理开发和利用，使资源产生巨大的经济和社会效益。由于现代文化需求极其巨大，文化创意产业呈现出飞速发展的态势，目前世界许多国家出台相应的鼓励措施，我国地方政府也大力推动其发展。文化创意产业的发展有利于提高我国文化软实力。它不断地创造文化价值，满足大众更多文化需求与享受，促进经济迅速发展，提供就业岗位，为社会带来财富。它有利于传统产业的相互融合、产业结构的升级和创新型社会的构建。

文化创意产业是具有活力和潜力的新兴文化产业，它推动了传统文化产业的改造和升级，发达国家视其为支柱产业和国家产业结构调整的重点。发展以高新技术为基础的文化创意产业，是我国加快转变产业发展方式的重要着力点。

发展文化创意产业有几点是需要注意的：

首先，文化创意产业的发展路径为对传统文化资源和文明成果实行合理的保护和开发利用；现阶段目标是丰富大众现代生活，满足审美品位需求，拉动经济增长；对于未来，发展目标应更重视培养有创新思维和人文情怀的人才，加大对自然资源和空间资源的利用率，促进文化与生态的和谐与可持续发展。

其次，发展创意产业需要有规划，特别是需要结合国家和省市的总体发展规划；地方政府应积极配合，出台相应的政策、措施、资金或项目对当地文化创意产业予以支持。政府应制定更专业和细致的产业政策，针对文化创意产业细分行业，研发新的数据分析工具，以此评估创意产业的经济影响力。文化创意产业是一种“观念经济”，宏观的理解、评价与恰当的引导能促使它健康发展并有所突破。同时，政府、高校或科研单位与企业要联合组成研究机构，掌握国内外文化创意产业发展动态，准确把握产

---

① ［英］约翰·霍金斯著，石同云译：《创意产业的核心因素》，《电影艺术》，2006(5)，108—112页。

业的走向。

第三，注重和加强文化创意产业的进出口贸易。加强文化创意产业在国际市场中的竞争力，提升其在国民经济中所占比重。尽管我国文化创意产业发展势头良好，但是我国无论相比发达国家还是发展中国家，都是一个消费小国，进出口比重相差过大。我国对文化创意产品的消费水平和热情较低。同时，我国制造业规模庞大、劳动力资源较丰富与服务业相对落后的格局，导致了我国货物产品出口竞争力强于服务产品的现象。需要尽快改变这些现状。

第四，注重培育和发掘具有文化创意天赋和经营管理能力的人才，形成文化创意人才市场；还应注重培养不同层次和需求的受众群体，培养消费意识与偏好，培养人们的文化修养与对文化产品的欣赏和鉴别能力。创意阶层和群体高文化、高技术和新经济的特点使得该行业区别于制造业等传统行业。文化创意产业需要在经济、科技等领域内，挖掘和培养既具有先进文化经营管理理念，又对国际国内文化市场深入了解的人才。这就需要政府、社会、学校和家庭发挥各自的优势，起到积极的引导作用。学校可以开设艺术类课程，举办讲座等活动；政府可以加强公共文化设施建设，加大补贴和扶持力度，增加演艺活动；社区方面可以加强社区文化建设，采取海报、招贴画等宣传方式，使文化进家庭。

第五，文化创意产品既包含有形的物质产品，又包含服务，因此需要加快相关服务业的发展。文化创意企业应通过现代企业方式上市融资，运用高新技术对传统节庆、会展、演艺、娱乐、体育、旅游、休闲等行业加以改造和创新突破，加大媒体、广告、出版等行业的数字化和产业化升级力度。①

总之，文化创意产业是一种新的经济理念或产业范式，发展文化创意产业将面临许多新的问题。我国在注重文化创意产业创收效益的同时，还要改革文化市场，加强法制管理，调整大众消费，在供给侧结构性改革方针指导下发展文化创意产业的新业态，并正确引导消费观。在文化创意产业结构方面，需建立事业与产业联动的发展模式，并不断完善产业链。在此基础上，一方面要开辟产品的独特、原创的领地，并拓展其多样空间；另一方面还要提高文化创意产业的生产效率和供给质量，使之向着良性循

① 朱玲：《全球金融危机背景下看我国文化创意产业的发展》，《经济研究导刊》，2010（11），55—57页。

环的方向发展。

四、文化与城乡建设

城市文化是城市的独特气质，是空间建设、管理与人文、工业、服务业、交通、生活居住等的综合统一体。伴随着经济的不断发展，城市文化价值越来越成为引导城市发展的主要动力，具有地方特质的城市文化是未来城市发展的关键，所以在进行城市规划时应先进行城市文化规划，两者是辩证统一的。①

关于城市文化与城市规划，众多学者从历史和现代等不同角度归纳了两者的共生关系，部分学者对城市文化迷失现象进行了解读，一线的规划师们在理念和实践两个层面对城市规划中的文化策略进行了总结。② 基于文化规划与城市规划的关系，可从规划理念、决策程序、规划内容、规划方法等方面促进二者的融合。③

文化是城镇化的根基，城镇化的发展与文化有着密切的关系。实现城镇化要以美学城市、生态城市和人本城市为发展方向，同时在全球视野下传承文化基因，实现创新驱动的探索和实践。④ 实现城镇化不仅是破旧立新的过程，还需要多元的文化创新。推进城镇化发展，文化是核心。发展以市场经济为手段的文化产业，以生态文明为诉求，建设特色乡镇，让公共文化服务融入城镇化建设，是城镇化发展的重要途径。⑤ 同时，要加大对历史文化名镇的保护力度，促进城镇文化事业的发展，辐射带动新农村建设。⑥

乡村文化与乡村建设有十分密切的联系。乡村文化是社会文化的重要组成部分，但是随着社会经济的发展和全球一体化的推进，当代乡村文化

---

① 张景秋：《城市文化与城市精神：规划中的辩证统一》，《规划师》，2008(11)，96页。

② 何序君、陈沧杰：《城市规划视角下的城市文化建设研究述评及展望》，《规划师》，2012（10），96—100页。

③ 李伟伟、杨永春：《文化规划引入我国城市规划的机制及其层系构建》，《规划师》，2013（2），88—92页。

④ 齐骥：《新型城镇化背景下文化发展的维度与路径》，《城市发展研究》，2014（3），15页。

⑤ 范周：《关于我国城镇化与文化发展的思考》，《现代传播（中国传媒大学学报）》，2013（8），55页。

⑥ 《国务院关于深入推进新型城镇化建设的若干意见》。

出现了危机，年轻一代逐渐对乡村文化失去自信，乡村建设投入不足等问题逐渐显现，乡村文化需要保护才能持续发展。对乡村文化进行整合创新、重塑广大农民的价值观、用一种理性精神来重建乡村文化是我们努力的方向，这样既能对传统乡村文化进行创新，也能走出一条有特色的现代化乡村建设道路。① 乡村建设要培育文明乡风，发挥传统文化在农村中底蕴深厚的优势，充分运用乡风教化资源，引导形成正确的价值导向；同时要培育新乡贤文化，从乡贤文化中提炼出与当今时代相符合的精华，并与时代精神相结合；推动乡村公共文化服务体系建设，不断提供优质文化产品和服务，丰富农民的文化生活；保留乡村文化形态，保存乡村文化基因，加强民间文化保护，使优秀民间文化得以传承和发展。②

第二节　文化与管理

管理是人类社会中一种重要的社会实践，是人类生存发展中必不可少的一环，大到国家的政治经济、小到普通人的家庭生活都离不开管理。文化体现的是人类思想和实践，管理的发展与国家、民族的文化息息相关，从古至今中国和西方都形成了具有各自文化特色的管理模式。美国著名学者彼得·德鲁克提出“管理以文化为转移”，不同的文化背景下的管理模式必然有各自的特色，管理要发挥作用必须与承载它的文化相适应。管理的成效很大程度上取决于是否能利用社会的文化，所以要想进行有效的管理，必须将先进的管理办法与文化土壤相结合，创造出有特色的管理模式。③

一、中国管理思想文化

（一）古代中国管理思想文化

中国古代社会形成了深邃的管理思想和管理文化，具有强大的生命力和实用性，使中华民族数千年的文明得以稳固传承。其中主要的管理思想

① 丁成际：《当代乡村文化生活现状及建设》，《毛泽东邓小平理论研究》，2014（8），39—42页。

② 刘奇葆：《以美丽乡村建设为主题，深化农村精神文明建设》，《党建》，2015（9），19—21页。

③ 阮平南、孙莹：《基于中国传统文化建立中国式管理模式》，《北京工业大学学报（社会科学版）》，2009（3），33页。

文化有礼制仁治、法治和无为而治三种形态。

1. 礼制与仁治

儒家思想是中国社会传统思想的主流，礼制和仁治则是儒家思想的主要内容，实质上是儒家关于国家、社会秩序如何统治和管理的一种思想。“仁”为儒家思想的内在核心，“礼”为其提倡和奉行的行为、制度范式。仁为里，礼为表，仁与礼表里相依。

中国的礼制观念很早就产生了，礼作为国家统治和管理的方式在夏、商时代已出现。西周统治者强化了这一模式，以礼制、宗法作为国家统治、管理的主要方式，并形成了礼乐文明的盛世，被后人所推崇，此后两千多年历代封建王朝一直效法、沿革其礼制传统。礼是统治阶级为管理国家、社会活动和社会秩序而制定的一系列制度和规定，是一定社会群体共同信奉的观念体系和共同遵循的礼节仪式。《礼记・曲礼上》说：“礼不下庶人，刑不上大夫。”礼规定了社会成员的等级地位，以辨明君臣上下尊卑长幼的地位，区分其高低贵贱，分清父子兄弟婚姻等的亲疏远近关系，即所谓“定亲疏，决嫌疑，别同异，明是非”（《礼记・曲礼上》）。礼的作用被当时的人们视为“经国家，定社稷，序民人，利后嗣”（《左传・隐公十一年》），可见其重要性。

儒家学派创始人孔子十分推崇礼，《礼记・礼运》载孔子论礼之言：“夫礼，先王以承天之道，以治人之情，故失之者死，得之者生。……故圣人以礼示之，故天下国家可得而正也。”在孔子看来，礼对于社会民生有着举足轻重的作用，如《礼记・哀公问》所说：“民之所由生，礼为大。”处于春秋礼崩乐坏时代的孔子主张恢复西周礼制，重现礼乐文明的辉煌，这是儒家思想产生的出发点，因此礼在儒家思想体系中占有主要地位。

儒家学派提倡礼的重要性，后来这一思想被汉武帝所采纳、推行，此后礼制便成为历代封建帝王统治和维护国家秩序长久稳定的重要管理措施。作为国家和社会的一种管理方式，礼制主要在如下几方面运行：一是封建社会的国家政权体制、各级政府组织以及家族组织、家庭组织；二是君主制与宗法制相结合的政权维护体系；三是社会各阶层成员的社会关系和伦理关系，如君臣、父子、夫妻、兄弟、朋友等关系，以及忠君、爱民、孝悌、忠恕的道德准则；四是政府、民间的各项社会活动，如政治、军事、外交，以及祭祀、婚丧、节庆活动等；五是国家、政府机关和民间对于象征性器物、饰品、服装、车舆骑驾、用具的制作和使用；六是典章、律制、文献、名物、称谓等；七是宫室、庭堂、城邑、居舍等的建筑规格和格局；八是教育考试、科举、纳贤取士；九是音乐、书画、诗文等的艺术形式、题材和创作旨趣；十是赡养父母、养育儿女、居家过日，以及日常生活的言谈举止、饮食、宴请、宾赠往来等。

礼所要求的行为规范，最初是靠人们的内心信仰、公共舆论监督来实施的，后来成为一种制度和道德，通过教育、社会教化、道德规范等手段加以强化，深入人心，达到管理和约束人们的目的。这不仅是两千多年来中国封建社会主要的管理方式，也是中国古代思想文化的主要内容之一。

再看“仁治”。仁治在儒家的管理思想中有着重要地位。儒家管理思想是一种人本主义管理哲学。在孔子看来，仁是确保社会秩序、道德伦理的最终价值依据。仁是传统儒学的核心范畴与内在精髓，它的根本就是以人（民）为本，关心人、尊重人、肯定人的价值和尊严。“仁者爱人”“克己复礼为仁”“己所不欲勿施于人”“己欲立而立人，己欲达而达人”等观点表达了仁的内涵。其中“己所不欲勿施于人”曾为法国著名启蒙思想家伏尔泰所信奉，视为为人处世的座右铭；后来这句话也被欧美一些政治家所重视，曾经被写进法国《人权宣言》当中。

“仁者爱人”延伸到治国思想中便是“仁者爱民”，孔子很早就提出了重民、爱民的管理思想，孟子更是主张爱民。儒家思想主张仁心爱民、保民而王，最终实现“大同”。孔子“古之为政，爱人为大”“入则孝，出则悌，谨而信，泛爱众，而亲仁”“恭则不侮，宽则得众，信则人任焉，敏则有功，惠则足以使人”的观点，以及孟子“民贵君轻”“倡仁义”“施仁政”“尊王道”的主张，无不体现了重民、爱民的治国理念。①

仁治最集中地体现在修己以安人的内圣外王之道：把管理分为两个部分，第一部分是修己或内圣，要求社会管理者进行自我修养，成为仁德贤明的君主；第二部分是安人或外王，要求社会管理者用仁的原则去管理国家和人民。

人是社会行为主体，有着独立的人格与尊严。仁治强调了人的主体精神，尊重人的价值与权利并且关注人的利益需求和个性发展，这种人本管理思想对现代的管理思想同样具有重要的参考与借鉴作用。

2. 法治

中国古代的法治思想起源于先秦，其后经过了不断的发展与完善。

---

① 杨圆：《德治・仁治・礼治：中国儒家治理思想的三维向度》，《辽宁省社会主义学院学报》，2015（4），110页。

夏、商、西周的神权法与礼治思想是法治早期形态之一，这一时期的法治还以“刑”的实施为其基本特征。此后“刑法”一直是中国古代法治的重要措施，并形成了以刑法为基础的中国古代法律文化。

先秦儒家与法家都有法方面的思想，儒家提倡的是尊礼而有法，而法家更提倡“法治”并反对“礼”。春秋时期，管子提出了“以法治国”，《管子·七臣七主》说：“法者，所以兴功惧暴也；律者，所以定分止争也。”而其核心主张见于《管子·明法》的“以法治国”，正如《慎子·君臣》所谓：“官不私亲，法不遗爱，上下无事，唯法所在。”商鞅与后来的韩非子、李斯等人将法治思想逐步系统化。《商君书·君臣》主张“缘法而治”，《商君书·修权》说：“国之所以治者三：一曰法，二曰信，三曰权。”认为“法”是治国第一方案、根本基础，从而提出了一系列法治措施。韩非子是法家主要代表，其学说系统而完备。在韩非子之前，商鞅重法，申不害重术，慎到重势。韩非子兼采三家学说之长，加以融会贯通，形成了“法、术、势”相结合的治国理论。[①]《韩非子·饰邪》主张“以法为本”而治国，为后来秦国统一天下、建立法治帝国提供了理论基础。这些著述都反映了法治的思想。古代法治管理中还有许多具有生命力的东西可供现代法治借鉴，如“刑无等级”“法不阿贵”“法必明，令必行”等等。[②]

古人的法治观认为法律是万事之规。《管子·七臣七主》说：“法律政令者，吏民规矩绳墨也。”法、律、政令，就像画圆的圆规、画方的矩形器、画直线的绳墨盒一样，是官吏和民众都必须准时遵守的规矩和准绳。法律调整人们的行为规范，衡量百姓的功过、是非、曲直，作用在于治国治民。[③]

法治崇尚“以法为纲”的统治原则，崇尚天下之法。天下之法指的是从民众角度出发制定的法律，而非为君主一人谋福利。明清著名思想家黄宗羲曾说：“三代以上有法，三代以下无法。何以言之？二帝、三王知天下之不可无养也，为之授田以耕之；知天下之不可无衣也，为之授地以桑麻之；知天下之不可无教也，为之学校以兴之，为之婚姻之礼以防其淫，为之卒乘之赋以防其乱。此三代以上之法也，固未尝为一己而立也。”（《明夷待访录·原法》）他认为，三代之前有法，三代的圣王从百姓的角

① 参见《法家留下“以法治国”遗产》，《辽宁日报》，2012-11-3。

② 吴斌：《中国“法治”思想的历史观察与思考》，《社科纵横》，2008（6），70页。

③ 胡海波：《中国管理学原理》，93—95页，北京，经济管理出版社，2013。

度出发，授予百姓田地、桑麻，并建立学校、设立礼仪、设置军队，这是天下之法。

中国古代法治思想包括三条基本原则：明法、一法、常法。明法即法的公开性，即让民、吏都知晓法律的规定："上有明法，而下有常事也"（《管子·君臣》），"法制不明，而求民之行令也，不可得也"（《商君书·君臣》）。一法即平等性和统一性：平等性要求"法不阿贵"，"刑过不避大臣，赏善不遗匹夫"（《韩非子·有度》），所有人都要暴露在法律的照射下，在法律面前没有身份等级之分；统一性是指令要统一，"唯令是行"。常法即保持法的稳定性，法不能朝令夕改："法莫如一而固，使民知之。"（《韩非子·五蠹》）法只有保持稳定，才能获得民众的信任，从而增强法的权威。[①]

中国历代王朝都不同程度地采用法治措施来管理国家。有的特别强调以法立国，如春秋战国时期的秦国和统一后的秦帝国最重视法治，颁布、推行了严格、系统的秦律，以法律形式来管理和约束社会成员。许多王朝则恩威并施，礼制、仁治与法治兼顾，在维护国家稳定秩序、维持社会治安和管理民众方面取得了良好的效果。

3. 无为而治

"道法自然，无为而治"是道家管理思想的主要特征，也是中国古代的重要管理思想形态之一。在中国古代治国安邦的管理措施中，这种方式虽然不是一以贯之的，但也时而闪烁其间。

西汉时司马谈曾说："道家使人精神专一，动合无形，澹足万物。其为术也，因阴阳之大顺，采儒墨之善，撮名法之要，与时迁徙，应物变化，立俗施事，无所不宜，指约而易操，事少而功多。"[②]

"无为"是道家的重要思想。阴变阳合有其自然规律，非人力所能改变。事物的变化乃自化过程，干预它便会走向发展的反面。因此顺应自然而为，无背道之行为，即"无为"，乃治世之良方，成就事物的发展。[③]

从"道法自然"出发的"无为而治"是道家的治国手段。所谓无为而治，是指治理国家时依循社会发展规律而顺其自然的作为。治国主体既不对人民强加妄为，做到减少外部控制而使民自作自息、自生自灭，又要尽力消除引起有为的社会条件，使民无知无欲而不能为或不敢为，两者互为

① 陈传明、周小虎：《管理学原理》，23—24页，北京，机械工业出版社，2012。

② ［东汉］班固：《汉书·艺文志》，1732页，北京，中华书局，1962。

③ 张桂敏：《逆向思维与道家的教育智慧》，《中国宗教》，2008（1），35—36页。

补充构成了道家的无为而治。①

春秋时期的老子是道家学说创始人，他对君王的治国之道做出评价，提出理想的治国之道就是无为而治。《老子》第十七章说："太上，下知有之；其次，亲之誉之；其次，畏之；其次，侮之。信不足焉，有不信。犹兮其贵言。功成事遂，百姓皆谓我自然。"这是说，治国的君王可分为四等：最好的君王，总是在百姓之上默默地治理国家，百姓虽知道他的存在，但并不会感觉到他在为百姓做些什么；次一等的则是人民意识到自己在善政下生活，对君王充满感激之情；再次一等的是君王治国制定很多刑罚，使人民对君王存有恐惧之心；最坏者，倒行逆施，人民不但不敬畏他，还起来反抗他。君王若诚信不足、胡作非为，人民就会有不信任的心理。所以，理想的治国之道自然就是：君王很少发号施令，事情办成了，百姓并不知是君王的功劳，反而会认为其本来如此。老子认为，在这样的治理下，君王和人民相安无事，大家都过着安闲舒适的生活。

从"无为"这个最高原则，又派生出以下几个管理原则：

一是"清静"。"清静为天下正"，"我好静而民自正"。要使管理活动能顺应自然之道，必须首先以清静、持重的态度处事，克服轻率、躁扰的弊病，不看准方向和时机就不采取行动，而一旦看准了就坚定不移地采取行动，不轻易变迁、更改。

二是"寡欲"。多欲和纵欲势必要采取各种手段以求得欲望的满足，这就意味着在经济、技术、文化以及政治、军事等方面有为，而君主或统治者的多欲、纵欲必然要导致赋税、徭役的增加，这本身就是国家政权的有为，同时将激起百姓的抵制、反抗，使整个社会陷于纷乱和不宁。因此，老子把"寡欲"看作是实现无为之治的一个先决条件，提倡"见素抱朴，少私寡欲"，"不欲以静，天下将自定"。

三是"下民"。从春秋时期的社会变动中老子认识到："贵以贱为本，高以下为基。"他提出了统治者必须"下民"的管理思想，强调"欲上民必以言下之，欲先民必以身后之"，并且以百川归海做比喻说，"江海所以能为百谷王者，以其善下之"。

此外，老子思想中还有许多具体的治国策略。例如：（1）静观待变：君王治国时，应遵循"静为躁君"原则，以安静主宰动躁，做到临事不惧、镇定自若而求胜人一筹。（2）守弱用柔：老子认为，柔弱最有生命

① 管斌、何似龙：《道家古代管理思想初探》，《商场现代化》，2008（17），99页。

力，“天下之至柔，驰骋天下之至坚”，“天下莫柔于水，而攻坚强者莫之能胜”，宣扬柔弱胜刚强。（3）知盈处虚：治理国家时，自然应时时遵守天地自然之道，做任何事都不要太过分，虚怀若谷，毫不自傲，所以能推动万物发展更新，此谓“不盈”。（4）“去余”，即“天之道损有余而补不足，人之道则不然，损不足以奉有余。孰能有余以奉天下？唯有道者”。治理国家时，若能遵照“不盈”和“有余”的策略，就可能保持社会的稳定和安全。（5）居上谦下：老子分析和讨论了上下、贵贱、难易、大小和胜败之间的关系，不主张儒家的居上示尊来维护上的神圣性，而是采取迂回方式，主张居上谦下、以下安上。（6）“治大国如烹小鲜”，这句话以极其精练、生动的语言揭示了一个具有普遍性的管理原则：所管理的单位范围越大、人数越多，情况越复杂，管理工作就越需要镇定、持重和有条不紊。①

总之，在古代中国，道家虽然强调归隐和静守，但在其思想深层却时时关注着社会现实，实际上是一种“以退为进”的为人处世策略和治国方略。其学说中蕴含有丰富的管理思想，并隐含着强烈的政治谋略特征，道家所关切的政治是以君王、圣人和国家、天下为其价值指向的。同时，道家主张宽松的政治而反对政治苛严，即所谓“以正治国，以奇用兵，以无事取天下”。正因如此，道家所提倡的“无为而治”具有十分强烈的谋略意识，从而成为一种治国之术。

（二）近现代中国管理思想

随着中国民族资本主义的发展，近代中国实业家的管理思想逐渐形成。同时，古代中国的文化背景是近代中国人无法忽视的，古人的管理思想在传承中发展并深入到了近代中国人的管理实践中，例如“实业救国”的思想就是传统儒家思想中“入世”精神的再次体现。所以可以说近代中国实业家的管理思想是在中国封建专制社会里孕育出来的。

随着外国资本的侵入，中国被强制性地纳入世界历史的进程。近代中国实业家管理思想在形成之初并没有受到西方管理思想的很大影响，管理方法仍然是中国式的。这一状况一直到20世纪20年代才有较为明显的改变。第一次世界大战前后，帝国主义国家无暇东顾，近代中国实业家迎来了黄金时代。这时的实业家不囿于传统管理思想，敢于改革旧制，管理思想发生了重大转折，并向近代化的方向演进。②

① 管斌、何似龙：《道家古代管理思想初探》，《商场现代化》，2008（17），99页。
② 朱喜钢：《近代中国实业家管理思想及其特点》，《江海学刊》，1995（2），152—153页。

从战略管理的角度上来看，近代中国民族企业的管理思想包括："谋定而后动"，对战略环境做全面、系统的分析；"重视权变"，把握时局变化；同业合并、联合经营，专一化与多元化经营相统一；重视战略执行，实行民主管理及成本计算制；严格考核与奖惩；完善财务制度，加强财务管理。①

近代中国管理思想的来源除了实业家，还有洋务派、维新派和革命派。洋务派创办的企业主要有三种形式：官办（主要是军工企业）、官督商办和官商合办，主要特征在于重技术不重管理，带有浓厚的封建性，基本没有使封建制度发生改变。维新派除了主张学习西方的先进技术之外，还提出要学习西方的政治制度，其管理思想主要来源于天赋人权学说和进化论。革命派在引进现代政治思想的同时，还引进了西方的现代科学管理思想，同时与中国的传统管理思想结合，从而提出了自己的行政管理思想。革命派的管理思想侧重于宏观的国家管理，如国家经济管理思想、土地国有思想等。

现代中国管理思想主要分为三个阶段：计划经济阶段、经济体制改革探索阶段、社会主义市场经济阶段。

（1）计划经济阶段是从1949年新中国成立到1978年党的十一届三中全会时期。这段时期我国的经济管理制度基本上是照搬苏联模式，部分吸收西方和中国的传统管理思想，用行政命令的方法来管理经济，强调中央统一的指令性计划，实行统一物价、统一就业。这时的管理思想大致分为四个阶段：破旧立新阶段、全面引进苏联管理制度阶段、探索自身道路阶段、恢复管理秩序阶段。

（2）经济体制改革探索阶段是从改革开放到1992年确立社会主义市场经济体制为我国经济体制改革目标的时期。这段时期内经济管理总的指导思想是"大的方面管住管好，小的方面放开放活"和"简政放权"，实行计划经济与商品经济的统一。这一时期的企业管理可以划分为三个阶段：放权让利阶段、利改税阶段、管理全面现代化阶段。

除经济管理思想之外的行政管理思想、科技管理思想、教育管理思想等都富有特色并行之有效。无论在宏观管理理论、微观管理理论方面，还是在发展中国自身的科学管理方法、吸收与消化西方管理科学等方面，都

---

① 欧绍华：《论近代中国民族企业战略管理思想及其实践》，《中国流通经济》，2013（4），67页。

取得了许多创新。

（3）社会主义市场经济阶段是1993年党的十四届三中全会以后。这一时期我国的企业管理发生了更加深刻的变化，主要表现在：企业的管理思想、目标、体制和组织都更加符合市场经济的要求；一些先进的企业管理方法与国际标准开始在企业中应用；企业管理手段进一步趋向现代化；企业管理理论逐步完善。中国特色社会主义管理科学正在形成。①

从根本上说，近现代中国管理思想的变革就是中国社会和文化的变革。中国的管理思想在保留传统文化精华的基础上，不断汲取外来文化营养，逐渐调整和完善本土管理体系。这是中国走向世界、拓展自己、实现自我更新和发展的必经之路。

二、西方管理思想文化

从古代到现代，西方和中国一样都形成了丰富的管理思想，西方的管理模式也深深根植于其文化中。

（一）古代西方管理思想

古代西方著名的管理制度和思想有：古埃及的分权、"管理跨度"实践；古巴比伦对责、权、利关系的明确规定；古希腊的城邦管理体制、色诺芬以主体为原点的财产管理理论、柏拉图追求至善的城邦治理理论、亚里士多德"合乎本性"的城邦和家庭管理思想；古罗马类似工厂的管理体制以及选择管理人员的标准；等等。

柏拉图的管理思想以系统的稳定、协调、和谐为目标。他提出，管理组织的有效方式是分工，公平分配才能乐业，从而保持普遍的和谐。他认为要根据分工来明确责任，组织中的个人在做好自己本职工作的同时互不干扰、和谐共处才能达成有效的管理，《理想国》中说："虽非一土所生，彼此都是兄弟。但是老天在铸造他们的时候，在有些人的身上加入了黄金，这些人因而是最可宝贵的，是统治者。在辅助者（军人）的身上加入了白银。在农民以及其他技工身上加入了铁和铜。"柏拉图将全体公民分为三部分：统治者、军人和自由民。如果这三个阶级各司其职，就会实现国家层面的和谐，从而实现正义；如果这三个阶层互相干扰便会使国家走向毁灭。此外，柏拉图还提出要实现职能专业化：对选拔的人才根据其天

① 王圆圆、袁泽沛：《近代以来中国管理思想的发展脉络》，《兰州商学院学报》，2006（6），40页。

赋安排与其相适应的职业，发挥其特长，让他们集中精力专搞一门，做到人尽其才。在分工基础上的职能专业化会使国家得以和谐发展，公民敬业乐业。

柏拉图重视管理者在管理中的作用，提出了哲学王的思想。柏拉图提出，除非哲学家成为城邦的王，或者那些王和统治者严肃认真地追求智慧、使政治权力和哲学智慧合而为一，否则任何法律制度都只能是空中楼阁。柏拉图哲学王思想的核心是，只有哲学能够认识到政治的本质，只有通过哲学才能更好地治理城邦。① 同时，柏拉图还阐述了培养哲学王的方法，注重系统的理论培训，注重实践培养。②

再看古罗马的管理制度和管理思想。罗马帝国的兴盛，在很大程度上要归功于其高明的组织管理制度。他们采取一系列集权与分权相结合的管理方式，逐渐从一个小城发展成为横跨三大洲的庞大帝国。

大约公元前 500 年，罗马开始了独立的城邦生涯，自此，罗马的扩张、征服也拉开了序幕。而后，从统一意大利到征服亚历山大帝国再到将地中海区域纳入版图，从罗马共和国到罗马帝国这样一个横跨欧亚非三大洲的庞大国家，实现了数百年的基本稳定和繁荣，凭借的是其先进的管理思想，包括军政管理、商业管理和农庄管理等。其中最具有代表性的是军政管理制度和农庄管理思想。

罗马共和国由百人团会议从贵族中选举执政官二人，共同管理国家日常政治事务，其中一人可在国家紧急事务中担当独裁官，任期半年；其 12 名随从肩负“法西斯”（即一束棒，中插战斧），象征最高权力，这也成为“法西斯”一词的来源。元老院成员由各族族长及退休执政官组成，掌管审查、监督等权力。这成为后来西方政治制度的典范。同时，等级分明、分工明确的军事管理，使罗马军队军纪严明、作风严整、所向披靡，为其版图扩张和国家稳定做出了重要贡献。此外，在罗马共和国时期，已经较为成熟地实行行政、立法、司法分离的管理形式，体现了古罗马在管理方面的高超艺术。③

制订于约公元前 450 年的《十二铜表法》，在财产制、债务制、奴隶制以及刑法等各个方面都做出了较为成熟的规定，不仅为罗马的兴盛和稳

---

① 刘敬鲁：《西方管理哲学》，31—33 页，北京，人民出版社，2010。

② 黄小晏、王芳：《柏拉图〈理想国〉中的管理思想探析》，《山东工商学院学报》，2008 (1)，51 页。

③ 郭咸纲：《西方管理思想史》，13 页，北京，北京联合出版公司，2014。

定提供了结实的纽带，更为后世西方政治、法律提供了典范。

以上皆是罗马为世界的政治、军事、法律等一系列国家管理实践做出的切实可行且极为有效的努力。不过，要论古罗马人最有效的管理实例，不得不谈起戴克里先对罗马帝国的重组。[①] 针对罗马帝国当时烦冗的管理流程、庞大的组织架构及管理者推诿责任的现象，他重新规划了帝国的管理架构，将全国分成4道、13省、100郡，并相应地将政府、军队划分为不同的层次，并针对各个层次制定严密的管理条例，从而形成严密的专制体制。这次逻辑严密的改革，使庞大的罗马帝国形成了齿轮式的紧密结构体系，为其统一、稳定和繁荣发展做出了不可估量的贡献。[②]

罗马的管理方式使一个如此庞大的帝国呈现出了数百年的繁荣昌盛，足见其组织逻辑之严谨、管理体制之完善，如J.D. 穆尼（James D. Mooney，1884—1957）所说的："罗马人伟大的真正秘密是他们的组织天才。"

（二）近现代西方管理思想

近代以来，西方的管理思想和理论不断丰富和发展，不仅促进了管理学科自身的建设和完善，同时也折射出西方近现代文化的一些重要特色。

17、18世纪，启蒙运动和理性主义为西方社会提供了全新的思考角度，随之孕育出1776年亚当·斯密（1723—1790）的《国民财富的性质和原因的研究》以及由此产生的古典经济学派。他倡导自由的市场和完全的竞争，以此获得最大的效益，从而达到理想的调节作用，而这种调节就是自由主义最好的管理手段。此外，他还针对劳动分工和影响报酬的因素进行了分析，并为确定劳动报酬的大小提供了原则。[③] 亚当·斯密的一系列观点是近代早期西方管理思想的一个显著代表，也是当时西方自由主义文化的集中展现。

及至两次工业革命给世界发展的步伐带去更为强劲的动力后，西方管理理论于19世纪末至20世纪初正式形成。这一系列的理论被称为古典管理理论，其中最具代表性的是F.W. 泰勒（Frederick Winslow Taylor，1856—1915）的科学管理理论，它的核心在于寻找提高劳动生产率的科学方法。泰勒将实验与自己多年的生产经验相结合，通过三个最具影响力的实验——搬运铁块实验、铁砂和煤炭的铲掘实验以及金属切削实验，总结

① 张兆响、司千字：《管理学》，47页，北京，清华大学出版社，2004。

② 唐任伍：《世界管理思想史》，52页，重庆，重庆大学出版社，2011。

③ 唐任伍：《世界管理思想史》，97页，重庆，重庆大学出版社，2011。

出了一系列经典的管理思想：将实验的方法引入机械工作或经营中、计划与执行相互分离、形成标准化的工作方式等等。这些实验，为管理奠定了严谨的科学基础，使管理学成为科学。他的管理思想实现了他的初衷："管理的主要目的应该是使雇主实现最大限度的富裕，同时也使每个雇员实现最大限度的富裕。"泰勒之后的无数追随者们也都在用自己的实践不断地向这位大师致敬。泰勒的助手卡尔·巴思（Carl Georg Langer Barth，1860—1939）发明了计算尺和公式表，帮助泰勒完成了著名的金属切削实验，此后他成立自己的咨询公司，利用计算尺推动了科学管理的发展。

此外，"甘特图"的发明者甘特（Henry Laurence Gantt，1861—1919）认为世界的财富在积累的过程中不断地增加，因此一个人的富裕并非建立在其他人的贫穷之上。基于此，他提出"监工"应当变成工人劳作的帮助者：当工人提前或超额完成工作时，工长可以拿到奖励，促使工长更多地关心工人的实际情况；当工人无法完成工作时也可以向工长反映，再上报给工程师，以此使"定额"达到合理的量。不得不说，社会文化的烙印在这一时期体现得更为明显：工业革命中的技术发展促使劳动生产率提高，更大程度地满足社会需求，从而获得利润形成社会财富；而这笔财富又转化为新的动力，进而促成更高的技术进步和劳动生产率，于是全新的管理理论诞生。如这一时期产生的计件工资制、标准化原理和工作定额原理等，在切实提高劳动生产率的同时，也实现了"科学管理之父"泰勒主张的劳资双方互利关系的思想。①

一个广为人知的对泰勒管理思想的实践是福特公司"T型车"的生产改良：大量重复性的机械化工作被划分为数个小单元，每个工人重复其中的一项小工序，这样的改进使福特在1920年实现了每分钟一辆"T型车"的惊人效率，同时也为工人薪资的提高奠定基础。虽然这样高压的机械工作带来了一些负面影响，如工人离职率的提高，但就当时的时代条件来看，这依旧是劳动分工带来的生产力的巨大飞跃。②

到了20世纪30年代，管理学理论产生了一次重大的转变，将其关注点从效率、生产、组织更多地转向情感诉求和人本身，也由此产生新的管理理论体系，即"行为科学理论"。梅奥等人通过著名的"霍桑实验"，意

① 王宏：《西方管理学理论与思想史发展探讨》，《中国经贸导刊》，2014（5），46—50页。

② ［美］詹姆斯·斯通纳、爱德华·弗里曼、丹尼尔·吉尔伯特著，刘学主译：《管理学教程（第6版）》，23页，北京，华夏出版社，2001。

识到劳动生产率的决定因素可能不是作业条件与环境，而是职工情绪、人际关系方面的因素。[①] 此后，梅奥等在《工业文明中的人的问题》等书中，提出了"社会人"的观点，强调职工的家庭生活、亲友情感和组织中的人际关系直接并显著地影响着整个企业的生产效率。从此以后，工人不再被看作机器的附属品，人的因素得到广泛重视。[②]

20世纪50至80年代，和平的世界局势为经济发展奠定持续提升的基础，同时，管理学也出现了被哈罗德·孔茨形象地喻为"管理理论丛林"的学派林立的繁荣景象，其中包括管理过程学派、经验学派、社会系统学派、决策理论学派和人类行为学派以及数理学派等。在这种百家争鸣的情况下，最引人注目的是由知识爆炸或称知识经济的形成而产生的文化管理学派。文化管理的核心是利用价值观这个"无形之手"进行管理，而价值观又主要体现为战略观、变革观、创新观、知识观等观念，相应地出现了战略管理、变革管理、创新管理、知识管理等新的管理学派，为组织的发展注入了知识文化的力量。[③] 文化管理并不是对之前管理理论的摒弃，相反，它秉承了前人留下的有关效率、组织、控制等的一系列科学管理方法，在重视人的情感价值的基础上，以战略、变革、知识、创新为新的手段，实现资源的合理利用和优化配置。

80年代至今，管理学在全球化的大势下呈现出更为丰富多样的变化，系统方法、权变方法、动态融合、伦理与社会责任、文化多元主义等管理学新概念层出不穷。这里，我们重点关注文化多元主义。文化是这一思想的核心，但是文化的包容性太大，学术界对其确切的概念仍抱有争议，我们认为文化是一种包含着象征符号、价值观念和规范体系的系统。文化多元主义表达了这样一种观点：组织内部许多不同的文化背景和因素都很重要，有着不同背景的人们可以在组织内部共处共荣。通常文化多元指的是一些文化因素，如民族、种族、性别、身体状况、性倾向，有时也会加上年龄和别的因素。[④]

---

① 徐向艺：《管理学（第二版）》，48页，济南，山东人民出版社，2009。

② 徐向艺：《管辖治理——管理学的历史现状与未来》，253页，济南，山东大学出版社，2003。

③ 魏文斌：《西方管理学流派的重新划分》，《国外社会科学》，2011（3），119—124页。

④ ［美］詹姆斯·斯通纳、爱德华·弗里曼、丹尼尔·吉尔伯特著，刘学主译：《管理学教程（第6版）》，154页，北京，华夏出版社，2001。

对文化多元主义的认识、理解以及合理利用，促成了一些公司在管理上的成功创新，泰勒·考克斯教授对这些管理理念进行了总结，共包括六个方面的内容：（1）成本观，即组织多样化与员工待遇平等化之间存在矛盾，能够处理好两者的关系就能够形成成本优势；（2）资源获得观，即成功处理文化多元问题的组织也会在任用具有多元背景的员工方面获得优势；（3）市场营销观，即具有良好多元化背景的公司能够更有针对性地处理多元市场所面临的问题，跨国公司针对各国市场任用当地人员就是这一方面的直观体现；（4）创造性观，即文化的多元意味着思维方式的多样和创新，也意味着对程式化管理的突破；（5）问题解决观，即群体多样化带来的广阔视角和对问题的批判性分析以及策略的最优化；（6）灵活系统观，即多元化的系统代表着更具灵活性的管理、限制的减少和流动性的增强。① 这些理念为当今企业在互联网大潮裹挟下的世界一体化进程中保持生命力提供了借鉴，成为当下企业管理思想的范例。

此外，近现代西方管理思想注重人性问题，其演变与人性假设观点的变迁有着密不可分的关系。近现代西方管理思想出现了四种主要的人性假设，经历了“经济人→社会人→自我实现人→复杂人”的演变，成为近现代西方管理结构、形式、内容变化的理论依据。而这种演变实质上是人的主体性不断得到重视的过程，是管理向人性回归的过程。②

（1）“经济人”：代表人物主要有古典管理学派的泰勒、法约尔和韦伯。这种理论对人性的设定是：人天生是自私的、懒惰的、完全自利的，是不喜欢工作的，只要有可能，人就会逃避工作；经济因素是人行为的主要驱动力。所以管理要达到组织目标，对于绝大多数人必须加以控制、指挥，运用“胡萝卜加大棒”政策来诱导。“经济人”强调人追求经济利益的本性，与经济学的人性假设趋同。

（2）“社会人”：又称为“社交人”，这一人性假设起源于梅奥等人著名的“霍桑实验”。“霍桑实验”总结出：工人是“社会人”，是复杂的社会系统的成员。除了经济需求，他们还有心理、社会等方面的需求，工人的心理因素与社会因素能够对生产积极性产生很大影响。所以管理者不应该只注重生产任务和管理秩序，更应该关心工人、满足工人的需要，并培

---

① Taylor H Cox，Stacy Blake：“Managing Cultural Diversity：Implications for Organizational Competitiveness”. *Academy of Management Executive*，1991，5（3）：47.

② 姚威：《从人性假设的演变看西方管理思想发展史》，《台声（新视角）》，2005（1），25—26 页。

养员工的归属感来调动他们的积极性，以此来提高劳动生产率。“社会人”的人性设定试图在管理中建立和谐的人伦关系，具有较大的伦理意义。

（3）“自我实现人”：以人的需求与动机研究为出发点，美国著名人本主义心理学家马斯洛提出了需求层次理论，将人的需要分为五层：生理需要、安全需要、感情和归属的需要、尊重的需要、自我实现的需要。需求层次理论把“社会人”的人性假设发展为一个经典的需求模型，即“自我实现人”的假设。人都希望成为自己所希望的那种人，“自我实现”是人类需要的最高层次。所以管理制度要给员工创造出能发挥他们才能的工作环境，并激发其潜力。“自我实现人”的人性假设是建立在人是勤奋、有潜力这一观点基础上的，所以同“经济人”“社会人”假设完全不同。

（4）“复杂人”：20世纪60年代与70年代之交，薛恩等人提出“复杂人”假设。这一观点认为，需求是因人而异的，即使是同一个人，随着年龄、所处环境的变化，需求也会产生变化，之前几种人性假设观点都过于简单，并且只是一般化的归纳。因为需求不断变化，所以单一固定的管理方式必然不能与其相适应。“复杂人”假设认为没有普遍有效的管理方法，管理者应当采用灵活多变的管理方式。①

近现代西方管理理论和思想，是由每个时代的文化土壤孕育而出的独特体系，正如彼得·德鲁克所说的：“管理是一种社会职能并根植于一种文化、一种价值传统、习惯和信念之中，以及政府制度和政治制度中。”②

第三节　文化与艺术

一、艺术的概念

（一）艺术属于精神文化范畴

艺术是用形象来反映现实但比现实有典型性的社会意识形态，包括文学、绘画、雕塑、建筑、音乐、舞蹈、戏剧、电影、曲艺等。文化是相对于经济、政治而言的人类全部精神活动及其产品，它包括艺术、文学、科学、教育；笼统地说文化是指人类在社会历史发展过程中所创造的物质财

① 李春敏：《论西方近代管理思想中人性假设历史演变的伦理底蕴》，《内蒙古财经学院学报》，2004（1），67—70页。

② ［美］彼得·F. 德鲁克著，孙耀君等译：《管理：任务、责任和实践》，13页，北京，中国社会科学出版社，1987。

富和精神财富的总和，特指精神财富。[①] 艺术是一种精神文化，与物质文化、制度文化和信息文化并存，对社会和人们的生活产生着不可替代的影响。

艺术是一种文化现象，艺术活动是一种文化实践活动和文化创造活动。艺术创作是艺术思维和艺术劳动的过程，是艺术家的情感、直觉等感性思维与理性思维结合后，借助一定的艺术技能、工具、载体等，经过创作程序而外化为具有审美价值的物质产品的活动。

（二）艺术属于社会意识形态

艺术是无国界的，不同国家、民族、阶层、文化教育背景的人们都有欣赏艺术的权利且有各自独特的审美和理解，文学素养、知识储备、人生阅历、性格特质等都会影响艺术的鉴赏能力。美术、音乐、舞蹈、戏剧、建筑等艺术作品皆饱含寓意和个性，都是艺术创作者在时代背景下对历史发展、国家及个人命运、生活状态、意识情感等的真实写照。艺术是具有代表性的被浓缩提炼的文化，它赋予创作者大胆想象和独特审美，它的价值独一无二、不可复制，且不会随时代发展而弱化。艺术的魅力在于允许艺术家的再创作，不同的艺术家对艺术作品有不同的理解和演绎，不同的版本有各自的闪光点。

（三）艺术属于文化价值系统

所谓“以艺通道”“艺近于道”“道艺相济”，艺术自身形而上的精神品质与“道”和“理念”等文化思想贯通。艺术从形而下的技能技巧升华为形而上的精神符号、情感符号，成了人类象征系统中的高级象征。艺术在人类文化价值系统中具有永恒价值，这是西方文化学者基于本体论和本质论的分析得出的观点。

艺术在文化系统中以浮于表层的意识形态存在，但仍为不可替代和不可忽略的重要成分。人类文化因时间和空间的变化而重组或消逝，经历时间上的演变和空间上由分到合的一体化建构过程，艺术则为桥梁纽带。艺术受不同文化价值观的影响，又不限于具体的文化形式，使不同文化更好地融合与交流。这一点从艺术无国界、可以超越语言和宗教的隔阂、可以沟通人类的感情、艺术源于生活又高于生活等方面便能看出。[②]

---

① 沙妍妍：《浅谈东西方文化与艺术的关系》，《艺术品鉴》，2015（2），193页。

② 黄永健：《艺术文化论——艺术在文化价值系统中的位置》，26页，北京，文化艺术出版社，2008。

二、文化与艺术的关系

文化是载体，艺术是表现形式。“文化是艺术的本体，艺术是文化的精品。”① 艺术是极具美感与精神内涵的文化形式，是文化中独具个性和特色的鲜活表现形式，丰富了文化的内涵，在文化中发挥着不可替代的作用。

（一）艺术是一种独特的文化形态

艺术是以文字、语言、音符、色彩、线条、图像以及人的活动、事件、情节等可感知的形式和内容作为基本要素来建构人们的审美情趣、审美意向和传达人们的情感世界的独特文化存在。

作为一种特殊的文化，艺术具有以下特性：

第一，作为特殊文化符号的艺术具有象征性。艺术具有一定的象征意义，在早期主要表达劳动或者人们的某种愿望，而现代艺术家则更多地通过它来表达自己感受到的对世界的体悟。艺术家们并不仅仅局限于对现实的模仿或表现，而是通过符号来赋予艺术作品更多的内涵，即通过艺术作品来表达艺术家自己体会到的那个大得多的世界。所谓艺术符号的象征性，也就是指艺术符号蕴含能够超越符号本身的现实所指层面，进而产生或暗示出具有普遍性的人类的历史命运、人生的价值以及生存意义等审美意蕴的特性。举例来说，哥特式建筑那直入云天的尖顶，是冥冥之中对上帝向往的象征；海明威笔下那个经历了八十多天海上搏斗的老人，则是人类意志和力量的象征。因而，从本质上来说，这些艺术都远远大于其表象符号本身。

第二，艺术的存在具有超越时空性。艺术的存在和艺术的象征一样独特。从一般意义上来看，文明产物或文化产品具有鲜明的时间性、区域性、民族性等特点，很少有能超越这种时空的存在，否则文化的存在就显得不伦不类或毫无意义。例如用树叶做的衣服，它象征着原始生活方式，但今天各种精美的衣料和服饰出现了，树叶的衣服自然就没有了存在的价值，因为现在看来这种服饰既没有实用价值也没有审美价值。但是，各种挂饰和原始崖画、岩画等原始艺术，至今依然受人喜爱，原因正是其象征着人类某种审美观念或者理想，并且这种审美观念和理想贯穿人类文明始终，在今人身上依旧存在，此即艺术存在超越时空性的根本依据。

① 聂振斌等：《艺术哲学与艺术教育》，120 页，北京，北京大学出版社，2015。

第三，艺术认知具有跨文化的普遍性。艺术以人类共同的心理作为其创作依据，因此，在某种程度上艺术具有相通性，不同文化背景之下的人群同样可以领悟某一个独特的艺术作品，这就使艺术具有鲜明的全人类性，即艺术的创作和欣赏具有普遍的认知基础和审美基础。从横向角度看，艺术的创作与其创作者的经历息息相关，故而具有鲜明的个人特点以及区域特色，但艺术的传播和欣赏绝不是局限于某些人群和某些地区；从纵向角度来看，艺术反映的是艺术家及艺术工作者对其所处时代的某些感悟和体会，然而有趣的是，当代人对艺术的创作和欣赏不仅仅局限于现代艺术。艺术是属于全世界的，不仅在地理上，而且在时间上。

第四，艺术欣赏中的文化个性。艺术欣赏具有普遍的认知基础和审美基础，在普遍基础之上艺术欣赏又包含着个体能动的特色，任何艺术存在都留有欣赏者再创作的余地。这种再创作与生活环境、文化背景等息息相关，拥有无限的个人色彩，比如个人的情感色彩、生活经历、情绪等等。就好像我们在欣赏《命运交响曲》的时候，可能每一次都有截然不同的体验，而每一个人体悟到的艺术震撼也绝不相同，其原因就在于艺术存在留有个人再创作余地，正如西方人常说的："一千个读者，就有一千个哈姆雷特。"

第五，已有的文化存在对艺术创作会产生直接的影响。艺术扎根于已有文化，不同的文化存在对艺术创作有着不同的影响，可以说，文化存在在一定程度上决定了艺术的创作。这种影响主要体现在三个方面：（1）已有的文化影响作者创作的内容，因为很少有人能脱离自己认知的束缚。（2）文化会影响艺术创作的方式，各种流派的发展会改变创作者的思维方式，进而改变创作方式。是新文化造就了新的创作方式，还是新的创作方式造就了新文化，这可能难以判断，但是艺术创作方式会受文化影响是毋庸置疑的。（3）文化会影响艺术创作的风格。为何东方建筑与西方建筑我们能一眼分辨？正是因为建筑本身受到了不同文化的影响，艺术创作是文化在更高层次上的延伸。①

（二）艺术促进文化传播发展

艺术源于生活，以特殊的感性化的方式呈现想象的或现实存在的事物，亦反作用于生活，促进了文化的传播和发展。

第一，艺术能使我们通过作品追溯认知历史，传承文明。比如，我们可以通过考古认识原始社会，了解艺术的起源、文化和社会背景，探索人

---

① 陈华文：《文化学概论》，87页，上海，上海文艺出版社，2001。

们追求服饰和住所的美感的动机。考古发现表明，原始社会的人类已经开始追求享受和娱乐生活。原始艺术作为原始文化的重要形式，对民族文化形态和后世发展产生着奠基石般的影响。现存的某些原始部落仍保留着原始艺术形式，它并不受工具、物质等限制；与食宿相比，原始部落的人们更注重对艺术美的享受，并以此表达情绪。宗教、神学、祭祀、礼仪和巫术成为早期艺术诞生的重要因素，因此原始艺术讲求实用，并有宗教色彩，美感逐渐凸显。原始艺术影响了当代艺术门类的划分和各民族艺术风格的多样性，文化内涵在内容和形式上得到了良好的诠释并起到了铺垫作用。

原始艺术是在现实生活如狩猎等劳动中产生的，明确地记录了人与动物的生活状态并传达了人的思想意识，是时代和自然的产物，而不是被刻意创作的。男子和女子分别承担不同的艺术品制作，如男子从事雕刻，女子制作地毯、服饰、绘饰等，这些艺术品兼具实用价值和审美价值，促进了手工的传授，娱乐生活更丰富。原始社会人类并没有接受过艺术教育，却能本能地从生活中发现艺术素材并进行艺术创作，自然抒发情感，真实反映生活。因此原始文化、社会背景为艺术的起源奠定了良好的基础，使艺术成为人们生活中不可缺少的一部分。原始艺术的内容和形式不够完善，但是仍被作为当今重要的理论和实践研究对象，被当代艺术创作者通过现代科技进行二次创作来重新挖掘利用。

第二，艺术作品的主题和表现形式对一定时期的文化发展有深刻的影响。近代中国的歌舞、器乐作品，如《义勇军进行曲》《红色娘子军》《梁祝》等，推动了中国艺术发展并实现了表现手法的中西合璧；西方绘画、戏剧和雕塑作品刻画内心世界，描绘社会背景；现代流行音乐的传播使大众文化更加丰富，推动了文化艺术表现手法的创新。

第三，艺术作为精神食粮，也具有实用性。艺术品不仅美观，还有实用功能和收藏价值。艺术遍及文化生活的各个方面，如原始社会的骨饰和草裙、骨制和石质乐器，如敦煌壁画、唐卡、凡·高的绘画、景德镇瓷器、波斯地毯、金缕玉衣、埃及法老墓中的随葬品、教堂、剧院等，感染着人们的思想，并提高了大众的生活质量。莎士比亚在艺术形象中将人文主义思想淋漓尽致地表现出来，同时他也是伦敦“环球剧院”重要的一分子，“剧院艺术的发展及其大众化和民主化的性质改善了英国社会的民主结构”①。

① 吴克礼：《文化学教程》，324页，上海，上海外语教育出版社，2002。

第四，艺术具有承担社会职能的功能，如劳动号子、抗日歌曲、地方戏曲和民族手工艺制作等，增强了民族凝聚力和自信心。纪念耶稣的十字架蕴含着基督教文化，金字塔蕴含着等级和民族建筑文化，中国古代的宫廷乐舞反映着历史背景并推动着艺术的繁荣发展，宋代瓦子和勾栏的出现以及说唱等艺术的兴起丰富了古代人民的文化休闲生活。爵士乐、摇滚乐、乡村民谣等流行音乐形式的出现引领艺术文化发展潮流，音乐表演者对艺术的自我陶醉和全新的理解及庞大的明星粉丝团的审美，在演艺业卷起一波又一波巨浪，影响着现代文化价值观，使民族文化走向世界舞台。艺术是民族文化的精华，最能反映民族精神；艺术作品很好地展现了文化的独特性，具有感性色彩的艺术阐释也给人以感动。此外，艺术长期被视为人文教化的典范，被教育家所重视，用以培养民众良好的品格，满足人们精神层面的追求。艺术是文化的精华，处于文化系统的最深层，触及文化的本质；艺术感性地将文化本质表现出来，通过刻画不同形象描绘创造出一个具有美感和生命力的理想世界。

（三）文化形态造就艺术形式

艺术是文化系统最深层的一种感性形态。艺术创作以文化为积淀和背景，汲取了充足的养料，渗透着深刻的文化内涵，震撼着艺术欣赏者的心灵，引导着人们的思想行为，启迪着人们的价值观念。艺术与教育学、哲学、科技、宗教和经济学等文化形式关系密切，它也依托于现实生活而存在，并服务于文化需求和现实发展。教育为艺术培养了大批的专业人才，并不断发现新的研究方向，与时俱进的理论和实践研究成果使技艺不断提高，促进了艺术的创作；科技如新媒体技术在舞美设计中的运用使艺术表演的视觉效果更加震撼；经济的渗入使艺术品交易和商业赞助等更为普遍，拓宽了艺术市场。

文化作为艺术的母体，对其有着一定的制约。艺术形式的诞生、创作和研究不能脱离文化语境，应从文化的视角进行思考和设计，不能忽视文化母体的作用。艺术的创作不会直接受政治和经济的影响，而是在一定的社会发展背景下与时代文化相互关联。文化精神在艺术创作和艺术欣赏中渗透，影响着人们的情感和精神需求，在人们选择艺术作品时发挥着不可忽视的作用。

不同的艺术形式有各自独特的文化符号。如音乐、舞蹈、戏剧、绘画、建筑、雕塑、摄影等即使没有文字的呈现，也能使不同文化背景的人们领会到作品的韵味和创作者所要传达的思想。中国画注重笔墨气韵，而西方油画注重光影的变化、运用透视技巧；京剧中的脸谱和动作、梅兰芳的兰花指手势和程砚秋的唱腔为中国戏曲艺术所特有；《江姐》《智取威虎山》等的配乐与西方芭蕾舞、爵士舞、探戈等背景音乐风格也各不相同；苗族、傣族、维吾尔族等民族的服饰与其他国家不同民族的服饰各具特色。这些都是文化符号，蕴含着民族特色、习俗和信念，即使我们模仿和学习，也很难达到原生态、本土性艺术味道的自然流露。这与东西方人的性格、艺术氛围、所受教育、审美角度、思维方式等有关。不同文化环境的影响，形成各自不同的艺术风格。

文化的多样化促成了艺术中美的形态多样化。比如，不同的文化理念从中西舞蹈的人体动态美中得以流露，舞蹈的人体动态美也是社会、历史文化的产物，中西观念的不同使肢体动作有不同的表现方式。如西方人认为宇宙是直线前行的、分层展示的，因此芭蕾舞给人以规矩的感觉，由中心点向外延伸，呈点线状展开舞姿，动作变化有层次感和秩序感，呈“开、绷、直、放”的特点；而中国人则认为宇宙呈圆形周转，周而复始，所以中国古典舞舞姿与西方舞蹈相反，多呈向心状，曲线性较强，呈“圆、曲、拧、含”的特点。[①]

艺术从属于时代文化。例如古希腊艺术受该时期文化中物质与精神、感性与理性统一关系的影响，文艺复兴艺术则试图克服宗教与科学、天国与尘世间的冲突。在时代文化的诞生、演变、重组的变化过程中，艺术形式得以保存和延续，拥有永恒的价值，艺术精神得以广泛传播，屹立于时代和民族文化之上。

文化发展的直接成果之一就是艺术创作和艺术思想。例如，文艺复兴时期的思想文化传播的主要形式是艺术。人文主义的思想内涵在戏剧中充分体现，由多种元素融合的悲喜剧不断完善，莎士比亚的巨作已达到戏剧的巅峰。音乐也摆脱了宗教的桎梏，民间音乐更具人文主义色彩。该时期崇尚古罗马建筑风格，建筑多为圆顶、拱廊和古典柱式墙壁，反对神权至上的尖顶高耸的哥特式建筑风格，不仅宫殿、府邸如此，居民楼、别墅和公共建筑亦如此。绘画逐渐超越了建筑，在该时期占有重要地位，反映现实生活和美的思想。文艺复兴鼎盛时期的达·芬奇将透视、构图、明暗、解剖等汇集成理论，为绘画发展积累了丰富的素材，人文主义思想使其笔

① 杜涓、杨国龙：《中国古典舞与西方芭蕾舞的审美心理对比探微》，《黄河之声》，2013（13），50—51页。

下的人物充满鲜活的生命力。科学和艺术的紧密联系也是文艺复兴时代文化的一个特点[①]，它们的结合使更多造型问题得到解决，从光学和物理学、数学和解剖学等角度分析透视、比例和构图关系，使绘画对象范围得以延展，使立体空间的东西呈现于纸上，使造型艺术有了新突破。

因此，不同的文化思想和文化形态造就了不同的艺术形式，使艺术具有文化价值。艺术源于生活，受文化启迪，使文化内容与形式更高雅脱俗、意义非凡。

三、文化与艺术产业

（一）艺术产业的概念

艺术产业是生产艺术产品的企业经济活动的集合。[②] 联合国教科文组织将艺术行业分为音乐、表演艺术、视觉艺术等；美国将其分为表演艺术、博物馆、数字娱乐等；英国将其分为艺术品与古董交易市场、手工艺品、互动性娱乐软件等；新加坡将其分为画廊、拍卖、摄影、档案等；韩国将其分为演出、传统服装、文物市场、动画、游戏等；我国台湾地区将其分为工艺、文化展演设施、品牌时尚设计、数字休闲娱乐等。由此可见，艺术行业类别众多，并因不同国家和地区文化的优势、需求和差异而具有不同划分方式。

古代艺术是宫廷贵族、富人和官僚才能接触的贵族文化，拥有颇高的、独特的社会地位。技术的飞速进步使艺术产品实现复制和大规模生产，因此艺术得以普及，从小众的享乐逐渐扩展成为大众文化，渗透于现代社会生活的方方面面，从而形成了艺术产业。艺术形式与文化、经济的融合发展使艺术产品实现商业化运作，并丰富、美化着人们的生活。

（二）艺术产业对文化的影响

艺术产业是文化产业的一个重要分支，在文化产业中属于丰富且重要的门类，文化产业的发展离不开其基础性作用；艺术产业对于社会经济发展、城市文化建设和国家文化创新体系建设都有着很大的促进作用。一方面，艺术产业为文化产业带来了可观的收益。随着数字娱乐业等新兴行业的出现，艺术产业呈现出经济效益递增的发展态势，其规模和收入在文化产业中所占的比例也有所增加。另一方面，艺术产业推动文化资源的保护

---

① 吴克礼：《文化学教程》，313 页，上海，上海外语教育出版社，2002。

② 王家新、傅才武：《艺术经济学》，250 页，北京，高等教育出版社，2013。

传承和产业化开发利用，有利于文化艺术内涵的培养，有利于增加就业岗位、建设公共文化服务体系，提升国家与城市文化形象，进而推动国家之间、地区之间的文化交流，增强国家的文化软实力。

第一，艺术产业推动公共文化服务体系的建设。画廊、博物馆、现场表演艺术活动等需要足够的场地规模，与城市规模和政府对文化的重视程度有关。它们丰富了城市文化生活，塑造了城市文化形象。政府对公共文化艺术的赞助及其中产生的就业机会，也使城市发展更为和谐。艺术产业能使文化形成集聚效应，整合周边城市的文化资源，有利于文化艺术人才的集聚和文化气质的培养，形成传统与现代气息相结合的城市文化氛围。

第二，艺术展览、艺术演出等行业推动国家文化形象的提升。例如，法国十分重视卢浮宫和各类博物馆、展览馆等的艺术品展览活动，通过展览进一步开发艺术衍生品产业，从而凸显了法国文化艺术的独特魅力。近几十年来，法国推行艺术创意产业与艺术品展览的互动发展。如法国奥奈文化艺术创意产业园是国际著名的艺术创意产业园，以艺术展示和创新为主题，集美术展览、古玩集散、艺术家工作室和艺术酒店于一体，成为搭建艺术品、收藏品国际展览的高端平台，是艺术时尚、创新创意的国际性交流和贸易中心。

在艺术演出业方面，从巴洛克时期、古典主义到浪漫主义时期德国在交响乐、歌剧等方面一直颇具影响力，并拥有众多高产音乐家，其歌剧院数量领先于世界，并拥有世界一流交响乐团、指挥和艺术院校。其不同类型的艺术节极具创意，如琉森音乐节汇集了世界各地的参与者，将不同音乐形式和德国文化展现得淋漓尽致，使节庆文化与不同艺术相关联，吸引了大批海外游客。德国著名独奏家及乐团在华巡演极为普遍，巡演时节目单对演奏者、城市、曲目创作背景等的介绍使中国观众近距离欣赏原汁原味的西方古典音乐，还能透过表象深入内里，深入了解德国音乐发展背景，甚至可与演奏家们沟通交流。诸如此类的文化艺术活动促进了德国音乐事业的繁荣发展，创造了经典的民族文化品牌，赋予城市更多文化艺术气息，将德国文化播散至世界各地。

第三，艺术产业的品牌影响力加强了国际文化交流。由于艺术文化的发展较早地被西方国家所重视，因此该行业在相当多的发达国家中已形成规模化经营，产业链也较为完善，并具有自己的知名品牌。美国作为艺术产业最发达的国家，其百老汇、好莱坞的影视原创音乐、爵士和流行音乐及舞蹈、著名艺术家、演艺团体、剧院及国际艺术赛事等拥有大批粉丝团体，每年获取极高的经济效益，在全球产生巨大的影响力。美国政府每年对非营利性文化艺术进行的赞助投资近30亿美元，创造近244亿美元的税收。其中百老汇的海外观众比例大幅上升，来自美国其他地区的观众人数基本稳定，而纽约本地的观众占最小的比例。纽约百老汇的艺术演出带动了当地旅游业的发展，吸引了大量外地乃至海外游客前来欣赏，还增加了相关产业如餐饮住宿、交通和购物的消费等。百老汇的国内外巡演是提升艺术品牌知名度和影响力、宣传城市文化形象并且加强国际文化交流的集中体现。伦敦西区亦如此，在这里欣赏演出成了海外游客和工作人士伦敦之行中的一项重要行程。

（三）文化对艺术产业的推动作用

文化基础是艺术产业发展的重要保障，文化的区域性特征也是影响艺术选择和消费的重要因素。由于地区传统文化资源和艺术传承、人们的习俗和文化欣赏习惯以及经济发展水平等不同，不同地区的人们在艺术审美和欣赏中的感受也不同。地方艺术以地方文化为依托，受地方语言和文化艺术素材的影响，因此在不同文化区域存在相互排斥的情况；但由于文化具有强大的兼容性，随着时代的发展，区域性文化融合日趋明显。

审美倾向在中国的教育、哲学、道德、思维和生活方式中都有所体现。在历史长河中积淀下来的中国传统文化赋予人们艺术气质和艺术思维，人们可以从日常生活的点点滴滴中得到艺术性的启迪并感悟美好，还可将草木、花鸟、山水、奇石等变得更有灵性和韵味，使人们的情趣在它们的生命中得以延伸。自古以来，经济繁荣时期人们对文化产品的追求都会相应地大幅增加，现代更加明显，时下各大城市的古玩市场非常红火，文化产品的流通也是络绎不绝。

日本的传统文化决定了他们的服装为和服，床为榻榻米。近些年，日语歌、宫崎骏动漫、和服摄影、cosplay（动漫游戏角色扮演）装扮的风靡，榻榻米在日常家居中的安置以及日式餐厅装修风格和餐桌样式等对日本设计和造型艺术的引进，无不体现着日本文化及艺术元素对中国艺术、生活方式乃至文化价值观的影响。中国服饰的韩式设计，韩国流行音乐、舞蹈的传入及被模仿，韩剧中的明星在华的粉丝数，韩国美食如泡菜制作工艺、《来自星星的你》中“啤酒和炸鸡”以及年糕火锅对中国主题特色小吃店的启迪，都意味着“韩流”的不断渗入和韩国不同艺术种类对我国文化生活、文化创作及文化思考的巨大影响力。

因此，艺术的创作和消费要符合文化背景。若想使艺术“走出去”，不仅要保持本土特色，还要具备不同文化价值观的受众能接受的优势，针对消费地区文化认同做出调整与改变，拉近艺术产品和消费者之间的距离，提升吸引力，满足受众的期望与需求，从而获得更广阔的消费市场。

总之，文化与艺术是相辅相成的。艺术是文化的重要内涵与组成部分，艺术是文化的一个领域和文化价值的一种形态，艺术是人们为了更好地满足自己精神需求而创造出的一种文化现象，而文化是艺术作品的题材渊源与背景、艺术创作和欣赏的价值取向。艺术参与和推动文化发展，又从属和依附于文化大系统，并受到文化制约和影响。

第四节　当代人的文化生活与生存发展

文化学不仅研究文化的形成、发展的历史过程，也关注当代人的生活方式。探索当下社会文化状态、世界文化发展趋势是文化学研究必不可少的方面。本节将从信息传播、科技文化、休闲旅游、体育文化、生态文明建设等角度介绍当代文化与人们的生活方式、生存发展的关系。

（一）信息传播时代的文化生活

我们生活的时代是信息时代，信息时代是人类社会的新阶段，是文化进步的结果。信息本身就是文化，信息传播推动着社会的不断进步。传播是传递信息的社会性行为，是人类的社会实践活动，它贯穿于古往今来的历史之中，表现在社会的任何一个方面。

现代社会已经进入大众传播时代，大众传播已成为现代工商社会、知识经济社会文化交流的主要形式。大众传播是文化传播的分支领域，指通过传媒向众人传递信息，其对象是社会上的人，传递方式往往是间接的，即传播者与接受者不是直接面对面，其手段通常是影视、广播、报刊、网络。它的信息传播范围广、影响大，是全社会的信息纽带。大众传播理论主要有“议程设置”理论、“沉默的螺旋”理论、培养理论、新闻框架与框架效果理论、“数字鸿沟”理论、“第三人效果”理论等。

此外，个人传播也是现代信息传播方式的重要补充。传播方式、渠道的多样化，使得文化传播的速度大大加快。现代文化传播不是依靠中世纪的驿站，也不是近代的蒸汽机，也不是当代的飞机和高速公路，而是信息时代的计算机。[①]

① 王玉德：《文化学》，166页，昆明，云南大学出版社，2006。

传播学是研究社会信息系统及其运行规律的科学，已经有近百年的历史，主要有两大流派：经验学派和批判学派。

经验学派主张从经验事实出发，运用经验性方法研究传播现象。经验学派的主要研究成果被美国的洛厄里和德弗勒归纳为14座里程碑，其中最典型的如：20世纪20年代的培恩基金会关于电影对少年儿童影响的研究，这项研究开创了以经验调查方式考察大众传播效果的先例；对1938年“火星人入侵地球”广播引起的社会恐慌研究，该研究的侧重点不是为了提出关于大众传播效果的一般理论，而是探索引起恐慌的各种心理因素；20世纪50年代保罗·拉扎斯菲尔德的《人际影响》是对《人民的选择》提出的各项理论假说的进一步验证，其意义在于揭示大众传播与人际传播的交织性；20世纪70年代以后的“议程设置”研究是经验学派效果研究的一个重要转折点，研究对象由微观、个人层面的传播效果开始转向大众传播的宏观社会影响和效果。

批判学派无论是在方法论还是在立场上都与经验学派存在很大区别。批判学派从宏观入手，强调用整体的眼光把大众传播与社会环境联系起来进行考察，尤其重视大众传播制度与社会、政治以及意识形态之间的关系。批判学派采用的方法多为思辨的、批判的、定性的方法。由于学者们研究的课题、角度和方法存在差异，批判学派本身也形成了各种流派，主要包括政治经济学派、文化研究学派、意识形态霸权理论、哈贝马斯的批判理论。①

传播学及其理论观点是信息传播时代的产物，它在社会中的普及和应用，对社会信息资源的开发利用、社会信息交流系统的建设、新技术带来的社会变革，以及因社会变革而引起的社会、人际关系的变化，具有重要的学术和应用意义。传播学理论的发展有利于深入认识社会传播现象、媒体规律，考察和分析大众传播实践等问题。

信息传播时代的文化包含着一种普遍的媒介生活方式，即人们通过不断学习、认知、接受各种媒体技术以提高人际交流和经济活动的效率的生活方式。当代人的生活越来越离不开媒体世界的知识体系和媒体理念，信息传播使得技术创新和理论理念日新月异，从而形成了信息传播与人们文化生活理念的互动发展。因此在某种程度上可以说，信息传播时代的文化生活是一种接受和认知传播技术与传播理念的动态生活方式。

---

① 郭庆光：《传播学教程》，253—260页，北京，中国人民大学出版社，2011。

（二）科技文化生活

科技文化是人类改造自然的创造活动的产物，是科学技术社会功能的理性结晶。它是一种新的文化形式，既提升了文化的科学技术含量，又增强了科学技术的文化气息。科技文化发挥着其他文化所不能取代的特殊的社会功能，所以被全人类广泛接受、传播、运用和创造。科技文化是打破了地域、民族和语言界限的世界文化，科学方法、科学价值标准、科学理性思维和科学求实创新精神都是没有国界的。

近现代以来，科学技术使得人们的社会生产、社会生活获得极大的进步，在人类文化的各个层面上都带来了革命性的变化，诸如劳动对象、劳动资料、劳动手段、能源开发、生产工艺、生产过程及其组织管理方式、整个社会的组织管理手段和方法，以及人的需要和欲望、人的思维方式和方法、生活习惯、审美情趣、道德观念、价值观念等等都与以往绝不相同。①

自然科学的革命不仅会带来技术的飞跃，也会引起思维方式的变革。技术革命比自然科学理论的革命给社会带来更大的震荡。20 世纪 50 年代以来，以原子能、电子计算机、激光、空间技术、人工智能、生物遗传工程等为代表的第三次技术革命飞速发展，使科学活动日益社会化。② 当代科技文化具有生态化、可持续化、人文化和大科学化等基本特征，对于推动科技文化与人文文化融会贯通，实现人、自然与社会的和谐具有重要意义。当代科技文化的完整体系是由器物层次、制度层次和价值观层次构成的。器物层次的科技文化是运用科技知识对自然界进行加工改造的人工自然物；制度层次的科技文化主要表现为当代科学技术发展推动社会政治、经济、文化等各个领域的体制与管理变革；价值观层次的科技文化体现在人类精神世界和意识形态领域的进步中。建设先进的科技文化要从科技观念、器物、伦理和制度等层面入手。③

党的十八大报告中提出，建设社会主义文化强国，关键是增强全民族文化创造活力；要促进文化和科技融合，发展新型文化业态。文化与科技的融合使文化对科技的驱动和提升作用更加明显，近年来以文化内容为驱动力的信息产业不断发展，内容需求驱动着技术设备的创新和发展、网络应用和移动技术的升级，文化内容消费与技术平台创新相互支持、相互

① 杨怀中：《科技文化的历史地位及当代价值》，《自然辩证法研究》，2007(2)，93 页。

② 郭齐勇：《文化学概论》，119 页，武汉，武汉大学出版社，2014。

③ 欧阳绪清、欧阳聪权：《当代科技文化的特征、内在价值与建构》，《湖南社会科学》，2008 (2)，35 页。

促进。

（三）休闲旅游文化生活

文化与休闲旅游有非常密切的关系，文化是休闲旅游的一种重要资源。休闲旅游已成为当代人工作之余的一种生活方式，同时也是一种学习方式，感知不同的风土人情、了解异域文化能够促进人文素养的提升；休闲旅游资源是一种无限的知识资源，文化是休闲旅游资源的魅力来源；文化是休闲旅游业的灵魂，休闲旅游在消费文化的同时也创造文化。

文化休闲旅游是休闲旅游者以感知了解文化具体内容为目的的旅游，具有知识密集性、综合性、延展性、体验性、创意性等特征，其核心是创意。文化休闲旅游是随着社会经济的发展而逐渐产生的新的休闲旅游生活方式，对于促进经济的发展和丰富人们的日常生活有着重要的作用。大力发展文化休闲旅游业、推动文化与休闲旅游业的融合能够促进休闲旅游产业新格局的形成，有利于转变休闲旅游业的发展方式、完善休闲旅游业的功能、促进先进文化的传播、促进当地休闲旅游品牌价值的实现。①

发展休闲旅游产业，需要注入更多的人文关怀，同时借鉴世界文明成果，弘扬优秀文化传统，引导人们树立正确积极的休闲观念，突出文化内涵，使休闲旅游的核心价值得以彰显。②

（四）体育文化

体育是人类创造出来的一种社会活动。体育运动除了它外在的活动形式及设施等物态体系外，还具有内在的意识形态、价值观念、行为规范等。体育运动具备文化的各种特征，包括文化的继承性与时代性、民族性与世界性等。

从文化的角度来看，体育不仅是人类生物能量的开发与释放，还是人向自身“复归”的过程。作为一种文化形态，体育运动的伟大意义在于体育也改造和创造着环境——人类自我的个性生理环境，乃至社会群体的生理及心理环境。作为一种实践活动，体育的文化价值在于人自身的价值，即人的全面与和谐发展、个体人格与社会人格的和谐统一。

体育在文化领域的延伸是体育文化，体育与体育文化是核心文化与衍生文化的关系。体育文化是文化视角下的体育概念。在广义上，体育文化是指由思想和行为构成、以身体活动为基本特征、以健康和娱乐为目的的

---

① 陈少峰、王起、王建平：《中国文化休闲旅游产业报告 2015》，1—6 页，北京，华文出版社，2015。

② 罗玮、唐勇：《浅谈休闲旅游发展的文化培育》，《企业经济》，2011（2），150 页。

社会现象与文化样式。学术界综合运用多种学科方法研究体育的观念、制度及其他相关问题，将体育视为一种社会文化现象。

（五）生态文化

21世纪，和平与发展成为人类社会的两大时代主题，生态环境可持续发展一直都是国际社会关注的热点问题。实际上和平主题与生态也是息息相关的，因为战争越来越影响人类的生态环境。一方面，二战以后各国对军备的投入越来越大。据不完全统计，全球有超过1亿人直接为战争服务，或参与军事，或从事军工生产，这些造成了极大的人力和自然资源的浪费。另一方面，战争本身对资源和生态的破坏难以避免。1991年的海湾战争造成大量原油泄漏，科威特有700多口油井燃烧，对当地乃至全球的生态环境尤其是大气造成了严重污染。

现如今，生态环境日益恶化，资源急剧消耗，各种污染严重威胁着人们的生活、生命及子孙后代。根据世界资源基金会2006年发布的《地球生命力报告》，从1961年到2003年，人类的活动已经造成地球生命指数下降了约30%。其中，陆栖生物指数平均减少了约31%，海洋生物指数平均减少了约27%，淡水生物指数平均减少了约28%。该报告还指出，从1961年以来，人类对生物圈影响的“生态足迹”已经增长了3倍，超出地球生态系统再生能力的1/4。[①] 从某种意义上说，人类正在自杀，正在走向黑暗的深渊。

人们对生存环境越来越重视，每个人都希望不断提高生活质量，过舒适的生活。保持当今世界可持续发展、创造生态和谐社会，要求全世界学者共同研究、世界各民族人民合作共赢，有识之士已经为此做出了努力。

1972年，全世界首次以人类与环境为主题的大会在斯德哥尔摩召开，会议发表了《联合国人类环境会议宣言》，将“只有一个地球”作为大会口号，并明确提出：“保护和改善人类环境已经成为人类一个紧迫的目标。”联合国把每年的6月5日定为世界环境日。

1983年，联合国环境与发展委员会成立。1987年，该组织提供了一个题为《我们共同的未来》的报告，其中给“可持续发展”下了一个定义：“既要满足当代人的需要，又不对后代人满足需要的能力构成危害的发展。”报告还要求世界各国加强环境教育。

1990年，联合国教科文组织召开了“21世纪科学与文化：生存计划”

① 王玉德：《文化学》，214页，昆明，云南大学出版社，2006。

国际研讨会，会议发表了《关于21世纪生存的温哥华宣言》，提出：“造成我们今天这些困难的根本原因在于某些科学上的进步。”围绕这句话，出现不同的争议：科学与环境到底是什么关系？环境污染果真是科学造成的？

1992年，世界环境与发展大会在巴西召开，与会人员包含了183个国家和地区的代表团，会议通过了《里约环境与发展宣言》。此次会议提出全球伦理的三个公平原则：世界范围内当代人之间的公平性、代际公平性、人类与自然之间的公平性。

近年来，中国越来越多地参与到生态文明建设的国际合作中。2008年，第二届经济发展、生态建设国际合作大会在海口举行，大会的主要议题是生态经济发展和环境保护。联合国粮农组织、国际劳工组织、国际生态安全合作组织等相关国际组织的代表参加了大会。大会旨在最大限度地促进生态经济、环保产业在理论、开发、投资、设备技术等多领域的国际合作。

2013年，以“加强国际合作，建设生态文明”为主题的太湖文化论坛第二届年会在杭州举行，会议围绕“现代文明转型：全球生态危机的严峻形势与生态文明建设的重要意义”等议题展开了讨论。会议闭幕时发布了与会各界人士共同签署的《杭州宣言》，在世界范围内倡导不同国家通力合作，共同应对全球性生态危机的严峻挑战，共同呵护人类赖以生存和发展的地球家园，共同建设生态文明。

第五节　文化发展与国家文化软实力

文化是一个社会重要的精神支柱，既能丰富人民的社会生活，也能创造不同于科技、经济等的新的发展动力。文化软实力作为现代社会发展的精神动力、智力支持和思想保证，越来越成为民族凝聚力和创造力的重要源泉，越来越成为综合国力竞争的重要因素。① 在国与国的较量中，文化软实力的竞争日益凸显出来。

一、国家文化软实力的提出和内涵

（一）文化软实力的提出

1990年美国哈佛大学教授约瑟夫·奈首次将综合国力分为由经济、科技、军事实力等表现出来的“硬实力”，以及以文化和意识形态吸引力体

① 吴建民：《文化软实力与民族复兴》，《科学中国人》，2010（1），15页。

现出来的“软实力”两种形态。他认为国家的软力量主要来自三种资源：文化、政治价值观及外交政策。

众所周知，冷战过程中美苏之间的竞争主要围绕“硬实力”展开，即军事力量、自然资源、GDP等有形的物质力量的较量。而冷战结束后，经济、文化因素在国际关系中的作用越来越突出。因此，时值两极格局行将瓦解、国家间硬实力的抗衡暂告一段落，国家软实力的提出自然有它的道理。约瑟夫教授这个概念很好地预见了未来世界的发展走向，如今看来意义极其重大。

（二）文化软实力的概念

所谓国家文化软实力，就是以文化为基础的国家软实力，是国家软实力的核心因素，是指一个国家的文化的影响力、凝聚力、感召力、吸引力和感染力，是一个国家在意识形态、文化、道德价值取向和政治立场等方面所表现出来的精神力量。它深刻地影响了人们对国际关系中的各种势力的认知，成为一个国家对外交往的基本力量。

一个国家的文化，表现为国民的思想道德、理想信念、核心价值观念、文化科学素质、民族文化传统、民族文化遗产、民族性格、民族心理、风俗习惯等。文化的内涵和精神渗透在国家意志、国家行为、外交政策之中，形成一个国家的整体形象。[①] 国家整体形象对世界越是有吸引力和亲和力，国家软实力就越是强大。无论是国家的发展战略、外交政策、高层次的管理水平，还是国民的整体素质、民族凝聚力和体现价值观念的文化产品，都是文化软实力的不同体现形式。在当今时代，文化软实力作为国家战略越来越得到重视，而且被纳入了优先发展的范畴。

（三）文化软实力的深层内涵

第一，以民族凝聚力和自信心为前提。

民族凝聚力是一个国家和民族自立于世界民族之林的向心力和精神支柱，是维系一个民族的自尊自立自强的内在力量。具有凝聚力的文化环境，可以团结人、吸引人，最大限度地发挥人的主观能动作用，创造出最大的精神财富和物质财富。它直接影响到一个国家和民族的凝聚力和社会发展速度。苏联就是例子，在全方位的国际竞争之下，没有强大的民族凝聚力和高昂的民族精神，无法维系一个大国应有的统一与强大，难逃适者生存的进化规律。所以，凝聚力对于一个国家、一个民族来说是生死存

① 李敏：《文化外交与地方对外文化交流》，《理论学刊》，2010（2），114—117页。

亡、繁荣兴衰的根本。

在全球化态势下的今天，中华文化只有与时俱进才能不被淘汰。一个国家具有较强的调控力，对外可以众志成城，防御入侵，提升国际地位；对内可以同心协力，长治久安，并极大地发挥整个民族的创造力，激励人们自强不息，迸发出热情，创造无限的生产力。所谓“家和万事兴”，推而广之，一个民族又何尝不是如此。

第二，以民族创新力为动力。

创新是一个国家或民族生命力的不竭源泉。当今世界，思想文化相互激荡，文化竞争日趋激烈，只有创新才能给文化注入生命力和竞争力。创新意味着要打破传统的思维定式，发扬民族创新精神的文化理念，创建勇于变革与开拓、不保守不僵化的人文环境。一个国家或民族的创新力是其更新与发展的强大动力，是其国民的创新精神、创新能力和科技成果的转化能力的综合体现。

值得注意的是，文化创新并非无中生有、凭空捏造，而是既要发掘新要素，又要对原有要素进行重新审视和组合。一个国家或民族的文化创新并不意味着要舍弃自己优秀的传统文化，而是要继承优秀传统，并且吸收借鉴世界文明成果，适应现代生产方式、生活方式的要求，遵循文化发展规律，突破旧有程式，在内容、形式、载体、传播方式等方面实现民族文化的超越与发展。通过文化创新，不断唤醒全民族的改革意识、发展意识，激活民族创造力。

第三，以文化影响力和感召力为表现。

约瑟夫·奈说：“软实力是……通过吸引和劝服，而非强迫或者收买，来达到自己目的的能力；它源于一个国家的文化、政治理念和政策的吸引力。”[①] 一个国家在国际上的文化影响力，应该包括其核心价值观念、道德力量、民族文化乃至外交方面在国际上的受认可度，是以国家自身的吸引力而非以威慑和强迫手段来达到自己目的的一种影响力。中国是一个历史悠久的文明古国，现在国家日益富强，但是在国际上的影响力与国力还不匹配。中国传统儒家文化对道德的弘扬，是对世代中华民族的一种激励，同时也是一种制约。如何将这些宝贵的思想文化弘扬出去，得到国际社会的一致认可，是我们努力的方向。

① 转引自隋国华：《检察机关软实力建设探究》，《中国检察官》，2013(17)，17—19页。

二、提升国家文化软实力的必要性

第一，由于世界经济快速发展，国家有必要提升其文化软实力。

经济基础决定上层建筑，经济日益发展，人们的认知水平和文化素养随之提高，对文化发展的要求不断上升，文化对政治和经济的反作用也日趋显现。所以在综合国力的组成要素中，文化软实力的地位越来越高，成为国际竞争的重要形式和发展趋势。谁掌握了先进的知识和文化，谁就能够在日趋激烈的综合国力竞争中占据优势。

文化是软实力的重要载体，不仅反映了国家的政治和意识形态，而且也是一种重要的经济力量，可以说是当今经济领域的一个重要产业资源，经济社会发展越来越依赖于文化的支撑。

第二，在激烈的国际竞争环境下，国家提升文化软实力是必要的。

法国著名作家马尔罗断言："21 世纪的发展无非是文化的发展。"当代世界综合国力竞争的核心是科技竞争，科技的发展又以文化发展和国民素质提高为依托，因此文化竞争成为国际竞争中一个关键的制胜因素。世界的主题是和平与发展，消除分歧、通过合作应对挑战也已经成为共识，各国都意识到运用文化战略的重要性。因此，文化软实力的地位愈发凸显出来，文化领域已经成为国家竞争的新阵地。

而文化软实力的发展是不平衡的，其竞争中存在强势文化与弱势文化的矛盾与冲突、渗透与反渗透的现状。以美国为首的西方国家占领着文化输出及话语的主导权，其影响力和渗透力无与伦比。霸权体现在美国文化对全世界的影响和渗透上，体现在冷战后美国文化软实力的迅速膨胀与无形扩张上。美国商品出口量最大的是批量生产的文化产品——电影、电视节目、书籍、音乐和电脑软件等。随着西方国家的文化产业高速发展，文化产业在国民生产总值中所占比重成倍增长，成为前沿产业，且呈现出文化经济全球化趋势。

第三，强大的文化软实力彰显着一个民族的内在素养和文化积淀，是国家或民族兴旺发达的基础，也是其强盛的基本的、重要的标志。文化创造能力强的民族，比较容易赢得其他民族的观念上的尊重、情感上的亲近。

第四，提升国家和民族的文化软实力，对于国际社会的共同进步和人类的和谐发展具有重要作用，这主要是因为文化可以相互分享借鉴。文化资源具有多样性和差异性，可以相互借鉴，取长补短，使人类文明更加博大精深、富有活力。因此，应以平等开放的精神，维护文明的多样性，促进国际关系民主化。同时，文化资源是精神财富，不会因分享而损失。任何民族在提升自己的文化软实力后，其民族文化的特色将对周边民族产生极大的影响力，与其他民族共同分享这些财富，进而推动各民族国家的文化相互影响、相互融合，在竞争和融合中不断进步。

因此，我国参与当今世界的竞争，应该恰当地运用软实力，通过吸引而非威慑来获得国际认可，进而获得与强国对等的话语权；并与其他国家和民族相互促进，共同进步，用文化传播的神奇魅力推动人类文明的进一步发展。

三、我国文化软实力的现状分析

(一) 发展成就

第一，积极的政府宏观导向。中共十五大报告曾提出："有中国特色社会主义的文化，是凝聚和激励全国各族人民的重要力量，是综合国力的重要标志。"说明我国早已对文化的重要地位有了科学的认识。21世纪初，经济、文化、科技一体化的趋势更加明显，文化在经济社会发展中的地位和作用越来越重要。中共十六大报告指出："当今世界，文化与经济和政治相互交融，在综合国力竞争中的地位和作用越来越突出。"这是党中央在新背景下提出的一个崭新理念。中共十七大报告又提出："要坚持社会主义先进文化前进方向，兴起社会主义文化建设新高潮，激发全民族文化创造活力，提高国家文化软实力。"这是我党首次在全国代表大会的报告中使用"文化软实力"的概念。中共十八大报告又进一步提出："实现中华民族伟大复兴，必须推动社会主义文化大发展大繁荣，兴起社会主义文化建设新高潮，提高国家文化软实力，发挥文化引领风尚、教育人民、服务社会、推动发展的作用。"表明党和国家已经把提升国家文化软实力作为实现中华民族伟大复兴的新的战略着眼点，文化软实力越来越成为综合国力竞争的重要因素。2013年习近平总书记在中央政治局第十二次集体学习时，从实现中华民族伟大复兴的中国梦这一宏伟视角出发，提出提高国家文化软实力关系"两个一百年"奋斗目标和中华民族伟大复兴中国梦的实现。

第二，悠久的文化传统和良好的国家形象。中国有着极具吸引力的文化传统，拥有五千年的文明史。历史上从汉唐到宋元，我们的文化软实力一度达到了鼎盛，为世界文化的发展传播做出了重大贡献。我国良好的国家形象也得益于历代国家领导人灵活的外交政策，中国提出的“和平共处五项原则”为处理国家之间的问题提供了基本的行为规范；中国长期对第三世界国家的援助，获得了第三世界人民的好评；中国在处理国际事务中坚持和平友好的对外政策，积极参与国际交流与合作，维护世界和平，获得了全世界的赞扬和尊重。在国际上，中国树立了友好、负责任的大国形象。

第三，积极参与国际交流，展示中华文化。通过各种国际文化交流渠道，中国的瓷器、功夫、饮食文化深得世界人们的喜爱，汉语的普及也加速了世界对中国的认识。如今“孔子学院”已遍布世界各地，在这个过程中，中国文化的影响在逐渐扩大。2001 年中国加入世贸组织，并成功举办上海合作组织上海峰会，显示了中国在国际经济文化交流中的态度与贡献。2008 年北京奥运会和 2010 年上海世博会的成功举办，更是提供了一个让中国了解世界、让世界了解中国的最佳平台，为全面推进中华文化的复兴、展示和提升中国的软实力提供了很好的契机。[①]

（二）存在的问题

总体来说，我国文化软实力的发展还处于初始、起步阶段，文化和经济发展的水平不相称，还存在着诸多问题需要进一步解决。

第一，缺乏文化价值观的广泛认同。当今世界占据主导地位的文化价值观，是以美国为首的西方国家所弘扬的自由、民主、人权、法治等观念，这是由大国的政治经济地位决定的。他们利用强大的媒体力量，实施一种文化霸权战略，也是对其政治经济竞争的一种配合，是一种合法而隐蔽的渗透。因此弱势国家要提升文化软实力，弘扬本民族的文化价值观，任重而道远。不少国人仍然有崇洋媚外的思想，盲目崇尚西方的价值观，忽视自己民族价值观中的精髓。

第二，文化缺乏对世界的影响力，且文化产业国际竞争力不足。一方面，国外民众对中国的语言文字、企业品牌知之甚少，总体上我们在国际文化市场竞争中处于劣势地位。与英语等语言相比，中文的覆盖面、在国际交流中的使用率、在信息传输与处理中的作用，与中国在世界上的地位还不匹配。归根结底，原因在于中国对传统文化的宣传和推广不足，世界对中国文化形象的认知存在一定的偏差；在于忽视了对传统文化资源的创

① 孙彩红：《上海世博会影响力的定量评估——对中国软实力的影响力的定量分析》，《活力》，2011（5），121 页。

新和改造，未能充分利用传统文化加快文化改革发展。

另一方面，目前我国文化产业发展迅速，但仍存在不少问题：现有文化产品质量不高，文化市场运行欠规范，盗版低俗产品泛滥；文化产业政策不完善，专门人才缺乏；文化体制社会化、市场化程度低，难以形成统一开放、竞争有序的市场体系；文化产品科技含量较低，创新能力不足，竞争能力不强；等等。

第三，对外“文化赤字”，传播逆差严重。在世界文化市场中，中华文化在对外文化交流与竞争中处于弱势，文化软实力展示和运用不足，民族文化面临着被侵蚀和渗透的危险。由于跨文化差异等原因，中国对外文化贸易逆差严重，存在“文化赤字”，即文化产品进口多于出口，如图书报纸期刊、音像制品和电子出版物以及文艺演出等文化贸易中都出现逆差。“文化赤字”的形成与文化软实力包括文化对外传播的能力不够强大有关，与各国对文化的态度也不无联系。①

四、提升文化软实力的措施

提升文化软实力，必须让世界真正了解中国并认可中国文化，打造一流的文化产品，让中国文化品牌走向世界。可以从内外两个方面着手：

（一）对外拓展文化影响力

第一，弘扬社会主义价值观。当今世界的主题是和平与发展，中国所倡导的以“和为贵”为代表的和谐理念在世界范围内日益获得强烈的价值认同，与西方世界所倡导的民主、法制价值观并行不悖。

第二，结合传统智慧和现代文明，扩大中华文化的国际影响力。通过加强道德激励和道德约束的作用，整体提升公民的文明素养、道德水准。通过外交途径、国际文化交流、国际贸易等机会展示中华文化的凝聚力、向心力和自信心，让世界认识中华民族发愤图强、励精图治的进取精神和国际风采，和谐、仁爱、大同的文化价值观，以及平等互利、和平友好的外交政策和态度。遵守国际法则，积极推动国际合作格局，以塑造国家和民族形象，赢得世界对中华民族思维方式和价值取向的进一步认可和关注。传播当代中国价值观念，努力展示中华文化独特魅力。

第三，努力提高国际话语权。让世界正视中国、接纳中国，通过提高

---

① 涂可国：《试论中国文化软实力发展的现状、问题及其对策》，《山东经济》，2008（6），24—30页。

主流媒体对外的影响力来提高文化传播力。通过媒体加大对外宣传力度，展示民族传统文化、价值观念和思维方式。利用海外华文网络媒体，推动中华文化走向世界。

第四，建设融入世界的先进文化体系。中华传统文化的传承与改造要有面向现代化、面向世界、面向未来的时代意识，弘扬中华民族的主体意识，坚持兼收并蓄、取其精华、去其糟粕、古为今用、洋为中用的原则。对传统文化中“仁义礼智信”“和为贵”“兼爱”“尚贤”“自强不息”等文化元素要大胆地发扬光大，使之成为中国先进文化的重要组成部分。扩大文化领域对外开放，吸收西方文化中包含的科学精神、民主思想、法制观念等文明成果，使中国传统文化的价值体系更加完善。①

（二）对内打造民族文化品牌，提升文化产业水平

第一，坚定发展文化的自信心，增强民族凝聚力和向心力。中华五千年的文化传承、丰富的文化资源值得我们骄傲。加强社会主义精神文明建设，唤醒和激发全民族的历史自豪感和责任感，大力弘扬社会主义核心价值体系，是提高我国国家软实力的首要任务，夯实国家文化软实力的根基。发挥价值体系引领作用，树立全民认同并努力践行的行为价值规范，着力推进整个民族的精神文明建设，与世界文明同步，方能得到国际的认可。提升国民的精神状态、意志品格，发挥社会和学校的教育感染作用，使得人们的行为实践与价值观趋于统一。同时，随着国际文化贸易的发展，文化产品的商品性与文化性兼备，人们追求的是文化产品的时尚性和实用性；备受欢迎的文化产品往往与经济生活和精神享受密切相关，大多因具有引领文化消费潮流的特质而被推崇。这就要求我们努力打造国家和民族的文化品牌，提升文化产业的水平。

第二，政府扶植文化产业，加大投入扶持。中共十八大报告提出“推动文化事业全面繁荣、文化产业快速发展。发展哲学社会科学、新闻出版、广播影视、文学艺术事业”，“促进文化和科技融合，发展新型文化业态，提高文化产业规模化、集约化、专业化水平。构建和发展现代传播体系，提高传播能力”。为此必须规范文化市场，提升文化产品质量，推进文化创新和产业升级，提高文化产业的国际竞争力；打破国家对外文化传播的严重赤字和入超，消除跨文化传播障碍。

① 串冬梅：《中国传统文化现代传承与发展》，《合作经济与科技》，2009（7），60—61页。

第三，传承民族精神和文化资源，打造民族文化品牌，提升文化产品质量。依据国情，挖掘资源，弘扬中华传统文化，如国画、旅游资源、中医、武术、美食、戏曲等等。不断提升中文的国际化水平，提高汉字传输与处理技术，不断促进其简约化、形式化、符号化，逐步扩大中文的覆盖面和影响力。同时认清自己民族文化的精髓，找到与国际市场接轨的切入点，培育出国际认可和推崇的民族品牌。这需要观念的变革和全民的不懈努力。

第四，大力发展传统文化教育事业，重视创新人才培养。中共十八大报告强调，建设社会主义文化强国，关键是增强全民族文化创造活力，树立创新的发展理念，提升民族创新力。实施科教兴国战略和人才强国战略，其中也包括用创新文化来培育创新人才，用社会主义先进文化来提高全民族文明素质。纵观当今世界的文化市场，诸如美国的游戏和电影产业、日本的动漫、韩国的整容和娱乐产业，固然跟经济实力和国家地位有关，但关键是其文化产品的确质量过硬、内容新颖、有实用性，迎合了当代人的文化需求，走在时尚的前沿，深得新生代的追捧。这就需要有一批具有创意才能的团队来打造文化产品。中国人才济济，中国文化要出好作品，不能只依靠号召和模仿，必须批量生产、规模化推出文化精品。这需要市场的投入，需要一大批真正懂得市场经营的人才来管理文化市场，积极推动文化精品的输出。①

中共十八大报告明确提出要扎实推进社会主义文化强国建设。文化是民族的血脉，是人民的精神家园。相信在不久的将来，经过了扬弃和洗礼的中国传统文化，融合了世界先进思想文化，定会在中国、在全世界显出勃勃生机，在国际竞争中彰显其应有的价值和力量。

① 张利群：《论文化软实力理论构建及其功能的三位一体构成——桂学基本理论及学理依据研究之九》，《广西教育学院学报》，2015（3），1—7页。

主要参考文献

卜希霆、刘文杰：《对话创意领袖》，北京，中国传媒大学出版社，2014。

陈传明、周小虎：《管理学原理》，北京，机械工业出版社，2012。

陈国强：《简明文化人类学词典》，杭州，浙江人民出版社，1990。

陈华文：《文化学概论》，上海，上海文艺出版社，2001。

陈华文：《文化学概论新编（第二版）》，北京，首都经济贸易大学出版社，2013。

陈建宪：《文化学教程（第二版）》，武汉，华中师范大学出版社，2011。

陈少峰、王起、王建平：《中国文化休闲旅游产业报告 2015》，北京，华文出版社，2015。

陈序经：《文化学概观》，北京，中国人民大学出版社，2005。

陈振明：《法兰克福学派与科学技术哲学》，北京，中国人民大学出版社，1992。

丁守和、方行：《中国文化研究集刊》第二辑，上海，复旦大学出版社，1985。

范周：《关于我国城镇化与文化发展的思考》，《现代传播（中国传媒大学学报）》，2013（8）。

甘阳：《文化：中国与世界》第一辑，北京，三联书店，1987。

高波、张志鹏：《文化资本：经济增长源泉的一种解释》，《南京大学学报（哲学·人文科学·社会科学版）》，2004（5）。

宫宝荣：《戏剧符号学概述》，《中国戏剧》，2008（7）。

龚浩然：《试论 Л. С. 维果茨基的文化历史发展观》，《心理学探新》，1981（3）。

郭齐勇：《文化学概论》，武汉，武汉大学出版社，2014。

郭齐勇：《现代化与中国传统文化刍议》，《武汉大学学报（人文科学版）》，1986（5）。

郭庆光：《传播学教程》，北京，中国人民大学出版社，2011。

郭咸纲：《西方管理思想史》，北京，北京联合出版公司，2014。

韩振峰：《提高国家文化软实力的十大举措》，《理论导报》，2008（4）。

贺寿昌：《关于创意产业的理论思考》，《戏剧艺术》，2006（3）。

贺毅：《企业文化与企业经济发展》，《经济问题探索》，2004（11）。

胡海波：《中国管理学原理》，北京，经济管理出版社，2013。

胡惠林：《文化经济学》，上海，上海交通大学出版社，1998。

胡惠林：《文化经济学（第2版）》，北京，清华大学出版社，2014。

胡惠林：《文化产业学（第2版）》，北京，清华大学出版社，2015。

胡潇：《"从地上升到天上"的文化学理式——马克思文化唯物论思想探赜》，《马克思主义研究》，2009（4）。

黄永健：《艺术文化论——艺术在文化价值系统中的位置》，北京，文化艺术出版社，2008。

霍桂桓：《论文化哲学研究重新探讨卡西尔符号论的意义》，《学海》，2010（4）。

蒋显璟：《阿诺德与批评》，《国外文学》，2013（1）。

金冠军：《文化创意产业引论》，北京，中国书籍出版社，2010。

金克木：《无文探隐——试破文化之谜》，上海，上海三联书店，1991。

金元浦：《北京奥运与首都文化创意产业的发展》，《河北学刊》，2008（3）。

金元浦：《上海世博会：文化创意产业发展的重要契机》，《探索与争鸣》，2009（4）。

金元浦：《文化创意产业的多种概念辨析》，《同济大学学报（社会科学版）》，2009（1）。

金元浦：《文化创意产业四题——关于加快转变文化产业发展方式的几点思考》，《求是》，2012（8）。

金元浦：《我国文化创意产业发展的三个阶梯与三种模式》，《中国地质大学学报（社会科学版）》，2010（1）。

李荣善：《文化学引论》，西安，西北大学出版社，1996。

李希光、顾小琛：《舆论引导力与文化软实力》，长沙，湖南大学出版社，2013。

李中元：《文化是什么》，北京，商务印书馆，2014。

厉无畏：《文化创意产业的投融资与风险控制》，《毛泽东邓小平理论研究》，2011（2）。

林坚：《文化学研究的状况和构架》，《人文杂志》，2007（3）。

林坚：《文化学学科体系与理论构架初探》，《中国社会科学院院报》，2007年4月24日。

林坚：《文化学研究引论》，北京，中国文史出版社，2014。

刘敬鲁：《西方管理哲学》，北京，人民出版社，2010。

刘敏中：《文化学学·文化学及文化观念》，哈尔滨，黑龙江人民出版社，2000。

刘守华：《文化学通论》，北京，高等教育出版社，1992。

刘玉平、王晓鹏：《文化产业文献导读》，福州，福建人民出版社，2013。

刘振怡：《新康德主义与文化哲学范式的生成》，《求是学刊》，2016（3）。

陆扬：《重读马克思：文化也是社会存在》，《杭州师范大学学报（社会科学版）》，2013（5）。

陆扬：《结构主义与文化研究》，《郑州轻工业学院学报（社会科学版）》，2005（2）。

陆扬：《利维斯主义与文化批判》，《外国文学研究》，2002（1）。

陆扬：《文化研究导论》，北京，高等教育出版社，2012。

罗钢、刘象愚：《文化研究读本》，北京，中国社会科学出版社，2000。

吕佩爱：《科学精神与人文关怀——论马修·阿诺德的文化观》，《英美文学研究论丛》，2009（1）。

聂振斌等：《艺术哲学与艺术教育》，北京，北京大学出版社，2015。

牛宏宝：《文化资本与文化（创意）产业》，《中国人民大学学报》，2010（1）。

欧绍华：《论近代中国民族企业战略管理思想及其实践》，《中国流通经济》，2013（4）。

欧阳绪清、欧阳聪权：《当代科技文化的特征、内在价值与建构》，《湖南社会科学》，2008（2）。

庞朴：《文化的民族性与时代性》，北京，中国和平出版社，1988。

齐骥：《新型城镇化背景下文化发展的维度与路径》，《城市发展研究》，2014（3）。

阮平南、孙莹：《基于中国传统文化建立中国式管理模式》，《北京工业大学学报（社会科学版）》，2009（3）。

苏宏斌：《走向文化批评的解构主义》，《外国文学评论》，1996（1）。

汤一介：《从印度佛教传入中国看两种文化的冲突和融合》，《深圳大学学报（人文社会科学版）》，1985（3）。

唐任伍：《世界管理思想史》，重庆，重庆大学出版社，2011。

陶东风：《超越精英主义和悲观主义——论费斯克的大众文化理论》，《学术交流》，1998（6）。

田玉军、陆季春：《文化现象传播的本质与方式》，《学术交流》，2008（6）。

童兵：《理论新闻传播学导论》，北京，中国人民大学出版社，2000。

童世骏：《文化软实力》，重庆，重庆出版社，2008。

王保国：《教化的政治与政治的教化——传统中原政治文化传播模式探析》，《学术论坛》，2008（1）。

王桂兰等：《文化软实力的维度》，郑州，河南人民出版社，2010。

王家新、傅才武：《艺术经济学》，北京，高等教育出版社，2013。

王光荣、杨晓萍：《文化的阐释：维果茨基学派心理学解读》，《宁夏大学学报（人文社会科学版）》，2009（4）。

王宁：《后现代主义之后》，北京，中国文学出版社，1998。

王晓路：《西方马克思主义文化批评的理论指向》，《外国文学》，2011（5）。

王玉德：《论文化学研究的特征》，《华中师范大学学报（人文社会科学版）》，2003（1）。

王玉德：《文化学》，昆明，云南大学出版社，2006。

王育济、韩英等：《中国文化产业学术年鉴》2003—2007年卷、2008年卷，北京，文化艺术出版社，2009。

王育济、韩英等：《中国文化产业学术年鉴》1979—2002年卷，济南，山东大学出版社，2010。

王岳川：《后殖民主义文化批评》，《人文杂志》，1997（3）。

王祖望：《马林诺夫斯基的生平和学说》，《国外社会科学》，1980（6）。

魏鹏举：《反思文化创意产业冲动》，《人民论坛》，2007（14）。

魏文斌：《西方管理学流派的重新划分》，《国外社会科学》，2011（3）。

吴克礼：《文化学教程》，上海，上海外语教育出版社，2002。

向翔：《哲学文化学》，上海，上海科学普及出版社，1997。

向勇、李凤亮、余日新：《百年文创力：文化创意产业案例集》，北京，北京联合出版公司，2012。

谢建明：《文化传播：模式及其过程》，《南京师大学报（社会科学版）》，1994（2）。

谢龙：《中西哲学与文化比较新论》，北京，人民出版社，1995。

忻剑飞、方松华：《中国现代哲学原著选》，上海，复旦大学出版社，1989。

徐向艺：《管理学（第二版）》，济南，山东人民出版社，2009。

徐向艺：《管辖治理——管理学的历史现状与未来》，济南，山东大学出版社，2003。

薛永武：《关于文化与文化产业研究的几个理论问题》，《中国海洋大学学报（社会科学版）》，2008（3）。

阎克文：《韦伯眼中的古典资本主义和现代资本主义》，《博览群书》，2007（11）。

杨怀中：《科技文化的历史地位及当代价值》，《自然辩证法研究》，2007（2）。

杨镜江：《文化学引论》，北京，北京师范大学出版社，1992。

杨玉好：《马林诺夫斯基文化思想简论》，《烟台大学学报（哲学社会科学版）》，1989（3）。

叶志坚：《文化学发展轨迹研究》，北京，民族出版社，2004。

于文秀：《经典大众文化批判理论评析》，《学术界》，2003（4）。

曾军：《文化批评教程》，上海，上海大学出版社，2008。

张岱年、姜广辉：《中国文化传统简论》，杭州，浙江人民出版社，1989。

张党利、哈乐群：《营销文化与文化营销的概念界定及功能比较》，《企业改革与管理》，2013（8）。

张冬梅：《艺术产业化的历程反思与理论诠释》，北京，中国社会科学出版社，2008。

张桂敏：《逆向思维与道家的教育智慧》，《中国宗教》，2008（1）。

张红霞：《论文化多元化的特点、实质和意义》，《国外社会科学》，2010（4）。

张经纬、李红伟：《人类学、文化批评与欧洲启蒙运动》，《中央民族大学学报（哲学社会科学版）》，2008（1）。

张迈曾：《传播学引论》，西安，西安交通大学出版社，2002。

张胜冰：《创意产业与文化产业的边界及中国的运作模式——兼论中国创意产业发展中的政府思维》，《思想战线》，2010（3）。

张文杰：《20世纪西方分析或批判的历史哲学》，《史学月刊》，2007（9）。

张晓宓：《略谈文化创意产业》，《理论观察》，2009（2）。

张兆响、司千字：《管理学》，北京，清华大学出版社，2004。

张政文：《从文艺学、美学到文艺美学建构——论康德对近现代文艺美学的理论贡献》，《文史哲》，2006（1）。

郑发祥、叶浩生：《文化与心理——研究维果茨基文化历史理论的现代意义》，《心理学探新》，2004（1）。

郑晓沧选译：《柏拉图论教育》，北京，人民教育出版社，1958。

张文勋：《民族文化学》，北京，中国社会科学出版社，1998。

中国大百科全书总编委会：《中国大百科全书·社会学》，北京，中国大百科全书出版社，2002。

中国社会科学院文献信息中心国外文化人类学课题组：《国外文化人类学新论——碰撞与交融》，北京，社会科学文献出版社，1996。

朱喜钢：《近代中国实业家管理思想及其特点》，《江海学刊》，1995（2）。

庄孔韶：《人类学概论》，北京，中国人民大学出版社，2006。

庄锡昌、顾晓鸣、顾云深：《多维视野中的文化理论》，杭州，浙江人民出版社，1987。

邹文贵：《文化学十四讲》，哈尔滨，黑龙江大学出版社，2015。

左亚文：《马克思文化观的多维解读》，《学术研究》，2010（3）。

［奥］弗洛伊德著，车文博主编：《弗洛伊德文集》第八卷，长春，长春出版社，2004。

［德］恩斯特·卡西尔著，甘阳译：《人论》，上海，上海译文出版社，1985。

［德］霍克海默著，李小兵译：《批判理论》，重庆，重庆出版社，1989。

［德］霍克海默、阿道尔诺著，渠敬东、曹卫东译：《启蒙辩证法》，上海，上海人民出版社，2003。

［德］马克思、恩格斯：《马克思恩格斯选集》，北京，人民出版社，2012。

［德］马克斯·韦伯著，韩水法、莫茜译：《社会科学方法论》，北京，中央编译出版社，1999。

［法］爱弥尔·涂尔干著，渠东、汲喆译：《宗教生活的基本形式》，北京，商务印书馆，2011。

［法］埃米尔·迪尔凯姆著，胡伟译：《社会学方法的规则》，北京，华夏出版社，1999。

［法］伏尔泰著，吴模信、沈怀洁、梁守锵译：《路易十四时代》，北

京，商务印书馆，1982。

［法］孔多塞著，何兆武、何冰译：《人类精神进步史表纲要》，北京，三联书店，1998。

［芬兰］埃罗·塔拉斯蒂著，陆正兰译：《音乐符号》，南京，译林出版社，2015。

［美］C. 恩伯、M. 恩伯著，杜杉杉译：《文化的变异——现代文化人类学通论》，沈阳，辽宁人民出版社，1988。

［美］E. 希尔斯著，傅铿、吕乐译：《论传统》，上海，上海人民出版社，1991。

［美］L. A. 怀特著，沈原、黄克克、黄玲伊译：《文化的科学——人类与文明研究》，济南，山东人民出版社，1988。

［美］怀特著，曹锦清等译：《文化科学——人和文明的研究》，杭州，浙江人民出版社，1988。

［美］彼得·F. 德鲁克著，孙耀君等译：《管理：任务、责任和实践》，北京，中国社会科学出版社，1987。

［美］古尔德纳著，唐亮译：《韦伯和他的权威结构理论》，《现代外国哲学社会科学文摘》，1986（7）。

［美］亨利·艾伦伯格著，刘絮恺等译：《弗洛伊德与荣格：发现无意识之浪漫主义》，北京，世界图书出版公司，2015。

［美］克莱德·M. 伍兹著，何瑞福译，《文化变迁》，石家庄，河北人民出版社，1989。

［美］路易斯·亨利·摩尔根著，杨东莼、马雍、马巨译：《古代社会》（上册），北京，商务印书馆，1997。

［美］露丝·本尼迪克特著，王炜等译：《文化模式》，北京，三联书店，1988。

［美］莫瑞·克里格著，李自修等译：《批评旅途：六十年代以后》，北京，中国社会科学出版社，1998。

［美］约翰·费斯克著，王晓珏、宋伟杰译：《理解大众文化》，北京，中央编译出版社，2001。

［美］詹姆斯·海尔布伦、查尔斯·M. 格雷著，詹正茂译：《艺术文化经济学》，北京，中国人民大学出版社，2007。

［美］詹姆斯·斯通纳、爱德华·弗里曼、丹尼尔·吉尔伯特著，刘学主译：《管理学教程（第6版）》，北京，华夏出版社，2001。

[瑞士]荣格著，吴康译：《心理类型》，上海，上海三联书店，2009。

[苏]C.A.托卡列夫著，汤方正译：《外国民族学史》，北京，中国社会科学出版社，1983。

[苏]尼·瓦·贡恰连科著，戴世吉等译：《精神文化——进步的源泉和动力》，北京，求实出版社，1988。

[意]维柯著，朱光潜译：《新科学》(下册)，北京，商务印书馆，1997。

[英]爱德华·泰勒著，连树声译：《原始文化》，上海，上海文艺出版社，1992。

[英]赫伯特·里德著，朱伯雄、曹剑译：《现代艺术哲学》，天津，百花文艺出版社，1999。

[英]柯林武德著，何兆武、张文杰译：《历史的观念》，北京，商务印书馆，1997。

[英]克莱夫·贝尔著，周金环、马钟元译：《艺术》，北京，中国文联出版公司，1984。

[英]约翰·霍金斯著，石同云译：《创意产业的核心因素》，《电影艺术》，2006(5)。

[英]约翰·斯道雷著，杨竹山、郭发勇、周辉译：《文化理论与通俗文化导论(第二版)》，南京，南京大学出版社，2001。

后　记

文化学虽然是一门新兴的学科，在当代人文社会科学中却越来越显示其作为基础学科的重要地位。随着我国文化经济的发展和文化兴国战略的实施，学习和研究文化学在全国高等院校中已逐渐得到重视，文化学也成为部分高校本科和研究生的基础课程。

作为人文社会科学中的一门基础课程，文化学适用于高等院校的文化产业管理、管理学、经济学、新闻传播（传媒）学、历史学、考古学、民俗学、文学、汉语言文字学、对外汉语教学、外国语言文学、文艺美学、艺术学、社会学、政治学、法学、教育学、心理学、哲学，以及文化研究和文化遗产研究等学科和专业。

2011 年，我为山东大学全校开设了“文化学概要”课程，一年后又为历史文化学院文化产业管理专业开设这门课，都取得了良好的效果。经过数年课堂教学和理论研究，逐渐充实、完善了本课内容。《文化学概要》一书正是在这门课的基础上经过反复修改、整理后，又进行了一年多的资料搜集和集中写作而完成的。

本书出版，得益于王育济教授、韩英教授以及福建人民出版社的大力支持，在此表示衷心的感谢！

在本书写作过程中张李男、戴冰、苑泓丽、王亦之、王梦晓、张兆友、王丹华、王伟林等人参加了部分文献资料的搜集、整理和编辑工作，在此对他们表示感谢！

由于写作时间仓促，加之本人学识有限，纰漏之处难免，亟盼学界同仁与读者批评指正。

王晓鹏

2016 年 12 月